KB024818

가족에서 학교로
학교에서 마을로

가족에서 학교로
학교에서 마을로

돌봄과 배움의 공동체

조한혜정 외 지음

도 서 출 판
또 하나의 문화

가족에서 학교로 학교에서 마을로

돌봄과 배움의 공동체

초판 1쇄 2006년 10월 31일 | 초판 6쇄 2020년 12월 10일 | 글쓴이 조한혜정 외 | 펴낸이 유승희 | 펴낸곳 도서출판 또하나의문화 | 주소 서울 마포구 와우산로 174-5 대재빌라302호 | 전화 02-324-7486 | 팩스 02-323-2934 | 전자우편 tomoonbook@gmail.com | 출판 등록 제9-129호 1987년 12월 29일 | ISBN 89-85635-75-1 03370

집을 짓고 있습니다.

또 집을 짓고 있습니다.

사람들은 집을 짓느라고 너무 바쁩니다.

아이들은 내버려 있거나 가두어져 있습니다.

아파트 단지를 짓습니다.

고층 아파트가 사람 살기에 좋은 것이 아닌데도

사람들은 돈이 된다고 아파트로 몰려갑니다.

아이들은 친구를 잘 사귀어야 한다고

그곳으로 몰려갑니다.

집에 돈을 넣는 만큼

집안은 가난해지고

아이들은 피폐해집니다.

집은 많아지고 나라는 점점 더 부자가 되고 있다는데

왜 사람들은 아이를 낳지 않을까요?

토건국가를 넘어서

토건의 방법 외에는 나라를 일구는 방법을 모르는 나라에서는 경제 위기를 극복하겠다면서 계속 신도시를 만들고 거대한 아파트를 짓고 있습니다. 불안한 사람들은 비슷

5

한 사람들이 모여 사는 그곳이 그나마 안전하게 느껴져서 아파트로 몰려듭니다. 그래서 아파트 값은 계속 오르고 아파트가 잘 팔리는 상품이 되자 사람들은 더욱 몰려들었습니다. 그러는 아이들의 삶의 공간은 없어지고, 아파트가 아닌 주거 공간은 슬럼가가 되고 있습니다.

안전한 마을을 일구는 주민도 없고, 사람 사는 이야기를 나누는 가족도 없고, 과거와 미래를 잇는 '기억'도 사라진 시대가 와 버렸습니다. 그저 조만간 거대한 슬럼이 될 거대한 아파트 빌딩과 돈으로 살 수 있는 찰나적 관계와 행복들만 만발합니다. 어린 아이는 태어나지 않고 자라는 아이들은 시들시들 아프거나 이미 늙었고 어른들은 늙어 가려 하지 않습니다. 아이를 더는 낳으려 하지 않는 시대, 낳고 싶어도 낳을 수 없는 시대가 오고 말았습니다. 아이들은 부모와 교사의 애정이 그저 참견이고 간섭일 뿐이라고 하고 부모들은 정말 자신이 아이를 사랑할 수 있는 사람인지 잘 모르겠다고 합니다.

토건국가의 병은 이런 식으로 터져 나왔고 그 병은 깊어져 회복이 어렵게 되었습니다. 저출산 고령화 사회가 왔다고 한쪽에서는 호들갑을 떨지만 이제 겨우 자기만의 공간을 마련한 여자들은 저 멀리 서서 고개를 갸우뚱거릴 뿐입니다. 돌봄 결핍증을 낫게 할 명약이 있을까요?

돌봄, 학습 사회로

이 책은 바로 이런 파탄의 지점에서 일고 있는 움직임을 담고 있습니다. 어떻게 하면 소모성 건전지가 아닌 재충전의 삶을 살 수 있을까? 어떻게 하면 돈과 숫자와 하드웨어로 풀어내는 삶이 아니라 상호 호혜와 이야기와 지혜로 풍성해지는 삶을 살 수 있을까? 측은지심이 살아 있는 마을의 주민이 된다는 것은 어떤 것일까? 이런 질문을 던지며 배려와 돌봄의 사회를 상상하는 사람들이 모여 워크숍을 했습니다. 그리고 그곳에서 나눈 이야기들을 책으로 엮었습니다. 책은 크게 세 부분으로 나뉘었습니다.

1부 '돌봄 사회의 구상'은 2005년 봄에 열린 「돌봄과 소통이 있는 가족 문화와 지역 사회를 위한 심포지엄」에서 오간 이야기들입니다. 그 자리는 사회 구성원들을 극도로 도구화해 온 그간의 '토건국가'적 발전 원리를 바꾸어 내기 위해 돌봄과 보살핌의 원리를 다시 살려 내야 한다는 이야기를 나눈 자리였습니다. 토건국가적 발전에 대한 근원적 성찰과 함께 자체 안에서 붕괴하고 있는 '근대 핵가족'의 경계를 넘어 따뜻한 돌봄과 즐거운 소통이 가능한 다양한 관계망들이 형성되어야 함을 이야기했습니다.

토건국가에서 돌봄 사회로 나아가기 길을 모색한 조한혜정과 돌봄의 사회화를 여성주의 시각에서 명료하게 정리한 허라금의 글은 서로의 빈 부분을 메우며 우리가 지향해 가는 '돌봄 사회'를 좀 더 잘 상상하게 할 것입니다. 소통과 돌봄 결핍 사회를 20대의 시선에서 정리한 모현주·이충한의 글은 새로운 돌봄의 세대가 출현함을 느끼게 합니다.

서로의 이야기를 귀담아 듣고 연결하면서 학습의 즐거움을 알아가는 새로운 페다고지를 개발한 일본의 사토 마나부와, 돌봄이 있는 배움의 공동체를 만들어 가기 위한 자세를 일러 주는 손우정의 글에서 학교가 '배움의 공동체'로 다시 살아날 수 있다는 희망을 봅니다. 오랫동안 미국에서 배려의 교육학을 실천해 온 넬 나딩스와 토론의 글에서는 여성주의 시각에서 돌봄의 사회화에 대한 교육이 어떻게 이루어져야 하는지 성찰하게 합니다.

2부 '돌보다, 배우다, 소통하다'에는 돌봄과 배움이 있는 공간을 만들어 가는 사람들과, 새로운 교사의 정체성을 고민하는 대안학교 교사들의 이야기, 마음을 이어 주는 소통의 방법들이 소개됩니다.

황윤옥·장정예의 글과 그림은 혈연가족을 넘어서서 마을로, 지역 사회로 관계를 넓혀야 함을 이야기하고 있습니다. 성미산학교 정현영, 해남 서정분교 윤예중, 느티나무어린이도서관 박영숙, 전 양천구의원 이현주의 글은 가족의 경계를 넘는 크고 작은 실험 보고서입니다. 하자센터 박복선, 노리단 김종휘, 메트스쿨 최영환, 꿈틀학교 양지은의 글에는 아이들의 길을 안내하며 스스로 성장해 가는 교사의 모습이 담겨 있습니다. 소통하는 데 필요한 비폭력 대화법을 소개한 이민식과, 조각 그림을 함께 맞추는 스토리퀼트에 초대하는 손선숙의 글에서 아주 새로운 느림의 공간 속에서 듣기 연습을 하는 사람들을 보게 됩니다.

　3부 '마을 재구성 프로젝트'에서는 우리 사회에서 진행되고 있는 마을 만들기 작업의 실제를 볼 수 있습니다. 김찬호는 핵가족의 소외된 공간을 넘어서 돌봄이 살아 있는 마을의 학습 공간을 소개하고, 정선애와 박소현과 민선주는 미술가와 건축가들이 주민과 만나는 이야기를 풀어냈습니다.

　이 책에 실린 글들은 모두 행복한 가족의 조건은 '가족의 경계를 넘어 다른 가족과 만나는 지점을 만드는 것'임을 일러 주고 있습니다.

새로운 도시 부족 연대 축제

모두가 돌봄을 너무나 필요로 하면서 또한 돌봄을 버거워하는 것이 지금 우리의 모습일 겁니다. 독립적이어야 하고 서로에게 개입하는 것은 쿨하지 않으며 그래서 모두가 주체적이고 문제없이 살기를 요구당해 왔던 것이지요.

　그런 사회 속에서도 놀이를 통해, 다양한 실험을 통해 새로운 돌봄의 시공간을 열어 가고 있는 사람들과의 만남은 기쁨이었습니다. 다양한 현장들, 시행착오와 성과, 그것들을 자랑하는 자리는 아름다움이었습니다. 새로운 비전과 삶의 방식을 일구어 가는 사람들의 '몸으로 말하는 이야기'를 통해 근대적 패러다임을 넘어선 사회를 상상하고 서로에 대한 지지와 조언이 어우러질 수 있어서 즐거웠습니다. 2005년 봄과 2006년 봄, 두 차례에 걸쳐 열린 부족 연합 축제에 일정한 자금을 대준 대한민국 정부 여성가족부와 서울시에 감사 드립니다.

　조용한 일상의 혁명이 일고 있습니다.

2006년 10월

조한혜정

---

* 이 책의 편집 진행은 이보라와 여명희가 했고 조한혜정, 유이승희, 모현주, 이충한, 김효진이 책의 틀을 함께 잡았으며, 김미선과 최윤정은 프로젝트를 함께 진행했다.

가족에서 학교로 학교에서 마을로
― 돌봄과 배움의 공동체

3부 마을 재구성 프로젝트

1부

돌봄 사회의
구성

당신이 끈기가 있고 장시간 일하는 것에 그리 부담감이 없으며, 삶에 필요한 기본적인 것들이 있으면 행복할 수 있는 경우라면 나는 이 일을 적극적으로 권합니다. 나는 이 일을 계속할 겁니다. 이 일은 바로 내가 늘 원하던 그런 일입니다.

— 자녀가 있는 장애자와 노인의 집을 찾아가 보살피는 일을 하는 여성

토건국가에서 돌봄 사회로

— 여성 네트워크에 의한 새로운 인프라 만들기

조한혜정 연세대 사회학과 교수

전 지구가 한 거대한 시장이 되고 모든 국가들이 이른바 '신자유주의적 질서'에 편입되면서, 그간 존재한 여러 수준의 공동체 기반이 급격하게 붕괴하고 있다. 20세기 후반 경제 불황을 타개하기 위해 영국에서 시작한 신자유주의 물결은 '작은 정부, 큰 시장'을 모토로 공기업의 민영화와 공공재의 최소화, 노동의 유연화를 추진했으며, 이후 전 세계적으로 신자유주의 구조 조정의 바람이 일고 있다.

여성 정책 10년을 통해 본 한국 근대화와 국가 정책

한국은 1997년 IMF 금융 위기 이후, 다른 어떤 아시아 국가보다 앞장서서 신자유주의적 변신을 꾀한 국가에 속한다. 이로 인해 단기적으로는 경제 불황에서 벗어난 것처럼 보이지만, 다시금 전 국토를 '개발 공사장'으로 만들면서 사회 공동체적 기반을 삽시간에 무너뜨리고 있다. 과거에 교육, 정치, 시민 사회 활동에 바친 시간과 에너지는 유흥 산업으로 흡수되고 공공의 노력이 들어간 많은 공동체적 시도들은 무력화되고 있다. 급격한 글로벌리제이션

와중에서 국가의 비중이 줄어드는 것 같지만, 실은 글로벌 자본과 긴밀하게 결탁할 수밖에 없는 시장 제일주의가 강조되면서 한편으로는 글로벌 자본과의 협상 면에서, 다른 한편으로는 그마나 공공성을 담보해 낼 돈을 가진 조직으로서 국가의 중요성이 다시 부각되고 있고, 국가 정책은 어느 때보다 국민의 삶에 큰 영향력을 미치고 있다. 여타 공동체의 기반이 무너지는 마당이어서 국가가 가진 자원과 정책의 의미가 더욱 커지고 있고, 최근 들어서 사회과학자들이 사회 정책에 부쩍 관심을 갖는 이유도 바로 여기에 있다.

내가 여기서 '여성 정책'에 특히 관심을 두는 것은 여성 문제에 관심이 있어서이기도 하지만, 1990년대 후반에 들어서서 수립되기 시작한 한국의 여성 정책과 여성부 신설이 근대 국가의 성숙 과정에서 나온 산물이기 때문이다. 제대로 된 여성 정책을 통해 다양한 국민 주체에 대한 인식이 분명해지고, 사회 전체에 '남성적/도구적 합리성'의 원리만이 아니라 '여성적/소통적 합리성'의 원리가 균형 있게 활성화될 때 한국 사회는 성숙한 사회가 될 수 있을 것이다. 바로 이 점에서 여성 정책의 수립과 실현은 한국 사회의 건강성을 재는 주요한 척도 중 하나가 될 수 있다.

여성 정책 10년의 혼선들

1990년대 이후 한국의 여성 정책은 괄목한 성장을 보여 왔고 그 정책의 기저도 크게 바뀌었다. 이전의 여성 정책이 여성을 약자 집단으로 간주하고 그들을 특별히 지원하여 국가 발전에서 온전한 국민으로 끌어올리겠다는 '발전 속의 여성' 관점을 정책적 토대로 삼았다면, 1990년대 후반에 들어서는 남성과 여성을 모두 변화시키면서 '발전' 개념 자체의 변화를 이루어 낸다는 '젠더와 발전' 관점을 도입하게 된 것이다. 여성 정책은 '동일한 국민을 복제'하는 것이 아니라 '다양한 국민을 만들고 그들을 연대'하게 하는 것이라는 원리를 기저로, 남성과 여성 모두 대상이 되고 가정과 공공 영역을 모두 포괄하는 차원으로 패러다임을 전환하게 된다. 이는 사회와 시대를 바라보는 관점의 비약적 전환을 의미하고, 이런 면에서 한국의 여성 정책은 적어도 이론적으로는 매우 선진적이다.

그러면 성별화되어 있는 가정/공공 영역을 성 인지적 정책을 통해 바꾸어 내려는 '성 주류화'의 움직임은 과연 얼마나 성과를 내고 있는가?1) 허라금 (2005)은 그간의 정책이 사실상 여성의 공적 영역 진입을 지향하는 수준을 넘어서지 못했음을 지적했고, 김영옥(2004)은 지난 10년간 성 주류화 정책이 현장에서 실행되는 과정에서 회의와 우려의 목소리들이 무성하게 일고 있다고 전한다. 현장의 여성 전문가들 사이에서는 "성 주류화 전략의 실천적 공감대를 시급히 찾아내야 한다", "제도적 장치를 실현한 것은 대단한 성과이지만 막상 성 인지적 전략은 걸음마 수준이다", "여성 정책 다양화와 역할 평가제 도입이 절실하다", "역차별 대응 개발이 시급하다"2)는 논의들이 오가고 있고, 현장 실무자와 여성 정책 관련 공무원 및 연구자들이 모인 워크숍에서도 비슷한 문제점들이 지적되었다.3) 현재 상태에서 모든 영역에 성 인지 정책을 펼치고 평가를 하는 것은 성급한 일이며, 여성들이 모든 주요 의사 결정 단위에 들어가서 제대로 활동하려면 적어도 10년은 더 기다려야 하는데 이런 상황에서 성 주류화 정책을 밀고 가는 것은 무리라는 평가다.

두 번째로 "지배적 조직 문화가 바뀌지 않는 한 일하기가 어렵다"고 말한다. 한국 사회에는 남자가 없으면 아주 작은 일도 해결하기 어려운 가부장적 구조가 끈질기게 남아 있다는 것이다. 예산과 인력을 포함해 자원 면에서도 뒷받침이 없고, 그것을 따내는 게임의 룰을 익히는 데만 해도 시간이 필요하다. 그런데 상위 조직에서는 이를 알지도 못하고 인정하려고도 들지 않는다는 것이다. 그나마 현재 각계에서 능력을 인정받는 새 세대 여성들은 '배려의 분위기'에 거부 반응을 드러내는 '솔로 플레이어'들로 성장해서 조직 변화를 이끌어 낼 의지나 전문성, 헌신성을 기대하기 힘들다고 한다.

세 번째로 매체에 의한 잘못된 여론화가 문제를 어렵게 만들고 있다는 것이다. 때때로 매우 폭력적인 방식으로 나타나기도 하는 비난과 음모론에 적절히 대응하면서도 대중적인 지지를 얻으려면 홍보와 교육에 더 많은 투자를 기울여야 하며, 설득의 논리만으로 되는 것이 아니라 '권력'의 차원에서 풀어야 하는 것인데, 현 정부는 이런 문제에 관심이 없다는 것이다.

네 번째로 정책 수행에 대한 '평가 작업'의 문제였다. 참여정부에 들어서서 표준화와 객관적 지표에 대한 집착이 더 심해지는 경향마저 보이고 있다면서, 개혁적 사례를 인큐베이팅하고 모델 개발을 해야 하는 경우, 계량화를 통한 평가는 적절하지 못함을 지적한다. 계량화한 자료와 기존에 인정되는 전문성만을 기준으로 예산 편성을 한다면 여성계나 청소년계 등 혁신적인 일을 추진해야 하는 영역에서는 소기의 성과를 거두기 어렵다는 것이다.

위의 논의에서처럼 현장 실무자들은 문제 상황을 상당히 예리하게 파악하고 있다. 정책이란 장기적 전망을 가진 것이고, 현재 여성 정책 관련자들은 여성 정책 패러다임이 타 부처의 변화에 비해 너무 선진적인 것이어서 속도 조절을 해야 한다고 주장한다. 그러나 현 정부의 신자유주의적 관점을 가진 공무원들에게는 여성 정책이 오히려 현실적이지도, '선진적'이지도 않은 것이다. 연말 대통령이 주재한 회의에서 확정되었다는 논의들도 기본적으로 같은 기저다. "내년 상반기 100조 집행 ― 정부 경제 운용 계획"이라는 제목의 신문 기사를 읽어 보자.4)

내년에 5% 경제 성장을 이루고 일자리 40만 개를 창출하기 위해 전체 재정의 60% 가까운 100조 원이 상반기에 투입된다… 정부는 29일 오전 노무현 대통령 주재로 '경제 민생 점검 회의 겸 국민 경제 자문 회의'를 열어, 이런 내용을 뼈대로 하는 '내년도 경제 운용 방향 및 종합 투자 계획안'을 확정했다. 이 안을 보면, 정부는 내년에도 내수 부진과 투자 위축, 유가와 환율 변동 등 불안 요인이 여전하지만 40만 개 일자리 창출을 위해서는 5%의 성장을 반드시 해내야 한다고 보고 가능한 모든 정책 수단을 동원하기로 했다. 이를 위해 정부는 내년 상반기 지출 예산 규모를 지난해보다 12조 5천억 원 많은 100조 원으로 늘려 잡았다. 이는 내년도 예산과 기금, 공기업의 전체 사업 규모인 169조의 59%에 이른다… 연기금과 생명보험사 등 민간 자본을 유치해 군인 막사와 학교, 도서관 등 사회 기반 시설을 확충하는 등의 종합 투자 계획은 하반기에 본격적으로 시행할 예정인데, 정부는 대략 7조 원 정도까지 투자를 기대하고 있다.

여기서 말하는 '민생'이라는 범주에는 그간 토건국가를 만들어 온 남성 노동자만 있지 여성 노동자는 없다. 40만 개의 일자리, 곧 '공사판'을 만들어 내면 정말 나라가 잘될 것이라고 믿는 것일까? 위의 발상을 한 정책 입안자들은 "그간 수고한 남자 국민들을 이제는 좀 쉬게 하자. 그간 충분히 열과 성을 다하였으므로 이제는 가정에서 자녀들과 시간을 보내면서 재충전을 하게 하고, 그간 비공식 영역에서 능력을 길러온 주부들의 돌봄의 능력을 서비스 산업과 공공 영역에서 활용하는 방안을 내보도록 하자"는 생각을 해 보았을까? "지금 사회에 필요한 노동이 무엇인지를 제대로 알아내고 그런 일자리들을 만들어서 지식 기반 사회의 생산성을 올리면서 동시에 안전하고 따뜻한 사회를 만들어 보자"는 생각을 한번이라도 해 보았을까? 살기 좋은 안전한 동네를 만들어 내는 것, 질 높은 삶을 통해 만들어진 교육, 문화, 놀이와 관광 산업이 대단한 경제 수입이 될 가능성이 그 머릿속에 있을 때 비로소 노동 정책, 경제 정책, 복지 정책, 그리고 여성 정책이 제대로 세워질 수 있다.

이 글에서 나는 여성 정책이 표류하는 것은 속도상의 문제이기도 하지만, 급격한 신자유주의 질서를 향한 전환이라는 차원에서 불가피하게 일게 된 것이라고 말하려고 한다. 좀 더 정확하게 말하면 여성 정책이 강조한 '성 주류화' 노력, 곧 다양한 국민들을 살려 내는 정책은 미처 발전론을 벗어나지 못한 행정 체계와 부딪치고, 다른 한편으로는 그간의 개발 제일주의로 치달았던 근대화와 최근 신자유주의적 '생산성'에 대한 현 정부의 통계와 숫자 게임에서 뒷전으로 밀리고 만 것이다. 그간 '물적 건설 공사'에 치중해 온 파행적 근대사를 '문화적 건설 공사'로 균형을 맞추어 가야 한다는 점은 누누이 지적되어 왔다.

홍성태(2005)는 토건국가를 "개발 국가의 가장 타락한 형태로서 토건업과 정치권이 유착하여 세금을 탕진하고 자연을 파괴하는 국가"로 규정하고 있다.[5] '토건국가'는 일본의 근대화를 가리키는 단어로 시작되었는데, 1970년대 초, 일본의 고도 성장이 끝나고 안정 성장 사회로 접어든 시점에 당시의 다나카 수상은 계속 대규모 토건 사업을 벌여 나갔다. 농촌의 실업자 문제를 토건업으로 풀면서 고도 성장을 지속하려는 정책을 펼친 것인데, 이 정책은 지방의 토호나 토건업자 중심의 사회 인프라를 만들었고, 개발의 이권을 주는 대신에 비자금과 표를 주고받는 정경 유착의 현상으로 발전했다.

홍성태(2005: 2)는 박정희 군사 독재 시절에 '새마을 운동'으로 시작한 한국은 일본보다 더 심한 '토건국가'라고 말하고 있다. '토건국가' 논의는 현재 한국 사회를 이해하는 데 핵심적이다. 첫째로 국가의 재원이 토목과 건설 쪽으로 대거 할당되기 때문에 문화와 복지로 가야 하는 예산이 없어진다는 점, 두 번째로는 그런 거대한 토건 사업을 중심으로 정치 부패, 투기 문화, 그리고 남성 중심 유흥 문화가 하나의 기본 인프라가 되어 버리기 때문이다. 세계에서 토지 면에서는 100번째에도 들지 못하지만 부유하기로는 현재 12위를 기록하는 한국이 여전히 문화와 복지, 예술과 교육 면에서 아주 빈한하다는 사실, 소프트웨어나 삶의 영역, 또는 여성적 영역이 축소되고 하드웨어와 남성적 패거리 문화가 기형적으로 비대해진 것은 바로 이런 근대사적 성격과 관련이 있다.

1990년대 들어서서 그나마 소프트웨어 생산에 투자해야 한다는 명제가 제시되고 사회적 합의를 이루어 가려 할 즈음, 불어 닥친 경제 위기로 한국의 국토는 다시 개발 공사판이 되어 버리고 있다. 국가의 거대 개발 공사를 중심으로 하는 '제2의 새마을 운동'이 일면서 토건국가적 성격은 더욱 강화되고, 한국 사회는 시대 변화에 따라 유연하게 대응해 갈 유연성과 적응력을 급격하게 잃어 가고 있다. 19세기 말의 경직된 체제가 초래했던 것과 비슷한 위기 상황이 만들어지고 있는 것이다.

압축적 불균형 토건 국가와 돌봄의 위기

한국 사회는 지난 30년 동안 고도 압축적 경제 성장을 했고, 그로 인해 매우 기형적인 사회 변동 과정을 거쳤다. '근대 자본주의' 자체가 인간이 자연스럽게 받아들이기 어려울 정도로 가속화되는 '변화의 속도성'을 내포하고 있지만, 한국은 근대화의 후발 주자로서 그중에서도 초고속 변화를 거치고 있는 중이다. 근대적 합리화를 해내려는 '근대적 프로젝트'와 근대적 질서와 단절을 이루어 내려는 '탈근대적 프로젝트'가 상호 마찰을 빚고 있고, 성 평등 사회를 만들어 내려는 노력에 가해지는 갖가지 반발과 저항도 이런 압축적 변화 때문에 생기는 것들이다(조혜정, 1999: 303-341). 현재의 불안과 혼란은 여전히 아주 산업 사회적인, '근대적'인 시선으로 현 상황을 바라보거나 '비동시성의 동시성' 현상을 제대로 포착해 내지 못하기 때문에 빚어지는 것들이 적지 않다.

사실상 '성 주류화'란 일단 주류화할 사안과 그것을 해낼 세력이 생겼을 때 가능한 것으로, 사회적 소수 집단인 '여성'이 그러한 상태에 있는 자신의 존재를 발견하고 동등권을 확보하기 위해 '투쟁하는' 한 세력으로 형성되는 과정을 거친다. 서양에서는 참정권 획득에서 출발해 지난한 여성 권리 투쟁의 역사가 있었고, 한국에서 여성 권리 투쟁은 그에 비해서는 미약하나 1980년대를 지나면서 상당히 대중화된 다양한 여성 해방 운동들이 축적되고 여성이 새로운 대안적 세력으로 등장했다. 이 과정을 통해서 양성평등 사회를 이루려는 '성 주류화' 정책이 입안되었고, 이 기획에는 자신들 또한 가부장적 질서의 피해자임을 알게 되는 '성숙한' 남성들이 여성주의자들과 새로운 사회를 만들어 내는 파트너로 동참하게 된다. 이런 면에서 이 프로젝트의 성공은 '반동적인 남성들'의 반발을 최소화하면서 남녀평등 사회를 지향하는 파트너 남성들을 얼마나 만들어 내는가에 크게 좌우된다고 할 수 있다. '여성부'를 '성 평등부'로 바꾸고 '여성 정책 담당관'도 '성 평등 정책 담당관'으로 바꾸자는 일부의 주장은 이런 맥락에서 적절한 논의로 보이지만, 실은 성 평등에 대한 인식이 피상적이기 때문에 나오는 주장일 가능성이 더 높다.

한국의 여성 정책 수립 과정을 살펴보면 근본 정책의 변화가 있었다기보다는 크게 네 가지 변수에 의해 변화가 있었다고 볼 수 있다.

첫째는 국제 사회의 압력으로서 특히 새로운 정권이 들어설 때마다 정책 당국자들은 국제적 이미지 쇄신을 위해 변신의 몸짓을 보여 주었다. 1980년대 이후 군사 정권과 같이 정당성이 부족한 정권은, 자신들의 정권이 얼마나 능력이 있고 '선진적'인지를 보이기 위해서, 그 이후 이른바 민주개혁 정권은, 그러한 민주개혁의 연장선에서 여성 지원 정책을 강조한 면이 있다. 둘째는 국내 경제적 조건의 변화다. 이때는 여성 노동 수요에 따른 정책 입안이 이루어졌고 지난 10여 년간의 여성 정책의 기저는 이 부분이 핵심이었다. 셋째는 국내 정치적 효과인데, 표를 의식한 움직임이 중요하게 작용했다. 특히 1990년대 후반부터 여성 파워가 강력해지면서 사실상 보수와 개혁을 막론하고 여성 정책에 관한 한 진보적 성향을 드러내 보이려고 안간힘을 썼던 편이다. 넷째는 페미니즘 운동과의 연결성이다. 1987년 이후의 남녀고용평등법 제정, 가족법 개정, 성폭력특별법 제정, 할당제 도입 등은 여성 운동 단체들이 활약한 결과다. 특히 김대중 정권 이후 노무현 정권에 이르기까지 여성 정책 입안은 1980년대 이후 여성들이 해 온 여성 운동과 밀접한 상관관계가 있다.

특히 현 정권과 관련하여 넷째 변수에 주목할 필요가 있다. 건국 초기부터 우파적 여성 단체들의 움직임이 있었지만 사회 구조를 변화시키려는 움직임들은 1980년대부터 일었고, 그중에서도 현재 여성 정책 영역에서 두드러진 활동을 하고 있는 주체들은 한국여성단체연합(이하 '여연')을 중심으로 한 노선이었다. 여성들끼리 독자적 노선을 가기보다는 남성들의 변혁 운동에 보조를 맞추는 입장을 취했던 '여연'은, 정권과 적대 갈등 관계가 아닌 참여와 협력 관계를 형성하는 노하우를 축적했다. 1986년 결성된 '여연'은 1988

년 대통령 단일 후보 지지 운동을 하거나 지방 자치 단체 선거 등에서 여성 후보를 밀어 주기 위한 '여성 연대'를 결성하는 등 적극적 정치적 개입을 해 온 단체로서 남성적 체제와의 협상력을 기른 집단에 속한다. 지금까지의 급격한 여성 정책 분야의 도약은 한국여성민우회를 비롯한 '여연' 소속 단체들이 축적한 역량과 방식, 그리고 한국여성개발원 등 각 국비 지원 연구 기관에 소속된 '여성 전문가'들과 관련 공무원, 1990년대 후반에 늘어난 '여성학 전공자'들의 노력으로 주도되었다. 1990년대 후반부터 사회가 급격하게 소비 사회로 진입하고 여성 운동이 일차적 목표를 달성하게 되면서 대중적 운동성은 떨어지고, '전문성'이 강조되는 분위기는 포스트 페미니즘 단계에 들어서고 있는 징후들이다. 그리고 이런 가운데 여성 정책이 표류하고 있다는 불안감이 감돌고 있는 것이다.

여성 정책이 표류하고 있다는 불안감은 한국 사회의 급속한 근대화와 관련되어 파악되어야 하는 문제이기도 하지만, 사실상 정도의 문제이지 서양에서도 똑같이 제기된 난맥이기도 하다. 바덴과 고어츠(Baden and Goetz, 1998)는 성 평등 관련 기구나 자리들이 갑자기 늘어나 페미니스트 관점이 없는 '신참자'들이 정책 추진팀에 진입하여 혼선을 빚는 문제, 여성 이슈에 관심을 집중시키려는 마음에 과도한 계량화로 부작용을 낳는 문제, 정책 입안에 영향을 미치기 위한 전략으로서 도구주의적 설득 논리를 펼치는 문제 등을 지적한 바 있다. 이런 면에서 나는 그간의 여성 관계자들의 움직임이 너무 수동적이고 반응적이었다고 생각한다.

실제 문제는 실행상의 문제가 아니라 더 근본적인 차원의 전환이 이루어지지 않고 있으며, 이 점을 부각시키지 못한 데 있다. 전 세계적으로, 특히 선진국일수록, 사회 구성원들의 생존에 필수적인 '돌봄의 결핍'의 문제가 심각해지면서 획기적인 여성 정책 또는 성 평등 정책의 필요성이 제기되고 있다(허라금, 2006; Daly and Lewis, 2000). 후기 근대의 위기를 돌파할 방향과 방법은 이미 상당히 자명하다. 무엇보다 현재의 국가적 위기, 구체적으로 가족 해체와 저출산, 고령화와 안전망의 파괴, 교육의 파탄 상황을 돌파할 주체들을 찾아내고 지원하면서 돌봄 개념을 중심으로 사회를 재편할 수 있어야 한다. 사회 재편을 위한 근원적 질문과 그 재편된 사회에 대한 구체적인 그림을 제시하는 것이 필요한 것이다. 그런 일의 핵심은 지금까지 가정에서, 그리고 공식적으로 인정되지 않은 비공식/지하 영역에서 돌봄을 감당한 이들의 경험을 사회화하는 것이다. 이는 물론 그간 공공 영역에서만 머물며 '도구적 행위'에 몰두한 이들의 또 다른 소외 문제를 해결하는 것을 포함한다. 달리 말해, 해체가 한창 진행 중인 후기 근대적 위기 상황을 타개할 새로운 국가 패러다임이 나와야 하며, 이는 가정 영역 고유의 친밀성과 돌봄에 대한 논의, 그리고 자본주의 사회에서는 다룰 수 없는 미지불 노동과 일자리 문화에 대한 논의를 그 핵심으로 한다. 이런 논의는 현재적 삶의 주요 제도인 국가와 가족, 그리고 시장을 더 선명하게 이해하는 것을 전제로 한다.

국가에 대한 질문: 약한 국가, 강한 민족/강한 남자의 역사와 여성 국민

자본주의의 대두와 함께 열린 국민 국가 시대는 19세기 이후 '먹거나 먹히는' 국가 간 약육강식의 제국주의적 질서로 이행했다. 대한민국의 전신인 대한제국과 조선은 그런 세계사적 재편의 와중에 '먹히는 편'인 '식민지 국가'로 첫 출발을 하게 된다. 사실상 20세기 전반부까지는 국가 기구 없이 외국이나 지하 조직을 통해 자주 독립 투쟁에 투신한 소수의 엘리트들이 공유한 '상상의 공동체인 조국'이 대한민국을 대신했다. 그리고 그 상상의 조국, 이념의 조국이 현 국가의 모태가 되었다고 할 수 있다.[6] 민족주의자들이 치열하게 투쟁했지만, 일제 식민지 상태를 벗어난 '대한민국'이라는 '독립적 국가'의 형성이 내부 역량의 축적으로 얻어졌다고 보긴 힘들다. 조선의 독립은 세계대전의 종결에 이은 제국주의적 열강들의 각축 과정에서 주어진 것이었고, 그것도 분단국가의 형태로 성립되었다.

남쪽에 수립된 대한민국은 미국의 보호 아래 '자주적 국가'로 독립하게 되는데, 6·25 전쟁을 거치며 저항 민족주의 이념은 반공주의 이념으로 대치되고 반공을 국시로 삼은 '준전시 체제형' 국가가 형성되었다. 경제적 빈곤과 정치적 혼란이 계속되는 가운데 1960년 군부 쿠데타에 의한 군부 국가가 들어섰고, 군사 정권은 군사주의 조직력을 기반으로 마치 전쟁을 치르듯 경제 개발 정책을 진행시켰다. 이 과정에서 배고픔에서 탈출하려는 국민들의 욕구와 약소 국민의 서러움을 보상받아 보려는 민족주의적 욕망이 맞아떨어져 짧은 시일 안에 기적과 같은 경제 성장을 이루었다. 이 시기를 거치며 한국의 국가는 시장이나 시민 사회적 영역을 압도하는 막강한 권력을 갖게 된다. 또한 분단으로 인한 군사적 대치 상황에서 국가는 군사주의 성격을 더욱 강화해 일상 영역까지도 경쟁과 전투적 문화로 만들어 버렸다. 이 상황에서 군대에 가는 남성들은 당연히 여성보다 상위를 점하며, 군 가산점을 둘러싼 논쟁은 남성 중심의 군사주의적 국가 성격을 잘 드러내 준 사건이었다.

막강하던 한국 국가의 권위와 기강을 흔든 것은 외부에서 온 충격이었다. 1997년 외환 위기가 안겨 준 충격과 그 이후 지속된 교육 위기, 그리고 구조 조정 과정에서 국민들은 미래에 대한 불안에 떨게 되었고 국가와 가족에 대한 질문을 하게 되었다. 금융 자본주의의 전 지구적 확산, 노동과 교육 시장의 세계화는 그간 신성한 영역이던 국가의 존재에 국민들이 회의를 품게 만들었다. 조국/모국에서 이탈하는 것을 죄악시하던 것과는 달리 다국적 기업에 취업하는 것을 최우선 목표로 삼거나, 대한민국 국민의 정체성보다 '삼성맨'의 정체성을 더 중요시하는 사람들이 늘어났다. 동시에 고실업의 위협 속에서 이민을 원하는 젊은 층들이 늘고, 특히 자녀 교육을 위해 국가를 이탈할 계획을 세우는 부모들이 늘고 있다. 이는 서구 선진국에서 자녀를 키우겠다던 20세기 이민과는 성격이 다르다. 국가의 가장 든든한 기반이었던 제도 교육이 붕괴하고 실업률이 증가하면서 국가에 대한 신념이 무너지는 한편, 글로벌 계급 재편 과정에서 상위 계급에 들려는 새로운 계급적 상승 욕구가 작용하고 있는 것이다. 국제적인 노동 분업과 신자유주의적 경제 질서는 국가를 상대주의적으로 인식하게 만들고 있다. 특히 다국적 기업은 여성 노동력을 대거 흡수했고, 노동과 자본의 이동으로 많은 이들이 유목민의 정체성을 형성하고 있다.

중심부가 붕괴하는 탈근대적 징후가 농후한 시점에서, 중심은 무기력해지고 대신 여성이나 장애인 등 주변부에서 에너지가 나오기 마련이다. 최근 여러 국가고시나 기업 경영 면에서 여성들이 대거 등장하는 경향도 이런 시대적 변화와 연결되어 있다. 버지니아 울프는 1·2차 대전을 겪으면서 "여자에게 조국은 없다"고 말한 바 있는데, 이는 국가 안에서 부당한 차별을 받는 사람일수록 거리를 두고 '조국'을 바라보며 '조국'을 바꾸거나 떠날 가능성이 높음을 의미한다. 실제로 그간 똑똑한 여성들은 국가 경계를 넘어 활동하는 경향이 높았다. 그러나 신자유주의 질서 안에서 글로벌 기업이 그들에게 대안을 제공하는 것은 아닐 것이다. 시장 근본주의가 부상하고 개별 '국민 국가의 실패'가 역력해지는 상황에서 공공성의 바탕은 어디서 찾아지며, 개별자들의 '지속 가능한 생존'은 어떻게 이루어질 것인지, 질문을 던져야 할 때다.

가족에 대한 질문 : 가족해체와 저출산, 그리고 돌봄의 상업화

근대화 과정은 개개 국민들을 '국민 교육'을 통해 훈련시켜 '군인'과 '수출 역군'으로 만들어 냈다. 한국의 초고속 경제 발전도 산업 역군과 그의 아내인 가정주부로 구성된 핵가족을 바탕으로 이루어졌다. '돈벌이'를 목표로 했다는 점에서 국가와 가족 단위의 목표는 일치했고, 두 단위는 적절한 역할 분담을 통해 근대화를 추진해 갔다. 그리고 이 둘의 접점은 기회 균등을 보장하는 기구로서의 제도 교육이었다. 대한민국 국가의 성격은 GNP 1만 불 시대로 접어들면서 포스트 포디즘, 소비 자본주의의 본격화를 통해 또 한번 변화한다. 긴 제도 교육을 받고 남성들의 영역에 나란히 진출한 '여성 국민'들의 성장과 더불어 '사회'로 진출한 여성들에 의한 '가족'의 변화는 불가피했다. 가정 영역을 담당해야 하는 여성들의 절반 이상이 취업을 하여 시장/공공 영역으로 나와 있고, 영역에 따라서는 남성에 비해 사회적 활동을 더 '의욕적이고 신나게' 하는 경향마저 보이고 있다.

기존의 공공/가정, '남성=부양자/여성=돌봄자'라는 이분법적 구도는 더는 성립되기 어렵다.[7] 독신 여성이 늘어나고 결혼을 하더라도 출산을 기피하는 현상, 급격하게 늘어난 이혼은 기성 가족의 해체를 드러내는 징후들이다. 한국처럼 개인이 아닌 가족 단위로 근대 국가를 재편한 사회는, 가족의 해체는 사회 전체의 안전망이 깨지는 것을 의미한다. 현재 국가는 경기 부양과 실업자 구제에 엄청난 예산을 쏟고 있지만 사실 그 못지않게 국가가 손을 써야 할 곳은 가족/가정 영역이다. 하드웨어적 '건설'만을 보던 국가가 미처 손보지 못한 거대한 돌봄의 영역을 관장해 왔던 가족/가정의 해체 앞에서 우리 사회는 사실상 '파탄' 상황에 놓여 있다. 공식적으로 가족의 중심은 남자였으나 사실상 가정을 관장하고 지배했던 이들은 여성이었고, 한국 사회는 '사회를 지배하는 남자, 가정을 지배하는 여자'라는 두 권력 관계를 형성한 상태이다(조한혜정, 1999). 이 두 영역의 화해와 균형을 잡아가는 일이 결코 쉬운 일은 아닐 것이다.

특히 공공 영역의 노동 강도가 갈수록 높아지면서 결혼이나 출산 기피 현상이 늘고 있다. 갈수록 많은 돈이 필요한 육아와 노인 부양 등을 제대로 수행하기 어렵다는 것을 알게 되면서 생긴 현상이다. 사실상 초집약적 두뇌 노동을 계속해야 하는 전문직 종사자들은 가정을 꾸리거나 친밀한 관계를 유지할 여유가 없다. 경쟁적 시장과 공적 영역에서 살아남은 사람들은 성을 불문하고 돌봄의 능력이 퇴화된 상태에 있다고 봐야 할 것이다. 가정과 직장에서 초긴장 상태에서 일을 해야 하는 취업 주부에게 가정은 관리해야 할, 또 하나의 일터일 뿐이다(Hochschild, 2003). 상업화된 사회에서 경제력이 있으면 자녀 양육부터 연로한 부모의 돌봄까지 돈으로 해결하게 되고, 경제력이 없으면 그 책임을 방기하거나 국가에 떠맡길 수밖에 없는 상황에 다다랐다.

노동에 대한 질문: 비정규직과 돌봄 노동, 그리고 성 산업

국가 경제 정책의 초미의 관심사는 고용에 있고, '불안정 취업자'가 계속 늘고 있는 추세다.[8] 공식 실업률은 3%지만 실질적으로는 불안정 고용의 형태가 급격히 늘고 있고 비정규직도 2년 사이에 급증했으며, 그중에서도 젊은 층 비정규직의 증가가 두드러진다.[9] 노동 시장은 점점 더 불안정해지고 계급 양극화 현상이 나타나는 한편, 고용 불안이 만성화되면서 '빈곤의 여성화' 현상이 나타나고 있다. 그간 여성 다수가 비정규직에 종사했다면 이제 비정규직 문제는 노동계 전체의 현안이 되었다. 정부가 비정규직에 눈을 돌리기 시작한 것은 '여성'을 '발견'했기 때문이 아니라 남성 비정규직이 크게 늘어난 때문이다.

산업 자본주의 사회가 사회 구성원을 소수의 자본가와 중간 경영자, 노동자로 분리해 왔다면 현재의 세계화 과정은 이들을 소수의 지식 기반 노동을 하는 고소득자와 다수의 유연화된 노동자로 분리해 내고 있다(김현미, 2001: 87). 앞으로 계급 양극화는 더욱 심해져서 글로벌 신상류 계급에 속하는 극소수를 제외한 다수의 사람들은 불안정한 취업과 빈곤을 피할 수 없을 것이며, 자본의 총애를 받는 극소수의 사람들도 어느 나이에는 버려질 운명이다. 자본이 충분해서 글로벌 계급으로 신분 이동이 가능한 엘리트층과 신분 상승을 위한 사투 끝에 버려질 주변적 엘리트들, 그리고 학교를 졸업한 후 실업 상태로 시작해 '유연한 노동 시장'에서 늘 불안하게 살아가야 하는 다수의 국민들이 한 국가의 경계 안에서 살고 있으며, 이런 상황이 자아내는 상대적 박탈감과 부정적 에너지는 사회의 붕괴를 재촉한다.

이런 상황에서 국가가 신경을 써야 하는 국민은 누구일까? 국가가 해야 하는 일은 생산량을 늘리는 동시에 다수 국민들이 지속 가능한 생존을 이어갈 수 있는 사회를 만드는 것이다. 지금 상태로 간다면 평생 고용직을 보장하는 체계를 만들기는 불가능하다. 이미 정규직 노동자들을 과보호하는 노동조합의 경직성에 대해 여러 곳에서 문제를 제기하고 있는데, 지금은 노동과 일에 대해 탈산업 사회적 전환을 서둘러야 할 때다.[10] 파트타임 노동과 비정규 노동을 이차적, 주변적, 보조적 노동력으로 규정하고 노동 문제를 풀어내려 한다면 경제와 고용 문제는 점점 더 심각해질 것이다(김현미 2001:82). 지금은 '평생 고용'이 아닌 '평생 학습'의 개념을 축으로 하는 일과 삶에 대한 근본적 발상의 전환이 필요한 시점이다.

여기서 핵심이 되는 것은 미지불 노동이다. 그간 미지불로 수행해졌던 돌봄 노동을 사회(노동)화하면서 노동 개념을 바꾸어야 한다. 사회 자체가 돌봄 공동체로 전환하면서 일과 삶에 대한 새로운 접근이 가능한 사회의 기반을 닦아야 한다는 것이다. 지역 사회 이웃끼리의 품앗이 형태의 노동 교환에서부터 일본의 개호보험 같은 돌봄의 제도화를 바탕으로 상호 호혜적 교환이 사회생활의 기초가 되는 틀이 마련되어야 한다.[11]

결국 노동 문제는 돌봄 노동과 돌봄 노동의 한 부류로서의 섹슈얼리티, 그리고 친밀성의 영역을 포함하는 영역으로 확대되어야 한다. 서양에서는 다국적 노동자의 이동이 활발해지면서 돌봄 노동의 시장화가 시작되었다면, 한국에서는 근대화 초기부터 돌봄 노동이 가정부, 파출부 등에 의해 대행되고 그 인구는 국가 통계에도 정확하게 잡히지 않는 거대한 '지하 경제'의 일부가 되어 왔다. 역사적으로 '사적' 영역으로 간주된 가사 노동자와 돌봄 노동자군이 광범위하게 형성되어 왔으며, 돌봄 사회의 제도화를 논의할 때 이 영역이 파악되어야 할 것이다. 또한 현재 돌봄 노동의 한 부류로 간주되는 섹슈얼리티 영역의 기현상 역시 한국이 풀어야 할 문제다. 한국의 경우, 이성간의 친밀성이 성으로 매개되는 현상이 지나치다 못해 '성매매 공화국'이라는 오명을 듣고 있다.[12] 양성간 돌봄 영역의 '경제화'의 도가 지나쳐서 성매매 방지 특별법 시행과 더불어 한국 경제가 망해간다는 식의 논리가 나올 정도다. 그간 방치되거나 남성 중심으로 부추겨져 온 거대한 비공식 영역의 '성적 노동' 차원에 대해 한국 사회의 분석적 언어 수준은 일천하다. 분류되지 않은 노동과 거대한 언더그라운드 경제를 어떻게 할지에 대한 논의가 노동 문제의 핵심 이슈로 떠올라야 하는 것이다.

앞에서 나는 국가의 정책의 방향은 남성 중심의 체제에 여성을 편입하는 것이 아니라 그간 여성을 배제시킨 시스템 자체를 바꾸어 내야 한다는 점을 강조해 왔다. 이제 국가, 가정, 노동 모든 영역에 걸쳐 새로운 질문을 던지지 않으면 안 되는 위기 상황에 돌입했다. 어떤 정책이 나와야 할 것인가? 한편에서 '경제 위기'를 이야기하면서 구조 조정을 실시했다면, 동시에 가정과 관련된 쪽에서는 '돌봄의 공백', '돌봄의 위기' 상황에서 구조 조정을 이루어 내야 할 때다. '돌봄 결핍증'이 갈수록 심각해지는 상황에서, 남녀 모두가 공공 영역의 시민이자 돌봄의 대상과 주체가 되는 새로운 시스템을 향한 전환이 시급해지고 있다. 기술 주도적인 '차가운 근대'(cold modern)를 어떻게 상호 소통과 돌봄을 중심으로 한 '따뜻한 근대'(warm modern)로 만들어 갈 것인지의 문제를 본격적인 사회 과학의 의제로 삼아야 하며, 이때 국가, 가족, 노동 개념은 근본적으로 재구성되어야 할 것이다.13)

따뜻한 근대, 돌봄 사회로 가기 위한 우선 과제들

돌봄 사회로 전환하기 위해 시급한 과제들은 무엇일까? 이 질문에 대한 답을 그간 돌봄 개념을 정교화해 온 여성주의자들의 논의에서 찾아보려 한다.

먼저 '돌봄'을 '잔여적', 또는 '특수적인' 복지 정책의 차원에서 접근하는 오류의 문제가 있다. 한국에서 지난 10여 년간 여성과 돌봄에 관한 논의가 없던 것은 아니다. 그러나 그 정책들은 대부분 여성의 노동 참여를 보장하기 위한 목표 아래 실시되었다(허라금, 2005). 예를 들어 "일과 가정의 양립을 위한 지원 방안"이 정부에서는 주요한 핵심어였으며, 구체적으로 젊은 여성들이 가정에서 돌보는 어린아이들의 '보육'을 지원하는 보육 정책, 그리고 증가하는 고령자들을 돌보는 수요를 지원하는 방향에서 돌봄의 논의가 이루어져 왔다(장혜경, 2005).

서양의 페미니스트들은 '사회적 돌봄'이라는 단어로써, 이런 관점이 지닌 문제점과 일반적인 복지 국가 개념에서 제시한 분석 범주의 한계를 지적해 왔다.[14) 현재의 상황은 스스로를 돌볼 수 없는 무능력한 이들이나 경쟁에서 실패한 이들을 위한, 곧 특별한 집단을 위한 것이라는 인식으로 '돌봄'을 보아서는 안 되며, 그런 면에서 '돌봄'에 대한 인식이 근본적으로 바뀌어야 한다고 주장하고 있다.

　　'돌봄'을 정치적 활동이라고 하기에는 너무 본능적이라고 본 아리스토텔레스 이후의 남성 중심적 정치학이 바뀌어야 함을 역설하면서 키테이(Kittay, 1999: 113, 허라금, 2006: 137에서 재인용)는 정치적, 경제적 필요와 가치에 더해 사회 정의의 제3원리로 '돌봄의 사회적 책임의 원리'를 제안하고 있다. 그 원리의 실행은 "각자의 돌봄의 능력에 따라 돌봄이 필요한 이들에게 제공되는 연결망을 마련하고 그 돌봄을 제공하는 이들이 필요로 하는 자원과 기회를 이용할 수 있도록 제도화하는 것"이다. 돌봄 개념이 사회생활의 필수 원리임을 인정하게 될 때 아주 큰 사회적 변화를 예상할 수 있다. 돌봄이 사유 재산이 아닌 공공재로 인식되면서 그에 대한 적절한 사회적 지원과 보상 제도가 마련될 것이며, 돌봄의 수요와 공급을 연결하는 프로그램을 통해서 다양한 공동체적 해결 방안이 실행될 것이며, 이는 주택 건설 정책 등으로 이어질 것이다. 그리고 무엇보다 돌봄 능력을 기르는 것은 교육의 중심 목표가 될 것이다. 이는 그간 남성 중심적으로 규정된 '사회적인 것'에 대한 근본적 재규정을 의미한다.

　　현재 한국의 복지 정책은 북유럽이 초기에 시행한 복지 정책을 따라가기에 급급한 상태다. '국가 안전망'을 마련한다는 구호 아래 체제에서 이탈한 자들을 관리하는 차원에서 시행되는 정책으로서 '복지'라는 말은 가난과 질병, 무능력과 실패의 대명사로 인지되고 있다. 한국은 노약자와 복지를 위한 공적 비용이 OECD국가 중 최하위군에 속한다(허라금, 2006: 128-129)는 점에서 일단 기초생활수급자를 위한 복지 체제를 마련하는 것이 시급하다는 논리를 펼치고 있는데, 그 지원이 '상호 돌봄의 체제'가 아닌 경비 지원 체제로 마련될 때, 돌봄 위기의 문제는 사실상 해결될 길이 없다. 세계 최고 부자 나라인 북유럽에서 이미 시행착오로 판단이 난 길을 따라가겠다는 것은 사실상 적절한 정책을 세우기를 포기하겠다는 것과 마찬가지의 의미를 갖는다. 북유럽 국가들은 그동안 국가가 관장하던 제도적 복지의 틀을 '여성화'해 내기 시작했다. 그들은 국가 공동체는 이제 관리적 개념을 내포한 시혜적 '복지'(welfare) 개념이 아닌 상호 작용적인 '사회적 돌봄'(social care) 개념을 중심으로 재편되어야 한다면서, 평등, 고용, 국가 재정이라는 세 축의 어느 한쪽도 희생시키지 않고 문제를 풀어낼 방안을 강구하고 있다(Mahon, 2001: 4). 실업과 탈가족화, 그로 인해 파생된 심각한 '돌봄 결핍' 문제를 해결하기 위해 이들은 시장, 국가, 가족 영역의 재구조화를 꾀하면서 복지 국가 모델을 새롭게 '디자인'할 것을 촉구해 왔다(Mahon, 2001: 1, 2002: 3).[15]

여기서 '디자인'이란 '사회 보장', '사회 보험' 개념을 넘어선 '사회적 돌봄'의 개념화를 중심으로 사회를 새롭게 형성한다는 말로서 사회적 돌봄에 대한 공동체적 인식을 전제로 한다. 구체적으로 개별 여성들이 해 온 돌봄 노동을 사회화함과 동시에 관료들이 주도해 온 부성적(paternal) 복지 제도를 바꾸어 내는 것, 그리고 남성들에게 주어진 생계 부양자라는 부담을 줄이고 그들에게 '돌봄 사회'로 편입할 수 있는 여지를 마련해 주는 것이다.[16]

데일리(Daly, 2000)와 루이스(Lewis, 1998; 2000)가 분류한 네 개의 돌봄 영역을 보면 전통적인 가족/가정 영역, 이윤 추구를 목적으로 하는 시장 영역, 개인적 만족을 위한 개인 차원의 자원 봉사 영역, 공공복지 영역이 있다. 그런데 가족 안에서 이루어지던 돌봄 영역은 점차 시장과 국가에 의해 잠식되거나 소멸되어 왔다. 오래전부터 국가적으로 제공되는 공공 영역(state provision)과 독립 영역(independent sector), 즉 시장과 자원 봉사 영역에서 복합적으로 이루어져 온 노동은 지불과 미지불, 개인과 공동체라는 개념으로 다루어져 왔고, 이 일을 수행해온 이들은 주부들과 취업 여성들을 포함한 여성들이었다. 여성들은 20~40대까지는 '(어린아이를 둔) 일하는 엄마'로서, 40~60대까지는 '(노부모를 돌봐야 하는) 일하는 딸'로서 돌봄 노동을 수행해 왔으며, 늘 공식/비공식의 경계와 미지불/지불 노동의 경계에서 일해 왔다. 이런 돌봄의 노동을 두고 데일리와 루이스(Daly and Lewis, 1998: 6), 후드(Hood, 1992: 3)는 '새로운 공공적 경영'(new public management)이라는 신조어를 만들었다.

더 나아가 그래함(Graham, 1983: 16)은 사랑과 친밀성이라는 심리적 차원을 강조하면서 돌봄은 ① 엄연한 노동이면서 ② 의무와 책임을 강제하지 않는 감정적 관계를 포함하는 행위인데, 그간의 사회 정책 연구가 이를 노동의 영역으로 축소한 반면 사회학적 연구들은 심리·문화적 차원으로 축소해 왔음을 상기시키고 있다. 사실상 지불되는 노동이라 할지라도 돌봄의 행위에는 헌신과 애정이 개입되는데, 모든 노동을 교환 가능한 가치로 환산해야 하는 자본주의적 체제에는 이런 돌봄 노동을 제대로 계산하는 방법이 없는 것이다. 그런 면에서 지불/미지불, 공공/가정, 시장/자원 봉사 등이 섞인 '혼합 경제'를 둘러싼 개념화(Daly and Lewis, 1988: 14), 준시장, 준정부 등 모호한 영역의 가시화(Evers et. al., 1994)와 "경제적 보상을 주는 노동은 진정한 돌봄이 될 수 없다"는 식의 명제를 검토하는 것은 친밀성과 돌봄에 대한 본격적 탐구의 시작이면서 '비자본주의적' 공간을 여는 시작이기도 하다(Hochschild, 1995; Thomas, 1993: 57; Held, 1993).

실제 선진 복지 국가의 흐름에서 흥미로운 점은 국가에서 독점하던 돌봄 영역이 개인들의 주도성이 강화되는 독립 영역으로 이동하고 있다는 점이다. 국가의 목소리보다 복지 수혜자와 복지 시혜자의 목소리가 커지고 있고, 국가냐 시장이냐 가족이냐 식의 독점이 아닌 국가와 시장, 가족, 시민 사회적 연결이 진행되는 다양한 돌봄 형태의 실험이 장려되고 있는 것이다. 이런 움직임은 특히 핀란드에서 두드러지는데, 예를 들면 기존에 국가 공무원이었던 간호사가 자기 사업을 하는 식이다. 핀란드는 국가에 소속되어 있던 기존 돌봄 서비스 종사자들에게 소규모의 독자적 사업화를 권장했는데, 이후 돌봄 노동의 질이 크게 향상되었다.17) 국가에서 거국적으로 국민 복지를 다룰 때는 관료적 지식과 전문가적 지식에 의존해 존엄성과 감정을 가진 통합적 존재의 차원이 무시되었는데, 소규모의 독립적인 복지 제공자 중심 체제가 그런 면을 해결할 수 있었던 것이다(Daly and Lewis, 1998: 15). 따라서 최근의 연구 경향은 돌봄 주체자의 창의성 및 자발성, 수혜자 중심의 시각을 적극 제안하고 있다. 돌봄 노동의 제도화는 단순히 돈을 분배하는 것이 아닌 새로운 철학과 인간관을 바탕으로 새 인프라를 만드는 작업이며, 전체 사회의 제도화 자체에 질문을 던지고 사회를 재편하는 방법으로 제시되고 있다.

그러면 한국 사회가 돌봄 사회로 전환을 꾀할 때 어떤 텍스트를 택하는 것이 적절할 것이며, 누가 이 작업을 수행할 주체들인가? 프레이저(Frazer, 2000)가 "가족 임금 이후: 탈산업 사회에 대한 기획"란 글에서 '보편적 부양자 모델'과 '양육자 부응 모델'(the caregiver parity model)을 넘어선 '보편적 양육자 모델'(the universal caregiver model)을 제안했듯이, 부양자와 양육자 역할을 동시에 수행해 온 많은 여성들의 삶의 방식이 주요한 텍스트가 될 것이다. 잉거슨(Ungerson, 1990)은 그간 별도로 간주되고 진행되었던 육아를 위한 돌봄과 성인(장애인과 노인 등)을 위한 돌봄의 통합적 접근을 제안한 바 있다. 여성들의 저임금과 무급 노동에 기생해 온 가부장적 국가와 기업을 드러내는 것과 함께 살인적 속도에 치어 사는 맞벌이 부부, 고립된 공간에서 벗어나고 싶어 하는 비취업 주부, 돌봄을 위한 기본적 시간과 자원이 없는 빈곤층 모두가 일정하게 돌봄을 받고 또 돌봄을 베푸는 존재로서 살아갈 수 있는 방법을 알아내야 한다. 그리고 이것은 도구적 행위가 아니라 소통적 행위이자 관계 위주의 작업이며, '아래로부터의 공동체적 삶의 디자인'(design for community living)을 통해서 이루어질 성격의 움직임이다.

개혁 정치를 실행할 때에는 새로운 사회를 꿈꾸는 사람들의 예사롭지 않은 작은 움직임을 읽어 낼 수 있어야 한다. 그간 나름대로 훌륭한 여성계 인력풀이 존재했음에도 불구하고 학계, 관료, 연구진 간에 시너지를 내지 못했다는 여성계 내부의 자성의 소리가 일고 있다. 과도하게 '도구적인' 남성 조직이 싫어서 잠재력이 큰 여성들이 기업·시장 쪽으로 빠져 나가거나, 가난한 인디 페미니스트로 지내려는 선택을 하는 현상도 현 국가의 여성 정책의 표류 현상과 간접적으로 연결된다. 이런 성향은 여성의 종속적 지위가 성별 분업, 특히 돌봄의 담당자라는 여성의 역할과 관련된다는 페미니즘의 기본 인식과도 관계가 있다. 페미니스트들이 가진 '돌봄'에 대한 이런 거부감이 돌봄을 적극적으로 사고하는 데 무의식적인 걸림돌이 되었다는 것이다. 그간 페미니스트들이 국가에 대해 갖는 양가적인 감정과도 비슷한 것이었다. 페미니즘에서 국가는 남성 이익을 대변하는 억압적 지배 기구로 보는 관점이 우세했고, 그런 관점에서 국가 정책에 기대할 것은 별로 없었던 것이다. 그러나 최근의 변화, 특히 시장이 압도하는 신자유주의적 질서 안에서, 그리고 돌봄의 전면적 파탄 상황에서, 일부 페미니스트들은 돌봄의 가치를 새롭게 보고, 국가에 대한 인식을 새롭게 하고 있다. 국가를 일방적 권력 행사를 하는 기구가 아니라 여러 행위 주체들의 네트워크로 보면서 돌봄을 바탕으로 한 국가 형성에 참여를 할 준비를 하는 것이다.

새로운 페미니스트 움직임으로 주목할 주체로 세 유형을 들 수 있는데 그들은 1990년대에 성장한 영 페미니스트 그룹과 지방에서 여전히 활발하게 다양한 '지역 공동체 만들기' 운동을 하고 있는 페미니스트들, 그리고 그간 페미니스트로 자처하지는 않았지만 여성적 영역에서 여성적 자질을 살려온 가부장제에 포섭되지 않은 여성들이다. 특히 지방 조직을 가진 한국여성의전화, 한국여성민우회, 생활협동조합, 공동육아, 성폭력상담소, 어린이도서관에 이르는 여러 그룹들이 서울과 지역을 불문하고 삶을 위한 크고 작은 아지트들을 만들어 새로운 지역성을 창출해 내고 있다. 기형적 경제 성장 과정에서 비껴나 글로벌 감수성을 키워온 젊은 페미니스트들과 온갖 뒤치다꺼리를 하면서 다양한 역량을 키워온 '사회주부'[18]들의 실천적 역량을 여성 정책을 통해 제대로만 연결해 낸다면 돌봄을 중심으로 하는 '성 주류화'를 통한 사회

개혁 프로젝트는 생각보다 빨리 실현될 수 있을 것이다.

국민 복지를 '위로부터'의 해결 방식, 특히 수치로 해결할 수 있다고 보는 관점은 돌봄 사회로의 전환을 어렵게 한다. 기존의 관료적 지식과 낙후된 전문성은 돌봄의 영역을 좁은 의미의 전문성으로 가두고 이를 축소·왜곡할 위험성이 있다. 이는 돌봄 행위를 통해 사회적 유대를 확장하기보다는 전문가주의에 빠져 오히려 관계를 끊고 '차가운 근대'를 존속시키는 역기능을 초래할 것이다. 불안전한 사회로 치닫고 있는 한국 사회에 안전망을 마련하는 것은 전자 보안 장치의 설치로 가능한 일은 아니다. 전면적 사유의 전환과 체제 전환이 필요하며, 여기서 그 변화의 주체는 오래된 (남성) '국민'이 아닌 여성과 새로운 남성 국민임을 분명히 할 필요가 있다.[19] 그간 돌봄 노동을 담당한, 공동체적 감각이 살아 있는 여성들이 사회의 새로운 세포를 만들 때 현 사회의 파행을 벗어날 해법이 찾아질 것이다. 후기 근대적 상황에서 국가 정책의 역점은 '도구적 합리성'의 국가를 '소통 합리성'의 국가로 바꾸어 내는 것, 중앙 집권식 권력 체계를 지방 분권화하고 여성들이 그 살림을 하게 함으로써 사회 문제 해결의 주체가 되도록 지원하고 연대하는 작업일 것이다.

이는 그간의 '경제 합리적' 인간관을 관계와 상호 의존을 통한 인간관으로 바꾸어 사유해야 함을 뜻한다. 집중적 권력과 배제의 논리로 움직이는 경쟁 사회에서 포용과 소통의 원리가 주도하는 '따뜻한 근대'로 방향을 선회하고, 돌봄 노동을 회복하는 일은 사회 구성원들이 측은지심에 대한 감각을 잃어버리기 전에 이루어야 할 과제다. 그런 면에서 측은지심을 가진 '아줌마'들이 대거 존재하는 한국 사회는 희망적이다. 비공식 영역에서 한국 사회를 돌보며 지탱해온 이들 '아줌마'들의 저력과 관심의 에너지가 어떻게 모아지는가가 돌봄 사회로 전환하는 데 관건이 될 것이다.[20] 양육과 문화, 소프트웨어와 돌봄에 대한 감수성을 지닌 성숙한 여성 국민/시민들이 자신들이 원하는 공동체적 삶을 기획할 수 있도록 사회 구조를 바꾸어 내는 것, 구체적으로는 지역 사회에서 자녀와 부모를 위한 돌봄 노동을 하는 이들을 발굴해 내고, 그들에게 '토건 체제'의 주체였던 남성이 독점한 자원을 재분배해야 한다. 이때 여성들이 만들어 낼 지역의 공동체적 기획은 공동육아일 수도 있고, 작은 학교일 수도 있고, 노부모를 보살피기 위한 요양소일 수도 있다. 그간 다양한 방식으로 다양한 영역에서 돌봄 노동을 한 여성들이 따로 또는 연대하면서 벌이게 될 크고 작은 지방 분권적 '프로젝트'가 지속적 삶이 가능한 새로운 지역성을 만들어 낼 것으로 기대된다. 그 프로젝트들은 앞에서 인용한 재정 경제부총리의 설계와는 좀 다른 사회 안전망을 마련함과 동시에 광범위하게 고용을 창출해 냄으로써 새로운 '인간 존중 사회'(세넷, 2004)의 토대를 마련할 것이다. 물론 이를 통해 한국 근대 국가는 징용[21]과 조직화된 공식적 폭력 기구의 모습에서 벗어나 평화와 연대의 시대를 여는 돌봄의 기구로 변신하며 원기를 회복해 갈 것이다.

결국 문제는 식량이 부족한 사회에서는 식욕이 문제가 되고 경제 생산이 중심이 되듯이, 애정이 부족한 사회에서는 외로움과 무기력함이 문제가 되고 사회적 관계성의 생산이 중심이 되어야 한다는 인식을 공유하는 일일 것이다. 지금은 그 어떤 것보다도 애정, 곧 관계성과 돌봄의 결핍이 사회의 토대를 허물고 있다. 그간 돌봄의 개념화에 몰두해 온 허라금의 표현대로 "우선의 정책적 과제는 '보살핌의 사회화'를 기초할 정당성의 지점을 마련하는 것"일 것이다.

주

1) "모든 정치적, 경제적, 사회적 영역의 정책과 프로그램 디자인, 실행 모니터와 평가에서 여성과 남성의 관심과 경험을 통합함으로써 여성과 남성이 동등한 혜택을 받고 불평등이 조장되지 않도록 하는 전략"(김양희, 2004: 5 재인용, UN/DAW/ECLAC, 경제사회이사회 1998)으로 개념화할 수 있는 '성 주류화'는 1995년 세계여성대회(북경)에서 공식 행동 강령으로 채택한 원리로, 성 인지적 관점을 사회 모든 영역에서 실현한다는 개념이다. 사회에 무의식적으로 작동되는 성별 위계 원리를 민감하게 읽어 내고 수정해 감으로써 남녀가 평등한 사회에서 살 수 있게 한다는 것이 주요 내용이다(Corner, 1999; Rees, 1999).

2) 함영이,『우먼 타임스』 2004년 12월 7일. '북경+10 이후 여성 정책의 새로운 도전'이라는 주제로 열린 여성 정책 전문가들의 포럼을 소개함.

3) '한국 양성 평등 정책의 향후 방향'이라는 주제로 여성 공무원 실무자 워크숍이 2004년 11월 8일에 한국여성개발원에서 있었다. 이 자리에서 여성부 정책연구회 회원들과 관련 공무원들이 현장에서 고민하는 내용이 공유되었다.

4) 조성곤, "내년 상반기 100조 집행 — 정부 경제 운용 계획",『한겨레신문』 2004년 12월 33일.

5) 여기서 '개발 국가'란 어떤 활동보다 경제 활동에 비중을 두면서 '공업화'를 촉진하고 주도하는 국가라는 뜻이다.

6) 국가와 가족의 주체 형성에 대한 자세한 논의는 졸고 "불균형 '발전' 속의 주체 형성: 한국 근대화에 대한 여성주의 비판,"『성찰적 근대성과 페미니즘』(1999, 또하나의문화), 권혁범,『국민으로부터의 탈퇴』(2004, 삼인), 임지현·이성시 편,『국사의 신화를 넘어서』(2004, 휴머니스트) 참조.

7) 2003년 여성 경제 참가율은 48.9%이며 기혼이 48.0%, 미혼이 51.7%이다. 양육기에 직장을 그만두는 경향을 드러내는 여성 취업 M자형 곡선도 약화되고 있는 실정이다(이재경, "공사 영역의 변화와 '가족'을 넘어서는 가족 정책", 공동 프로젝트에서 재인용)

8) 조성곤 기자는 2004년 11월 통계청의 고용 동향 발표를 보도하면서 공식 실업률은 3%이지만 11월 취업자 중 35.5%가 36시간 미만의 취업자이며, 18시간 미만 취업자도 계속 늘고 있다고 전한다(『한겨레신문』, 2004년 12월 17일).

9) 통계청의 2004년 8월 통계에 의하면 전체 임금 노동자의 37.0%가 비정규직이며, 민간 노동연구소의 통계로는 55.9%이다. 최근 3년간 비정규직 증가는 20~30대 고학력층에서 두드러지며 특히 20대 여성의 비중이 높아졌다(박순빈, "비정규직 2년새 160만 명 급증",『한겨레신문』, 2004년 11월 5일).

10) 온라인 정책 소식지「사회」, 2004년 11월 11일.

11) 일본에서 2000년에 시행한 개호보험은 단순한 국가의 시혜적 제도가 아닌 시민들에 의한 보험식 사회 보장 정책으로서 일본 페미니스트들은 그것을 21세기형 시민 사회의 성숙이 가져온 결과로 보고 있다. 55세 이상 국민 가입자가 필요할 때 개별적으로 돌봄을 받을 수 있는 이 제도의 설립은 구빈 대책의 연장선에 있던 복지 개념을 전환하는 계기가 되었다. 개호보험에 의해서 전국에 돌봄이 필요한 300만 명이 인정을 받아 서비스를 이용하고 있고, 서비스 공급 시장과 고용 시장 양면에서도 큰 효과를 내고 있다는 지적이다. 이는 국가와 지방, 관과 민, 여성과 남성의 대등한 파트너십을 추진하는 움직임들에 의해 가능해졌고 앞으로도 그런 협력을 통해 보완될 정책이라고 한다. 이제는 대규모의 특별 양호 노인 홈을 짓지 않고 개인실 유니트 형, 소규모 다목적 시설을, 살아온 지역에 만들어 가는 움직임이 주가 되고 있다. 인간의 생명과 죽음을 자연스럽게 받아들이는 좀 더 합리적인 체제가 마련되고 있다는 것이다(히구치 게이코, 2004: 15-19).

12) 김현미(2004)는 또하나의문화 대학 강좌에서 가상과 현실 사이의 경계가 허물어지면서 폭력과 성애가 버무려진 포르노물이 홍수를 이루고 있고, 그런 기업이 돈을 벌어오는 인터넷 기업이라 하여 인터넷 산업으로 표창을 받으면서 공식화되는 현상에 우려를 표했다. 최혜심("성

폭행과 인터넷", 『주간조선』 시론, 2004년 12월 23일, 82쪽)은 2004년 12월 밀양에서 벌어진 고교생 성폭행 사건에 주목하면서 여성들이 강간을 당하고 싶다거나 여성들의 자발적 쾌락은 고려할 가치가 없다는 식의 이미지를 계속 주입하며 특히 성애와 폭력을 연결시키는 포르노 산업과 왜곡된 남성 중심의 성 문화를 공론장으로 끌어내야 함을 강조하였다. 김선주(『한겨레신문』 2004년 12월 16일)는 성매매 방지법을 둘러싸고 일어나는 논의에서 보이는 불감증과 위선에 대해 "5분 만에 끝내는 성관계를 부추기는 사회에 대한 문제의식을 가질 것"을 촉구하고 있다. 김두식은 좀 더 포괄적 의미에서 "성 차별 없는 세상을 구경도 못 해 본, 작동 불능의 성 차별 감지 장치 소유자들을 위한 마초 학교가 만들어져야 한다"고 했으며(『한겨레신문』 2004년 11월 3일) 주진오는 성매매는 취향이 아니라 폭력이며 성매매 남성 공화국을 바꾸어 나가야 한다고 썼다 ("성매매 남성공화국 바꾸어 나가야", 『여성신문』 2004년 11월 26일).

13) 호크쉴드(Hochschild, 1995)는 자녀 양육의 행태를 관찰하여 이를 '전통/탈근대/차가운 근대/따뜻한 근대'라는 네 범주로 나누어 논하는 한편 따뜻한 근대의 이상을 향해 갈 것을 제안한다. 이 '따뜻한 근대'의 모델을 이야기하려면 ① 남자들의 가정 참여, ② 직장 근무 시간 스케줄의 유연한 조절, ③ '케어/돌봄'에 대한 사회적 가치 영역을 논해야 한다.

14) 실제로 돌봄 사회로의 전환에 대한 페미니스트들의 논의는 상당히 오래전부터 다양하게 이루어져 왔다. '돌봄의 윤리'에 대한 철학적 논의(Pateman, 1992; Frazer, 1997; Kittay, 1999)나 '돌봄 교육학'(Noddings, 1992, 1995)에서부터 '사회적 돌봄의 제도화'(Mahon, 2001; Daly and Lewis, 2000; Ungerson, 1990; Graham, 1991)에 이르는 페미니스트들의 논의가 꾸준히 이어져 왔으며, 특히 북유럽 국가들을 연구한 페미니스트 연구자들이 주도해 왔다.

15) 마혼(Mahon, 2002: 3)은 돌봄의 위기를 ① 탈산업 고용 체제로의 전환과 1인 생계 부양자의 감소와 연결된 노동 시장의 변화, ② 이혼율의 증가, 별거, 편부모 가족의 증가와 남성 부양자 가족 모델의 붕괴, ③ 과학 기술의 발달로 인한 평균 수명 연장과 출산 조절로 인한 인구 구성에서 찾고 있다. 데일리와 루이스(Daly and Lewis, 2000)도 비슷한 맥락을 강조하면서 미취학 아동을 가진 여성을 포함한 다수 여성들의 노동 시장 참여, 노인을 돌보는 일이 크게 늘어난 반면 그들을 돌볼 젊은 세대의 수는 줄어들고 있는 인구 불균형 상황에 더하여, 재생산의 위기로 인해 증폭되는 생활 세계의 파탄이 더욱 많은 돌봄이 요구되는 시대적 상황을 초래하고 있음을 지적한다.

16) Daly and Lewis, 1998; Mahon, 2001; Carol, 1993; Ungerson, 1990; Graham, 1991.

17) 다음은 국가가 장악해 온 돌봄 노동을 여성 개인들의 작은 기업으로 바꾸고 있는 핀란드 여성의 사례다(Sinonenm and Kovalainen, 229). "당신이 끈기가 있고 장시간 일하는 것에 그리 부담감이 없으며, 삶에 필요한 기본적인 것들이 있으면 행복할 수 있는 경우라면 나는 이 일을 적극적으로 권합니다. 나는 이 일을 계속할 겁니다. 이 일은 바로 내가 늘 원하던 그런 일입니다"(자녀가 있는 장애자와 노인의 집을 찾아가 보살피는 일을 하는 여성). "나는 지방 정부에서도 일한 적이 있습니다. 그러나 개인 사업으로 이 일을 해 보니 참 새로운 경험입니다. 타성에 젖지 않을 수 있는 새로운 도전이고요"(집에서 너싱홈을 운영하는 여성 간호사).

18) 페미니스트 지식 생산 단체인 또하나의문화에서는 동인지 6호 『주부, 그 막힘과 트임』(1990)에서 '사회주부'라는 단어를 만들어 냈으며, 이 단어는 여성 운동 단체인 한국여성민우회

등을 통해 보편화되었다.

19) 돌봄에 대한 인식 전환과 관련해 양육을 '부담'으로 표기하는 일은 없어야 할 것이다. 2005년 1월 여성부 장관의 신년사 메일에서 "부모의 부담을 줄이고 많은 아이들에게 보육 서비스의 혜택이 돌아가도록 하겠다"는 문구를 읽었는데 이러한 언어 사용도 바꾸어 나가야 한다.

20) 2000년대 들어서 한국의 '아줌마'에 대한 기사들이 많이 나왔다. 부동산 투기를 부추기고 동네에 노인/장애자 시설이 들어오는 것을 앞장서서 막는 극단적 이기심을 보이는 이미지와 함께 지하철에서 남을 밀치고 자리를 잡는 모습으로 그려지기도 했지만, 이와 상반되는 또 다른 아줌마 이미지가 있다. 이들은 이주 노동자들에게는 가장 이해심이 많고 포용적인 사람들이며, 촛불 시위에 자녀들과 함께 가는 건강한 상식인이자 포용력을 가진 사람들이다. 아줌마를 위한 인터넷 해방구 '줌마네'(http://www.zoomanet.co.kr)에서는 '줌마네 학교'를 운영하고 있고, '아줌마가 키우는 아줌마 연대'(아키아연대, http://www.zooma.co.kr)도 아줌마 운동을 하는 활동 공간이다.

21) 린다 커버(Kerber, 1990)는 군대를 바탕으로 조직화된 국가에 대해 이런 질문을 던졌다. "모든 국민은 군인이며 모든 군인은 국민인가? 모호한 여성 국민의 자리는 어디인가?" 문승숙(Moon, 2002)과 권인숙(Kwon, 2001)도 한국 국가와 군사주의에 대한 연구를 한 바 있다.

참고 문헌

권혁범, 2004, 『국민으로부터의 탈퇴』, 삼인.

김양희, 2004, "정책의 성 인지적 혁신과 품질 향상을 위한 접근", 「성별 영향 분석 평가 시범 사업 연구 용역 착수 보고회」, 여성부 사회문화담당관실 자료집, 1-22쪽.

김영옥, 2004, "여성정책의 새 패러다임 정립을 위한 시론", 6-11쪽, 『여성정책포럼』 여름·가을호, 12-15쪽, 한국여성개발원

김현미, 2005, "글로벌 사회는 새로운 신분제 사회인가?", 『글로벌 시대의 문화 번역』, 도서출판 또하나의문화.

또하나의문화 편, 1990, "새로운 시대, 새로운 주부", 『주부, 그 막힘과 트임』, 도서출판 또하나의문화.

세넷, 리차드, 2004, 『불평등 사회의 인간 존중』, 유강은 옮김, 문예출판사.

이숙진, 2002, "여성주의 시각에서 본 자활 사업", 『한국여성학』 18(2), 37-72쪽.

임지현·이성시 편, 2004, 『국사의 신화를 넘어서』, 휴머니스트.

장혜경, 2005, 「가족 내 돌봄 노동에 대한 사회적 지원 방안 연구」, 한국여성개발원.

조한혜정, 1999, "불균형 '발전' 속의 주체 형성: 한국 근대화에 대한 여성주의 비판," "남성 중심 공화국의 결혼 이야기 1, 2", 『성찰적 근대성과 페미니즘』, 도서출판 또하나의문화.

_____, 1990, "가정과 사회는 여성의 힘으로 되살려질 것인가?", 『주부, 그 막힘과 트임』, 도서출판 또하나의문화.

최혜심, 2004, "성폭행과 인터넷", 『주간조선』, 2004년 12월 23일.

허라금, 2006, "보살핌의 사회화를 위한 여성주의적 사유", 『한국여성학』 22(1) 115-145.

_____, 2005, "성 주류화 정책 패러다임의 모색: '발전'에서 '보살핌'으로", 『한국여성학』 21(1), 199-231쪽.

홍성태, 2005, "개발공사와 토건국가: 개발독재와 고도성장의 구조적 유산", 『민주사회와 정책연구』 통권 7호, 민주사회정책연구원, 한울, 15-38쪽.

히구치 게이코, 2004. "개호 보험의 성과와 앞으로의 문제점", 「장기 노인 요양 보호에 관한 한일 비교」, 일본 고령사회를 좋게 하는 여성의 모임, 한국여성개발원, 한국사회복지법인 공생복지재단 공동 주최 제9회 국제 사회복지 세미나 자료집, 15-25쪽.

Baden Sally and Anne M. Goetz, 1998, "Who needs 'sex' when you can have 'gender'?: Conflicting discourses on gender at Beijing," in Cecile Jackson and Ruth Pearson(eds.), *Feminist Visions of Development: Gender Analysis and Policy*, London: Routledge, pp.19-38.

Corner, L., 1999, "Strategies for the empowerment of women: capacity building for the gender mainstreaming," A paper presented at the High-level intergovernmental meeting to Review Regional Implementation of the Beijing Platform for Action. Oct. 26-29, Bangkok, Thailand.

Daly, Mary and Lewis, Jane, 2000, "The Concept of Social Care and the Analysis of Contemporary Welfare States," *British Journal of Sociology* (192), pp. 281-298.

Frazer, Nancy, 2000, "After the Family Wage: a Postindustrial Thought Experiment," in Barbara Hobson(ed.), *Gender and Citizenship in Transition*, London: Routledge.

Frazer, Nancy, 1997, *Justice Interrupts? Critical Reflections in the Post-socialist Condition*, New York: Routledge.

Graham, Hilary, 1991, "The Concept of Caring in Feminist Research: the Case of Domestic Service," *Sociology* 25, pp. 61-78, British Sociological Association.

_____, 1983. "Caring: A Labour of Love," in J. Finch and D. Groves(eds.), *A Labour of Love: Women, Work and Caring*, London: Routledge and Kegan Paul.

Held, Virginia, 1993, *Feminist Morality: Transforming Culture, Society and Politics*. Chicago: University of Chicago Press.

Hochschild, Arlie R., 1995, "The Culture of Politics: Traditional, Post-modern, Cold-modern and Warm-modern Ideals of Care," *Social Politics* 2(3), pp. 331-347.

_____, 2003, *The Commercialization of Intimate Life*, University of California Press.

Kerber, Linda, 1990, "May All Our Citizens Be Soldiers and All Our Soldiers Citizens: The Ambiguities of Female Citizenship in the New Nation" in Jean B. Elshtain and Sheillla Tobias(eds.), *Women, Militarism and Savage War*, Rowman and Littlefield Press.

Kittay, Eva Feder, 1999, *Love's Labour*, New York: Routledge.

Kwon, In Sook, 2001, "The Gendering of the Connections between Nationalism, Militarism and Citizenship in South Korea," *International Journal of Politics* 3(1), pp. 26-54, London: Routledge.

Lewis, Jane, 1998, *Gender, Social Care and Welfare State Restructuring in Europe*, Aldershot: Ashgate.

Mahon, Rianne, 2002, "Gender and Welfare State Restructuring Through the Lens of Child Care" Introduction, in Michel and Mahon(eds.), *Child Care Policy at the Crossroads*, New York: Routledge.

_____, 2001, "What Kind of 'Social Europe'? the Example of Child Care," A paper presented at the 1st IES Annual Colloquium, *Working Paper* no. 02/01. Also printed in *Social Politics* (2002) 9(4). Michel, Sonya and Mahon, Rianne.

_____, 2002, *Child Care Policy at the Crossroads: Gender and Welfare State Restructuring*, New York: Routledge.

Moon, Sung Sook, 2002, "The Production and Subversion of Hegemonic Masculinity: Reconfiguring Gender Hierarchy in Contemporary South Korea," in Laural Kendall(ed.), *Under Construction: The Gendering Modernity, Class, and Consumption in the Republic of Korea*, Honolulu: University of Hawaii Press.

_____, 1998, "Unravelling Militarism: Gender Equality and a Controversy over Military Service Employment Benefits," A paper presented at the 1999 Association for Asian Studies Conference. Boston.

Noddings, Nel, 1995, "Teaching Themes of Care," *Phi Delta Kappan*, May, pp. 675-679.

_____, 1992. *The Challenge to Care in Schools*, New York: Teachers College Press. (넬 나딩스, 2002, 『배려 교육론』, 추병완·박병춘·황인표 옮김, 다른우리)

_____, 1984, *Caring: A Feminine Approach to Ethincs and Moral Education*, Berkeley: University of California Press.

Rees, Theresa, 1999, "Mainstreaming Equality" in Watson, S. and Doyal, E.(eds.),

Engendering Social Policy, Buckingham: Open University Press.

Simomen Leila and Kobalainen Anne, 1998, "Paradoxes of Social Care Restructuring: The Finnish Case" in Jane Lewis(ed.), *Gender, Social Care and Welfare State Restructuring in Europe*, Ashgate. pp. 229-255.

Thomas, Carol, 1993, "Deconstructing Concepts of Care," *Sociology* 27(4), pp. 649-670, British Sociological Association.

Ungerson, Clare, 1990, *Gender and Caring: Work and Welfare in Britain and Scandinavia*, London: Harvester Wheatsheaf.

_____, 1983, "Why do Women Care?" in J. Finch and D. Groves(eds.), *A Labour of Love: Women, Work and Caring*, London: Routledge and Kegan Paul.

※ 이 연구는 2004년 여성부가 지원한 '성인지 전략 기획 연구' 의 일부로 진행되었다. 여성부 연구 보고서 「한국 여성정책의 뉴 패러다임 전환」에 "여성 정책의 '실질적' 패러다임 전환을 위한 시론 — 여성의 경험과 관점에서 사회를 재편한다" 는 제목으로 실린 원고를 대폭 수정한 것이다.

돌봄의 사회화

허라금 이화여대 여성학과 교수

돌봄[1])의 역사는 인간의 역사만큼 길지만 이를 학문적으로 연구한 역사는 턱없이 짧다. 돌봄을 주로 여성들이 가족에게 하는 사적이고 개인적인 일, 자연스런 일로 여겨, 학문적인 관심을 기울이기에 적절치 못한 대상이라고 믿었기 때문이다. 그러나 저출산, 고령화로 요약되는 최근의 사회 현상 때문에 우리 사회에서도 돌봄에 대한 담론이 형성되고 있다. 고령 사회를 목전에 두고 정작 노인 세대를 보살필 젊은 세대 인구는 적어지는 저출산 현상이 맞물리면서 사회적 위기감이 높아지고 있다. 특히 사회 구성원들의 생존에 꼭 필요한 돌봄이 가족 내 여성들에 의해 해결되던 기존의 방식이 시대적인 여러 요인들 때문에 흔들리면서 국가적으로 해결해야 할 정책 과제로 새롭게 인식되고 있다.

돌봄에 대한 여성주의적 접근

여성주의 연구에서는 돌봄을 사적인 것으로 취급하는 것을 오래전부터 비판해 왔다. 여성 대부분이 하는 돌봄 활동이 사회적 가치를 비가시화해 여성들이 사회에 기여하는 바가 없는 것으로 만듦으로써 성 차별의 기본 토대가 되고 있는 현실을 비판하는 것이다. 취약한 이의 필요를 충족해 주는 활동인 돌봄이 어떻게 그것을 수행하는 여성의 열악한 위치를 강화하는가가 중요한 물음이었다. 이는 여성에게 돌봄 활동을 책임 지우는 사회 제도와 이데올로기에 대한 분석으로 자연스럽게 이어진다.

돌봄 노동은 그동안 결혼과 친족이라는 사회관계에서 여성이 제공해야 하는 가사 서비스로 간주되어 왔다(Finch and Groves, 1983). 그래서 돌봄 노동이란 개념은 여성을 돌봄 담당자로 규정하고 돌봄을 떠맡기는 결혼 제도와 성별 분업 이데올로기에 대한 비판적 관심을 높이게 만들었다. 돌봄이 성별 분업에 기초한 가족 관계에 의해 이루어지며, 가족 안에서 지불되지 않는 비공식 돌봄이 일어나는 그 관계는 의무, 헌신, 신뢰, 충성 등을 특징으로 한다는 점을 확인하는 연구들로 이어졌다. 사회 제도인 가족 관계가 만들어 내는, 특수한 활동 유형으로 돌봄의 의미가 정교화된 것이다.

이 과정에서 돌봄 노동은 감정이입을 해서 상대의 필요를 판단하고 충족시켜 주는 육체·정신·감정 노동이란 점이 강조되고, 가부장 사회가 여성들이 해 온 돌봄 노동의 경제적 가치를 인정치 않음으로써 여성을 소위 '남성에게 경제적으로 의존하는 사람'으로 만들어 왔다고 비판한다(Nelson, 1993; Folbre, 2001). 이제, 여성의 종속적 지위를 유지하고 재생산하는 가부장적인 성별 분업 구조의 중심에 있는 착취적이고 억압적인 돌봄 노동을 어떻게 해방시킬 것인지가 여성주의 연구에서 중요한 과제가 되었다.

여성들은 개별적으로 돌봄 노동을 강요하는 결혼 제도에 들어가지 않는 선택을 내리기도 하지만 결혼 제도 밖에 있는 공적 제도가 여성의 노동을 차별하지 않는다는 것이 전제되어야 개별 수준의 해결책이 될 수 있다. 또한 그러한 선택이 결혼 관계에 이미 들어가 있는 여성에게는 대안이 되기 어렵다는 점에서 궁극적인 해결책이라 보기도 어렵다. 더 중요한 점은 결혼 제도 안에 있든 밖에 있든 상관없이 많은 여성들이 가족을 보살피는 일을 수행하고 있고, 그 때문에 자신이 원하는 것을 하지 못하게 된다는 점이다.[2] 그런데 지불되지 않는 가족 돌봄 대신 지불 노동에 여성들이 참여하는 것은 전통적인 가족 내 성별 분업 구도를 해체하는 데는 일부 효과적일 수 있으나 그것은 또 다른 문제를 낳는다는 점에서 '좋은' 해결책이 아니다. 돌봄의 필요에 대한 적절한 대비 없이 추진되는 지불 노동 참여는 여성을 가사 노동과 임금 노동에 이중으로 시달리게 하는 동시에 돌봄을 위기에 빠뜨릴 수 있기 때문이다. 돌봄 문제에 접근할 때 간과해서는 안 될 점은 돌봄은 인간이 살아가는 데 필요한 기본 조건이라는 사실이다. 이 세상에 태어난 이상 누군가의 양육에 의존해야 하며 성인이 되어서도 예기치 않은 질환이나 사고의 위험을 피할 수 없다는 평범한 사실이 이를 확인해 준다. 보살피는 역할을 주로 수행하고 있는 여성들도 돌봄이 필요하다는 점에서 예외가 될 수 없다.

또한 가족 안에서 사랑이란 이름으로 관행이 되어 버린 돌봄 실천을 지불 노동으로 만드는 데서 대안을 찾기도 한다. 이는 여성들이 경제 영역에 많이 진출하면서 이미 가속화되고 있는 현상이라는 점에서 의지가 반영된 대안 이라기보다는 오히려 시장 경제에 따른 추세라고 할 수 있겠다. 가정 안에서 가족을 위한 돌봄 행위로 개념화된 여성에 의한 돌봄이 이제 자기 가정 안에만 머물러 있지 않을 뿐 아니라 국가의 경계를 넘어 이동하고 있는 현실이다 (Ehrenreich et al, 2003). '이주의 여성화'로 불리는 여성 노동력의 국제 이동이 상당 부분 간호사, 간병 도우미, 가사 도우미 등등 전통적으로 여성의 일로 취급된 돌봄 직종에서 이루어지고 있다는 사실이 이를 증명하고 있다(이혜경, 2004).

이런 돌봄의 상업화는 여성의 돌봄의 경제적 가치를 확인하는 한 방식이긴 하지만, 가정의 돌봄 노동을 지불 노동으로 대치하는 가구가 늘고 또한 가정 내 부불 노동과 가정 밖 임금 노동이란 기존의 이분법을 흔들면서(Ungerson, 2000; Hochschild, 2003), 돌봄의 계급화가 심화되고 있다. 가난한 여성이 돌봄의 일자리를 찾아 떠나고 난 후, 남아 있는 가족은 최소한의 돌봄도 받지 못하고 방치되는 수가 많기 때문이다(Cheever, 2004; Parrenas, 2004). 따라서 돌봄의 가치를 인정하는 길을 돌봄 활동을 노동으로 규정하고 그 보상을 유급화하는 방향에서 찾을 수만은 없음이 분명하다. 시장을 통한 돌봄의 유급화는 기존의 성별 분업 구도를 변화시키는 데 드는 비용을 애초부터 시장이 지불하려 들지 않을 뿐 아니라 그 누구도 지려고 하지 않기 때문에 여성의 돌봄 노동력을 공적 공간으로 이동시킬 뿐 성별 분업 구도에 변화를 주지는 못한다. 즉, 가족 내 부불 돌봄의 성별 분업을 그대로 유지한 채 공적 공간에서는 저임금 돌봄의 성별 분업을 재생산하는 심각한 문제를 낳는 것이다. 그 결과는 여성의 이중 부담과 더불어 공적 노동의 젠더화로 이어진다.

이처럼, 개인의 선택이나 시장 경제 논리에만 의존해서는 해결되지 않을 젠더화된 돌봄 구조를 변화시키기 위해서는 개인이나 시장 외의 다른 행위 주체의 협력이 요구된다. 여기에서 최근 여성주의 논의들이 국가를 여성 문제를 해결할 중요한 주체로 보고 있는 데 주목할 필요가 있다. 이것은 1970~80년대 여성주의자들이 주로 취했던 반(anti)국가주의 입장에 비추어 볼 때 유의미한 변화라 할 수 있다. 사실 여성주의자들에게 국가의 의미는 모호한 것이었다. 국가를 남성 중심적인 가부장제를 유지 재생산하는 주체로 보는 동시에 여성 문제를 제도적으로 해결할 주체로 보는 친(pro)국가주의 태도를 견지하기 때문이다.[3]

반국가주의 입장에서 보면, 국가는 항상 기존의 질서를 대변하고 유지하려는 성향이 있어 변화 요구에 반응이 더디고 보수적인 의제를 조장하는 이른바 정치적으로 완고한 권력 주체다. 이런 이유로, 반국가주의 입장에서는 탈중앙 집중적이고 정형화되지 않은 다양한 형태의 운동이나 활동들이 여성 문제 해결에 더 적합하다고 믿는다. 반면, 친국가주의 관점의 여성주의자들은 국가를 정책적인 재분배의 행위 주체로 보고 국가가 입법이나 예산 정책 등을 통해 더 많은 여성들의 삶의 복지 필요에 실질적으로 부응할 수 있을 것으로 본다. 이들이 국가를 여성을 위한 중요 행위 주체로 삼으려는 까닭은, 이미 현실적인 추세가 되고 있는 여성 돌봄의 상업화를 관찰컨대 여성 문제

를 해결하는 데 시장이 부적합하고, 그렇다고 반국가주의 여성주의자들이
선호하는 자발적 결사체나 이들 간의 네트워크 역시도 현실적 대안이 되는
데는 부족하다고 판단하기 때문이다.

　문제 해결의 주체에 국가를 포함할 것인지 아닌지를 둘러싼 여성주의자
내의 대립은 국가와 여성 간의 관계를 고정된 이분법적인 틀에서 바라보는
데에 기인한다. 국가를 남성의 이익을 대변하는 여성 억압적 지배 주체로 보
는 여성주의 시각에서라면 정책적인 제도화는 적절한 문제 해결 방안으로
고려되기 어렵다. 최근, 정책을 정부, 운동 단체 등의 여러 행위 주체들의 네
트워크에 의한 것으로 보는 거버넌스 개념이 적극적으로 도입되면서 이런
생각이 수정되고 있다.[4] 민주주의 국가에서 정책을 어떤 지배 세력이 일방
적으로 제안하고 결정한다고만 볼 수 없다면, 거버넌스 개념으로 정책에 접
근하는 것이 여성 문제를 해결하는 데 실질적인 방법이 될 수도 있다(정순영
외, 2004). 실제로 유교 세력이 강한 우리 사회에서는 오랫동안 여성주의 의제
를 공식적인 통로를 통해서는 형성하기 어려웠기 때문에 여성 운동 세력이
정당에 준하는 역할을 하며 여성 정책에 기여한 역사가 있다(김경희, 2002). 즉,
여성 운동을 통한 여성 결사체의 정책 참여는 정부 기구와 비교적 밀접한 관
계를 형성해 왔다고 말할 수 있는 것이다(김재인, 2003). 더군다나 성별적인 돌
봄 규범과 실행이 일상에 깊이 뿌리 박혀 있는 우리 사회의 질서를 바꾸는 데
는 보편적인 힘을 발휘할 수 있는 정책적 접근이 더 효과적일 수 있다.

보편적 복지로서의 돌봄의 사회화

돌봄의 수요와 공급을 통해 사회 정책을 분석하는 여성주의자들은 가족 관
계에 매달리지 않는 돌봄의 사회 관계망을 엮는 데 관심이 많다. 영국과 스칸
디나비아 국가들의 복지 정책과 관련해 '돌봄'은 분석적 범주로 확립되어 복
지 국가 연구에서 사용되고 있다(Daly and Lewis, 2000).[5] 이들은 사랑이나 친밀

성 같은 개인적 혹은 가족적인 가치를 중심으로 돌봄 개념을 사용하는 것은 돌봄을 일반적인 복지 국가 분석 범주로 발전시키는 데 한계가 있다고 보고 그 개념의 정치·경제적 측면을 밝혀내는 데 주력한다. 대표적인 연구자 메리 데일리는 돌봄을 국가, 시장, 그리고 가족 및 자원 단체 등의 교차점에 위치하는 활동과 연계의 집합으로서 지원하고 발전시키는 돌봄 중심적 개념을 정교화해 이를 '사회적 돌봄'이라고 부르고 있다(Daly and Lewis, 2000).

사회적 돌봄은 스스로 돌볼 수 없는 무능력자나 경쟁에서 실패한 이들, 즉 특별한 보호가 필요한 이들을 위한 것만이 아니라, 누구에게든 해당되는 것으로 이해된다. 사회적 돌봄은 돌봄의 책임이 기본적으로 가족에 있다고 보고 가족이 없는 이들의 돌봄만 공공 정책의 대상으로 삼는, 잔여적 또는 특수적 복지 정책의 차원을 넘어 보편적 복지, 보편적 시민권의 차원에서 돌봄에 접근하고 있다.6)

보편적 돌봄 정책의 목표는 가족들과 개인의 돌봄을 어떻게 지원하고, 일상적인 도움이 필요한 이들, 특히 어린아이들과 노인 및 질병 등으로 인한 장애를 가진 성인들에게 필요한 돌봄을 어떻게 사회적으로 조직할 것인가에 있다. 현재 사회가 인간 복지를 위해 행하고 있는 것보다 더 많은 책임을 함께 져야 한다고 보고, 국가는 취약한 이들을 돌보는 일에 지금보다 더 큰 정책적 관심을 가지는 방향에서 국가의 우선순위를 바꿔야 한다고 보는 것이다.

핀란드 학자 안토넨은 보편적 사회적 돌봄 체계가 다음 아홉 가지 조건들을 갖추어야 할 것으로 제시하고 있다(Anttonen, 2005).7)

- 돌봄 서비스를 제공할 **공적인 체계**가 있다.
- 서비스는 **모든 시민**이 자신의 경제적 위치, 젠더, 인종에 상관없이 이용할 수 있다.
- **중산층 및 상위 계층들** 역시 공적인 돌봄 서비스의 이용자에 포함된다.
- 서비스 체계는 **여성의 이익**에 응해야 한다(젠더 평등).

- 그 체계는 국내 어디서나 **동일한 서비스**를 제공해야 한다(지역 평등).
- 서비스는 **유급 돌봄 전문가**에 의해 이루어져야 한다.
- 시민은 돌봄 서비스를 받을 **권리**가 있다.
- 서비스는 **무상**이거나, 지역/중앙 정부가 상당 부분 보조해야 한다.
- **지방 자치 단체**는 서비스를 제공하고 재정을 지원할 책임이 있다.

  (고딕체는 글쓴이 강조: 보편적 복지 서비스의 사회적 차원들을 나타낸다)

  보편적 돌봄의 체계에 비추어 보면 돌봄에 대한 우리 사회의 인식과 제도적 수준은 미비하다. 한국 사회에서 돌봄의 책임은 원칙적으로 가족들에게 있다고 보고, 특별히 가족이 없어 돌봄을 받을 수 없는 이들을 위해 사회적 지원 체계가 필요하다고 보는 잔여적 개념 수준에 있는 것처럼 보이기 때문이다. 예컨대, 치매 노인을 유기하거나 폭행한 사건이 보도될 때 그 사건에 대한 사회적 반응은 대부분 그 가족의 '반인륜성'에 대해 불안해하고 분노할 뿐 '사회적 제도의 부재'에는 크게 관심이 집중되지 않는다. 돌봄을 이렇게 보는 것은 그 해결 역시 사적이고 개인적인 차원에서 구하게 만듦으로써, 개인들에게는 공동체의 일원으로서 함께 져야 할 성원들에 대한 돌봄에 대한 시민적 책임감을 무디게 하면서, 동시에 공공 기구가 져야할 책임도 함께 면제시킨다. 이것은 결과적으로 공적인 정책화를 더디게 만들 뿐이다.

  사회적 돌봄에 대한 공적인 제도의 부재는 노약자 및 가족 복지를 위한 공적 비용에서 우리나라가 OECD 국가 중 최하위 군에 속하는 것에서 단적으로 드러난다.[8] 재정 부담을 들어 스칸디나비아 국가에서 취한 정책을 비판할 위치에도 우리는 있지 못한 것이다.

  인간 생존을 위한 돌봄의 기본적 수요가 국가나 인종 등의 차이를 넘어 대동소이하다고 할 때, 이 격차는 무엇을 말하는가? 우리나라는, GDP에 잡히지 않는 무급의 돌보는 일을 누군가가(아마도 가족 내의 여성들) 하고 있다는 것과 돌봄이 필요한 많은 이들이 방치되고 있다는 것을 뜻한다. 안토넨이 제시한 보편적인 사회적 돌봄의 조건에 비추어 보면, 현재 우리의 사회적 돌봄은 어느 항목 하나 충족되고 있지 않는 것처럼 보인다. 이제 겨우 '돌봄 서비스를 제공할 공적 체계'를 마련해야 한다는 인식을 공유해 가는 단계에 있다. 우리의 현실은 이미 후기 산업 사회를 향한 변화의 흐름 속에 깊숙이 들어와 있음에도 불구하고, 돌봄을 정부와 지방 자치 단체가 책임져야 할 주요 정책적 과제로 삼아야 한다는 이른바 '돌봄의 사회화'에 대한 기본적인 합의조차 튼튼하지 못한 것이다.

사회적 돌봄에 대한 공동체적 인식이 전제되지 않으면, 어떤 제도화를 통해 돌봄의 위기를 해결해 나갈 것인가에 대한 구체적인 방안을 논의하거나 정책적으로 실행하는 일 역시 어려울 것이다. 따라서 우리나라에서 우선해야 할 정책 과제는 '돌봄의 사회화'를 기초할 정당성의 지점들을 마련하는 것일지 모른다.

돌봄의 사회화, 전통적인 가족 규범, 지속 가능한 발전

돌봄의 책임이 가족, 특히 여성 가족원이 아닌 다른 이들에게 있다는 생각을, 한 사회가 받아들이는 데는 상당한 시간이 걸리는 것이 사실이다. 그러나 사회적으로 인식이 공유되지 않으면 돌봄의 사회화는 이루어지기 어렵다. 그것은 공공 재원의 할당과도 연결되어 있는 만큼, 사회 구성원의 동의가 필요하기 때문이다. 돌보는 일을 유교적 가족 질서와 규범 속에서 사고하는 경향이 강한 우리 사회에서 돌봄이 공적인 과제임을 설득하는 일 자체가 힘든 과제일지 모른다.

우선 돌봄의 사회화에 반대하는 이들은 무엇을 염려하는가? 그것은 크게 두 가지로 요약할 수 있다.

첫째는 국가나 공공이 제공하는 돌봄과 가족의 돌봄을 양자택일적인 것으로 보는 데서 오는 우려다. 심지어는 이 두 돌봄이 서로 대립 관계에 있는 것으로 오해되기도 한다. 오해하는 이들의 생각은 이렇다. 돌봄의 사회화가 이루어져 누구나 그런 서비스를 이용할 수 있게 되면, 자기 가족을 돌보는 책임을 아무도 지지 않으려고 할 것이다, 즉 사회적 돌봄이 가족원의 의무를 대체하게 되리라고 생각하는 것이다.

그런 대체를 아무런 유보 없이 환영하는 이들도 있겠지만, 가족 관계에서 얻는 경험을 소중하게 여기는 이들의 입장에서 보면 심히 우려될 만한 요소가 있는 것도 사실이다. 이 때문에 실질적으로든 이념적으로든 가족의 가치를 중시하는 한국 문화에서, 그리고 가족 규범이 사회적으로 강한 힘을 발휘하는 우리 현실에서 이런 우려는 실제 현장에서 돌봄의 사회화 정책을 반대할 좋은 빌미를 제공하기도 한다.

그렇지만 이런 우려가 '그릇된' 것은 아니라 해도, '근거 없는' 것임에는 틀림없다. 돌봄의 사회화와 가족 돌봄은 상호 대체하는 관계에 있지 않기 때문이다. "공적인 돌봄 서비스를 누구나 이용할 수 있어야 한다"는 것이 "돌봄 서비스를 누구나 의무적으로 이용해야 한다"거나 "가족의 돌봄을 공적인 서비스로 해결하라"는 것이 아니기 때문이다. 또 그런 제도가 마련되어 있다고 해서 모든 가족이 자기 가족을 돌보는 의무를 벗어 던지지도 않을 것이다. 가족이 그런 의무에서 벗어나고 싶어 하는 경우는 대개 그 일이 억압적이고 착취적으로 이루어질 때다. 보살피는 이에게 다른 선택의 여지없이 많은 것의 희생을 요구하면서 그 의무를 강제할 때 보살피는 일은 고통이 되지만, 그렇지 않은 때 가족을 보살피는 일은 보람일 수도 있다.

돌봄의 사회화가 가족과 함께 돌봄의 일을 시간·공간·재정적으로 나누는 방식으로 제도화될 때, 가족들이 그 의무에서 탈출하는 일은 오히려 줄어들 것이다. 따라서 돌봄의 사회화는 가족 돌봄과 대체/대립 관계에 있는 것이 아니라, 오히려 가족 돌봄을 가족의 의무를 넘어서 가족의 권리로 만들어 주는 상호 보완적 관계에 있다고 해야 한다.

더 나가서 돌봄의 사회화는 돌봄의 질을 높일 것이다. 가족 내 돌봄을 주장하는 이들이 우려하는 두 번째 이유는 주로 돌봄의 사회화가 돌봄의 질을 떨어뜨린다는 것이다. 이것은 가족이 타인보다 항상 더 잘 돌본다는 것을 전제하는데, 이것 또한 사실이 아니다. 실제로 혈연가족이 항상 최선의 돌봄을 제공하는 것도 아니다. 경우에 따라서는 오래된 애증의 감정에서 벗어나 있는 제3자가 오히려 질적으로 높은 돌봄을 제공할 수 있음은, 특히 노인 문제 연구에서 쉽게 그 예들을 찾아볼 수 있다(김동선, 2004).

둘째, 돌봄의 사회화가 사회적 비용이 드는 정책일 뿐 생산적인 정책이 아니라는 점에서 반대하는 이들도 많다. 이들은 돌봄의 사회화가 이루어져야 한다면, 그 사회화는 생산적인 발전에 필요한 경우에 한해서, 그리고 그 정도만큼만 이루어지는 것이 적절하다고 생각한다. 그 이상은 공공이 부담할 타당성이 없는 재정적 낭비라고 생각하기도 한다. 그리고 이때 이들이 말하는 '생산적인' 일이란 GDP에 잡히는 시장 영역의 경제 활동이 중심이 된다.

어떤 사회이든 그 사회가 유지 발전되기 위해서 생산과 재생산, 이 두 영역의 발전이 필수적이다. 생산과 재생산을 공적 영역의 일과 사적 영역의 일로 나누고, 생산 영역이 재생산 영역을 도구화 또는 수단화할 때 나타나는 현상이 바로 현재와 같은 돌봄의 공동화라 할 수 있다. 이런 사회에서는 누구나가 생산 영역에 나갈 것만을 지향하기 때문이다. 누군가를 돌봐야 하기 때문에 나갈 수 없다면 그 일은 걸림돌이요 부담일 뿐이다. 수입이 우선적인 목표인 사회에서, 돈도 되지 않고 자원도 되지 않는 일은 가족 내 약한 위치에 있는 이에게 맡겨지게 마련이다.[9] 전통 사회뿐 아니라 해방 이후 시장 경제를 중심으로 한 사회에서도, 우리는 발전 정책의 기조 위에서 유급 또는 수입이 일어나는 생산 영역은 남성에게, 무급의 돌봄 활동이 속해 있는 재생산 영역은 여성에게 우선적으로 할당하는 질서를 확립해 왔다. 그리고 이런 생산/남성 중심의 발전 구도가, 앞에서 이미 언급했던 여러 요인들과 맞물려 돌봄의 위기를 가져오고 있는 것이다.

경제적 이익이 발생하는 것만을 '생산적'인 것으로 보고, 이익이 남지 않는 것은 '비생산적'인 것으로 취급하는 사회에서 '발전'이 보장될 수 있는가? 시장 경쟁에서 성취하면 할수록 인간적 돌봄의 안전망은 그만큼 자동적으로 튼실해지는 것인가? 그 대답은 "아니오"일 것이다. 공기, 토양, 수질 오염에 의한 환경 생태 파괴, 부의 양극화와 그에 따른 사회 문제 등을 거론할 필요 없이, 이 글의 주제에 한정해 보더라도 돌봄의 위기가 그 대답을 해 주고 있기 때문이다.

저출산은 자신의 미래와 함께 미래의 자녀에 대한 안전을 현재 보장할 수 없기 때문에 재생산과 관련해 여성들이 선택한 결과라 할 수 있다. 자신의 일과 자녀를 돌보는 일을 양립할 수 없는 여건이기 때문에 여성들이 출산을 미루거나 포기하기도 하지만, 또한 자신의 노후의 안전망이 전혀 마련되어 있지 못하기 때문에 아이를 갖지 못하는 것이기도 하다. 자녀가 미래 자신의 노후를 의탁할 안전한 자원이 되지 못하는 현실에서 아이를 키우는 데 드는 만만치 않은 양육과 교육 비용을 별다른 노후 대책도 없이 감당한다는 것은 자신의 노후를 방치하는 결과로 이어질 수 있기 때문이다.

미래 세대의 안전한 재생산이 안정적으로 제도화되어 있지 않는 곳에서, 소위 '생산적이고 경쟁력 있는 발전'이 과연 가능한 것인가? 인간 삶의 기본적 안전망이 공적으로 보장되어 있지 못할 때, '생산적' 발전은 불가능하다. '경제적 생산'이 주된 목표가 되고 '인간 생명의 재생산'은 부차적인 것이 되는 곳에서는 생산적 발전 역시 지속될 수 없는 것이다. 생산 중심의 발전이 극도로 진행되고 있는 후기 산업 사회가 돌봄의 위기 문제를 통해 이를 증명해 주고 있는 셈이다.

이상의 논의는 '발전'이 지속 가능하기 위해서도, 소득과 고용 창출을 위한 생산 활동과 돌봄을 위한 재생산 활동, 그 어느 것도 일방적으로 다른 하나에 종속되지 않아야 한다는 것을 보여 준다. 돌봄이 생산 발전에 종속되지 않기 위해서는 돌봄을 단지 인간 삶에 필요한 수단적 가치로서가 아니라 목적 가치로 취하는 전환적 사고가 요청된다.

정의의 제3원리: 돌봄의 사회적 책임의 원리

여성학자 키테이가 말했듯, 남성화된 시민권[10]의 맥락에서 구성된 복지 정책은 역사적으로 산업 사회의 모순을 해결하기 위한 자구책이었다(Kittay, 1998). 효율성과 경쟁의 원리에 기반을 둔 자본주의적 시장 사회와 모든 사람은 보편적 인권을 갖는 평등한 존재라는 민주주의 이념 간의 모순을 봉합하는 해결책이었고, 따라서 그 경쟁의 게임에서 필연적으로 나오게 되는 '실패한' 이들에 대한 최소한의 필요를 채워 주는 자선 성격의 시혜로 국가적인 돌봄을 이해하는 것이다. 이러한 이해 위에서는 흔히 '복지'라는 말이 가난, 무능력, 질병, 무기력을 떠올리게 만든다. 복지 혜택을 받는 이는 독립적이지 못해 국가에 의존해야 하는 무능한 자라는 낙인을 받는 것도 이 같은 맥락이다. 사실 돌봄을 보편적 시민권에 기초한 복지의 문제로 접근하는 데 대해 갖는 저항감은 '복지'가 우리 사회에 가져온 부정적 이미지들과도 상당 부분 연결되어 있다.

그러나 돌봄의 활동을 해 온 여성들의 경험에 비추어 볼 때, 누군가를 보살피고 누군가의 돌봄을 받는다는 사실은 누구에게도 예외가 아니다. 공적인 영역에서 활동하는 성인 시민들의 '독립성'도 성장할 때까지 돌봄을 받았고, 현재도 누군가한테 돌봄을 받고 있다는 점에서 돌봄이 필요한 점에서는 누구나 예외가 없다.

돌봄의 필요와 인간적 삶에서의 그것의 가치를 시민권에 포함할 것을 요구하는 여성주의자들은 사회적 정의의 원리에 정치적, 경제적 필요와 가치만이 아니라, 돌봄의 필요와 가치를 분배하는 원리도 포함할 것을 요구한다. 키테이는 현대의 대표적인 정의론자인 존 롤즈가 『정의론』(Rawls, 1981)에서 사회적 정의를 오직 정치적 자유를 분배하는 정의의 제1원리와 경제적 부와 사회적 지위를 분배하는 정의의 제2원리 등, 둘만으로 구성한 것을 두고 이렇게 비판한다.

우리가 (돌봄의) 의존 관계를 사회적인 위치에 포함해 (롤즈의) 정의의 원리를 수정하면, 정의의 제3원리를 가져오게 될 것이다. 이 원리는, 정의의 다른 두 원리와는 대조적으로, 인간의 동등한 취약성이나 합리성, 각자 동등한 가치관에 기초하지 않을 것이다. 대신, 그것은 균등하지 않은 의존적 취약성, 타자의 필요에 감응하는 우리의 도덕적 능력, 행복과 복지를 위해 최우선적인 인간관계에 기초할 것이다(Kittay, 1999: 113).

그녀는 사회 정의의 제3원리로 '돌봄의 사회적 책임의 원리'를 제안한다. 그 원리는 "각자의 돌봄 능력에 따라 돌봄이 필요한 이들에게 돌봄을 제공할 수 있는 연결망을 마련하고, 돌봄을 제공하는 이들에게 그들에게 필요한 자원과 기회를 이용할 수 있도록 제도화하는 것"에 있다. 이것은 돌봄 일에 대한 지원과 보상이 이루어지도록 하면서, 동시에 모든 이가 돌봄의 능력을 갖추고 보살피는 관계에 적절하게 참여할 것을 요구하는 방향이다. 그것은 과다한 재정 지출의 부담, 돌봄 활동의 사회적 비가시화, 돌봄의 임금 노동화가 갖는 문제 등 각각의 문제를 상호 보완하여 피하는 길이기도 하다. 구체적으로 그것은 돌봄의 수요와 공급을 연결하는 인력 프로그램을 통해서도, 돌봄의 지역 공동체적 해결을 위한 프로그램을 통해서도, 공동 돌봄이 가능한 주택 건설 정책 등등 다양한 접근을 생각해 볼 수 있다.

이처럼 돌봄에 대한 책임의 원리를 사회적 정의의 원리로 천명하는 것은 돌봄에 대한 여성주의 인식의 전환을 의미하는 데 머무는 것이 아니라 돌봄을 사회적인 가치로 만드는 실질적인 사회적 운영 방식의 전환을 제시하는 것이다. 돌봄을 사적인 것으로 만들어 온 역사 속에서 이 일을 도맡아온 여성들이 사적인 존재로 규정되어 왔다면, 이제 돌봄을 사회적 공공의 가치와 문제로 만드는 것은 여성이 역사적으로 행해온 돌봄에 대한 재평가를 의미하는 것뿐 아니라, '사회적인 것'에 대한 재규정을 의미하는 것이기도 하다.11)

주

1) 이 글을 처음 썼을 때에는 'care'를 '보살핌'으로 옮겨 사용했는데, 이 책에서는 다른 글과의 통일성을 위해 '돌봄'으로 쓸 것이다.

2) 고학력 중산층 여성의 경험을 특징짓는 전문적인 분야에서의 성별 분업은 완화되는 추세이지만, 부불의 돌봄을 여성의 몫이게 만드는 사회적인 관계는 여전하다. 돌봄의 상당 부분이 지불 노동으로 공적 영역에 편입되고 있는 것이 사실이지만, 그것은 저임의 여성들의 활동으로 이루어진다. 돌봄은 그 자체의 어떤 본질적 성질을 갖는 것이 아니라, 삶의 조건들, 예컨대 그 사회의 규범, 인간관계 조직, 자원의 할당 방식 등등과의 관계 속에서 특정한 성격이 구성된다는 점을 고려할 필요가 있다. 돌봄은 여성들에 의해 제공되기도 하지만 여성들을 위해 제공되기도 하며, 어떤 상황에서 돌봄은 부당한 의무의 대상일 수 있지만 어떤 삶의 조건에서는 성취해야 할 권리의 목표가 될 수도 있는 것이다. 이것은 돌봄을 억압적이게 만들었던 조건이 무엇이며 돌봄의 해방적 잠재력은 어떤 조건에서 가능한지를 사고하는 것이 필요하다는 것을 의미한다.

3) 이 같은 국가에 대한 여성주의적 모호성은 예컨대 Catharine MacKinnon의 *Toward a Feminist Theory of State* (Harvard University Press, 1989)에 나타난 글들을 통해 확인할 수 있다.

4) 거버넌스에 대한 정의는 학자의 강조 지점에 따라 다양하다. 일반적으로 거버넌스는 '경제적, 정치적, 행정적 기관이 모든 수준의 국가 업무를 관리하기 위하여 하는 활동'이다. 거버넌스는 시민들과 집단이 그들의 이해를 접합시키고, 그들의 법적 권리를 행사하게 하며, 의무를 이행하고, 차이들을 중재하는 메커니즘의 과정과 제도로 구성되는 것이다(UNDP, 1997). 이때 이론적으로 거버넌스의 행위 주체는 기존의 국가만이 아닌 국가와 시장(민간 부문) 그리고 시민 단체들이 되며, 이들은 각기의 다른 원리와 이해관계 속에서도 협력적 네트워크를 구성하여 공동의 목표를 달성하기 위한 파트너십을 형성하는 것이다.

5) 그러나 데일리와 루이스는 '돌봄'을 정책 분석에 사용하는 이들은 오직 여성주의자들뿐이며, 그것의 적용도 경험적으로 영국과 스칸디나비아 국가를 중심으로 되고 있다는 점에서 매우 제한적으로 사용되고 있다고 말한다(Daly and Lewis, 2000).

6) 이와 같은 보편적 복지의 목표로서의 돌봄을 어떻게 접근할 것인가가 스칸디나비아 국가 군에서는 사회적 정책 개혁의 핵심 쟁점이 될 만큼 중요하게 다루어지기도 한다. 여성 정책의 차원에서도 젠더 불평등의 해체가 정책의 중심 과제가 되었던 십여 년 전과 달리 최근에는 여성들의 사회 참여를 실질적으로 보장할 수 있는 제도들을 둘러싼 정책 개혁이 주도하면서, 사회적 돌봄에 대한 여성주의 접근이 증가하고 있음을 주목해 볼 수 있다(Daly & Rake, 2003).

7) 이 조건은 안토넨이 2005년 세계여성학대회(서울)에서 발표했던 완성되지 않은 논문에 들어 있는 것이나, '보편적 돌봄의 공적 제도화'라는 개념을 이해하는 데 유용하다고 판단되어 여기에 인용함을 밝혀 둔다.

8) 이들 서비스 예산에 사용한 금액이 전체 GDP에서 차지하는 비율이 전체 3%에 근접하는 스웨덴, 덴마크, 노르웨이 등 북유럽 국가들에 비해, 우리나라는 0.6% 정도로 현격한 거리를 보여 주고 있다. 이것은 OECD 국가에서 우리가 최하위인 31위에 해당한다는 사실에서도 여실히 증명된다. 이 같은 통계는 돌봄에 대한 우리의 현실을 보여 주는 것일 뿐 아니라, 돌봄에 대한 우리 사회가 가지고 있는 인식의 수준을 말해 준다는 데 문제의 심각성이 있다. 2004 OECD 통계

참조.

9) 또는 가족이 아닌 저임의 여성들로 대치되기도 한다.

10) 페이트먼은 일찍이 서구 근대의 역사 속에서 구성된 시민권 개념이, 가정의 울타리를 경계로 공적인 것과 사적인 것으로 이분화하는 기본 틀 위에서, 남성 영역으로 삼아온 공적 영역에서의 남성들의 경험과 활동 및 가치, 규범들로 이루어져 있음을 보여 주었다. 이 때문에 그녀는 남성 노동자를 모델로 하는 고용과 시민권 간의 관계를 끊어야 한다고 주장한다(Pateman, 1992). 여기에서 그녀의 논의는 전업 주부인 아내를 둔 남성 노동자를 기준으로 고용 시장의 노동 환경이 마련된 데 대한 비판을 겨냥한 것이지만, 우리는 이 논의를 확장해 돌봄의 사회화와 연결해 생각해 볼 수 있다. 국가가 시민에게 보장해야 할 시민권의 목록 안에는 정치적 권리, 경제적 권리 등은 포함되지만, 돌봄 활동에 참여할 권리 및 돌봄을 받을 권리는 왜 포함되어 있지 않은 것일까? 남성들이 집 밖에서 해 왔던 시장이나 정치적 장에서의 활동은 소극적인 또는 적극적인 시민적 권리로서 확립되어 온 반면, 여성들이 대부분 해 왔던 집 안이나 집 밖에서의 돌봄 활동은 왜 시민적 권리로서 확립되지도 따라서 보장되지도 못해 온 것일까? 이것은 부정할 수 없는 '남성화된 시민권'이다.

11) 이 밖에도 돌봄을 단지 따뜻한 개인적인 성품의 경향성에서 비롯되는 자연적 활동으로 보던 기존의 관점을 비판하고, 돌봄의 사회 윤리적 역할과 가치를 밝히는 여성주의 연구가 이루어지기도 한다. 여기에서 돌봄은 비계약적이고 반자본주의적인 공간을 여는 잠재력 있는 인간 활동으로 또는 경쟁적인 전쟁의 원리를 대체할 평화의 원리로 이론화된다(Held, 1993; Ruddick, 1989). 이들 이론가들은 합리적 경제 행위에 전제되는 가정들 즉, 경쟁적이고, 독립적인 존재, 계약할 능력 등과 대조되는 것으로서의 돌봄의 특징들에 주목하면서, 돌봄 관계의 중요성을 밝히고 있다. 여기에서 돌봄의 가치에 대한 이들 여성주의 연구들은 돌봄을 둘러싼 여성의 활동들이 제대로 평가되지 않고 성별화된 규범과 역할로서 여성에게 주어짐으로써 여성의 사회적 활동을 어렵게 만들고, 그 노동 가치가 계산되지 않음으로써 여성의 활동을 비가시화하는 측면에 더 초점을 맞춘 연구들 이후에 나왔다는 점을 주목할 필요가 있다. 그것은 돌봄이 가족들 사이에서 여성이 주로 해야 할 의무로 주어지면서, 그것이 가족 간의 관계 규범적 가치로 이해되어 온 현실에 대한 비판적 맥락 없이 이뤄질 경우, 지금까지 많이 그랬듯 추상적인 윤리적 가치로만 인정될 뿐 실질적으로는 그것을 수행하는 이들을 착취하게 되는 결과를 피할 수 없을 것인 까닭이다.

참고문헌

김경희, 2002, "여성운동의 여성정책 참여의 당위성: 참가의 정치," 『여성정책과 NGO』, 한양
대학교 행정문제연구소.

김동선, 2004, 『야마토마치에서 만난 노인들』, 궁리.

김재인, 2002, 『여성정책 수행 평가에 관한 연구』, 한국여성개발원.

김혜경, 2004, 「보살핌 노동의 정책화를 둘러싼 여성주의적 쟁점: '경제적 보상'을 중심으로」,

『한국여성학』 제20권 2호.

이혜경, 2004, 「한국내 외국인 가정부 고용에 관한 연구」, 『한국인구학』, 제27권 2호.

장혜경, 2004, 『저출산 시대 여성과 국가대응전략』, 한국여성개발원.

_____, 2005, 『가족 내 돌봄 노동에 대한 사회적 지원방안 연구』, 한국여성개발원.

정순영 외, 2004, 『유엔발전전략의 성인지적 통합방안에 관한 연구』, 한국여성개발원.

조한혜정, 2004, "여성정책의 '실질적' 패러다임 전환을 위한 시론: 여성의 경험과 관점에서 사회를 재편한다," 김영옥 편, 『한국여성정책의 뉴 패러다임 정립』, 여성부.

한국여성개발원, 2005, 『여성통계연보』, 한국여성개발원.

허라금, 2005, "성주류화 정책 패러다임의 모색: '발전'에서 '보살핌'으로," 『한국여성학』 제 21권 1호.

_____, 2004, "의로운 전쟁과 여성," 『철학연구』, 제68집.

황정미, 2005, "'저출산'과 한국 모성의 젠더 정치," 『한국여성학』 제 21권 3호.

Anttonen, Anneli, 2005, "The Scandinavian Social Care Regime in Transition," in 2005 세계여성학대회 발표문.

Brush, Lisa D., 2003, *Gender and Governance*, Rowman & Littlefield Publisher, Inc.

Cheever, Susan, 2004, "The Nanny Dilemma," in Ehrenreich, Barbara and Hochschild(ed.), *Global Woman*, Henry Holt and Company, LLC.

Daly, Mary and Rake, Katherine, 2003, *Gender and the Welfare State-Care, Work and Welfare in Europe and the USA*, Polity Press.

Daly, Mary and Lewis Jane, 2000, "The Concept of Social Care and the Analysis of Contemporay Welfare States," *British Journal of Sociology* (192), pp. 281-298.

Elshtain, Jean Bethke, 2002, "Freedom and Opportunity," in *Can Working Families Ever Win?* eds. by J. Cohen and J. Rogers for Boston Review, e-book.

Ehrenreich, Barbara and Hochschild, A.R.(eds.), 2004, *Global Woman*, Henry Holt and Company, LLC.

Finch, J. and Groves, D., 1983, *Labour and Love: Women, Care and Caring*, New York and London: Routledge.

Folbre, Nancy, 2001, *The Invisible Heart*, New York: The New Press.

Frazer, Nancy, 1997, "After the Family Wage: A Postindustrial Thought Experience," in *Justice Interruptus*, New York & London: Routledge.

Held, Virginia, 1993, *Feminist Morality: Transforming Culture, Society and Politics*, Chicago: University of Chicago Press.

Heymann, Jody, 2002, "Can Working Families Ever Win?" in *Can Working Families Ever Win?* eds.. by Joshua Cohen and Joel Rogers for Boston Review, e-book.

Hochschild, Arlie Russell, 2003, *Commercialization of Intimate Life: Notes from Home and Work*, Berkeley : University of California Press.

Jerry A. Jacobs & Kathleen Gerson, 2004, *The Time Divide: Work, Family, and Gender Inequality*, Harvard University Press.

Kittay, Eva Feder, 1998, "Social Policy," in Alison Jaggar and Iris Young(eds.), *A Companion to Feminist Philosophy*, Oxford: Blackwell Publisher.

_____ , 1999, *Love's Labour*, New York: Routledge.

Nelson, Julie A., et al, ed., 1993, *Beyond Economic Man*, Chicago: University of Chicago Press.

Parrenas, R. S., 2004, "The Care Crisis in the Philippines: Children and Transnational Families in the New Global Economy," in Ehrenreich, Barbara and Hochschild(eds.), *Global Woman*, Henry Holt and Company, LLC.

Pateman, C., 1992, "Equality, Difference, Subordination: the Politics of Motherhood and Woman's Citizenship," in G. Bock and S. James(eds.), *Beyond Equality and Difference*, London: Routledge.

Rawls, John, 1981, *A Theory of Justice*, Harvard University Press.

Ruddick Sara, 1989, *Maternal Thinking: Toward a Politics of Peace*, New York: Ballantine. (사라 러딕, 2002, 『모성적 사유』, 이혜정 옮김, 철학과 현실사)

Tronto, Joan C., 1996, "Care as a Political Concept", in Nancy Hirschmann and Christine Di Stefano(eds.), *Revisioning the Political*, Westview.

Tronto, Joan C., "The Value of Care" in *Can Working Families Ever Win?* eds. by Joshua Cohen and Joel Rogers for Boston Review, e-book

UNDP, 1997, *Human Development Report*, New York: UNDP

Ungerson, Clare, 2000, "Cash in Care," in Madonna Harrington Meyer(ed.), *Care Work*, New York & London: Routledge.

※ 이 글은 『한국여성학』 제22권 1호(2006)에 "보살핌의 사회화를 위한 여성주의적 사유"란 제목으로 실린 것을 고친 것이다.

차가운 근대에서 따뜻한 근대로

— 핫·쿨·웜 세대 간 소통

모현주·이충한 연세대 사회학·문화학 석사과정

어느 때부터인가 서점의 베스트셀러 코너에 일본의 젊은 작가들이 쓴 소설
이 부쩍 눈에 띄기 시작했다. 요시모토 바나나나 에쿠니 가오리 등, 이들이
선사하는 새로운 문학적 세계가 주목을 받고 있는 것이다. 일본의 '작은 영
화'들도 그렇다. 천만 관객의 시대에 고작 몇 만 명을 동원하고 있을 뿐이지
만 「조제, 호랑이, 그리고 물고기들」 같은 일본 영화들은 소수의 한국 청년들
에게 뜨거운 인기를 얻으며 조금씩 시장을 넓혀 가고 있다.

　이 작품들은 대부분 근대적 세계관의 상실이나 관계의 단절, 새로운 방식
의 관계 맺기에 주목하고 있다는 공통점이 있다. 탈근대라는 시대적 분위기
속에서 자란 요즘 세대는 이런 낯선 나라의 이야기에서 자신이 누군가한테
이해받는 듯한, 또는 오래전부터 원하던 세계를 발견한 듯한 느낌을 받는다.
소소하지만 중요한 일상을 차분하게 들어가면서 기성 사회에서는 받아들이
지 않던 인물의 성향과 관계 맺는 방식을 당연하고 바람직한 것처럼 그리고
있기 때문이다. 흔히 무엇인가에 상처받은 듯한 예민한 감성의 주인공들은
'끈적끈적한 개입이나 일체감'에 대해서는 거리를 두면서 새로운 신뢰와 배
려의 방식을 지향하는 가족/연인 관계를 맺어 간다. 그러면서도 끊임없이
'자기 자신을 상실하지 않고 존재하는 방법'을 모색해 간 것이다.

포스트 토건국가 세대의 출현?

하지만 이런 세계관의 원류격으로 여겨지는 무라카미 하루키에 대해 한국 중견 문학가들이 내보이는 과장된 거부감에서 알 수 있듯, 기성세대들은 대부분 이들 작품을 도무지 인정하지 못하는 분위기다. 이 시대의 젊은이들을 매료시키는 어떤 가치나 생활양식들에서, 여러 사회의 기성세대들은 묘한 이질감이나 거리감을 느끼고 있는 것이다. 과연 이들 사이에 건널 수 없는 강은 대체 무엇이며, 이들이 서로 소통하기 위해 알아야 할 것들에는 무엇이 있을까?

우선 이런 관계 맺기와 삶의 방식을 지닌 젊은이들에게 '포스트 토건국가 세대¹'라는 이름을 붙여 보기로 하자. 윗세대는 다함께 아파트와 건물과 댐을 쌓아올리는 일에 열중해 왔다. 그들은 자신들이 쌓아 놓은 결과물에 자부심을 넘어 물신적 집착마저 느끼고 있기 때문에 '삐까번쩍한' 건축물 외에는 아무것도 보지 못한다. 반면 아랫세대들은 그 높은 건축물 사이에서 홀로 자라났다. 이들은 잘 구획된 벽들이 나를 외로움에서 지켜 주지는 못하고, 사방으로 뚫린 길들이 나를 원하는 곳으로 데려가지는 않으며, 거미줄처럼 깔린 초고속 통신망이 소통의 물꼬를 터 주지는 않는다는 사실을 알고 있다. 말하자면 이들은 '토건 행위'의 부산물이 만들어 낸 새집 증후군 때문에 심한 아토피성 질환을 앓고 있는 사람들인 것이다.

화석 연료를 태워 공장 짓고 댐 짓고 아파트 짓는 일을 반복함으로써 우리의 삶이 나아질 것이라는 토건국가적 성장 신화를 믿었던 '뜨거운' 기성세대들은, 사람들끼리의 관계와 소통에서도 굉장히 '핫'한 사람들이다. 이들에게는 국민, 지역, 선후배, 가족 같은 여러 단위에서 '우리'라는 것이 존재했다. 여기서 '우리'란, 상호 이해와 소통을 전제로 하는 공동체라기보다는, '우리'보다 강한 '저들'로부터 더 큰 피해를 입지 않기 위해서 자발적으로 복종해야하는 집단이라고 보는 편이 맞을 것이다. 성장과 발전의 열매를 누구나 조금

씩이라도 나눠 가지게 되리라는 (거짓) 신념이 '우리'를 강하게 유지시켜 주었고, '우리' 사이의 소통과 배려는 문제없는 것으로 믿어지거나 유예되었다.

반면 '포스트 토건국가 세대'들은 열기가 점차 식어 가는 와중에 자라났으며 앞으로도 오랫동안 앞 세대가 배출한 온실가스 속에서 생존해 나가야 한다. 이들이 보기에, 기존 사회의 원리와 기성세대의 소통과 행위 방식은 도무지 주위를 돌아보지 않는, 그래서 '무책임' 하기 짝이 없다. 얼마 남지 않은 자원으로 오랫동안 지속되는 온기를 가질 방법을 궁리하는 것이 중요한 이들에게 삶의 문제는 철저히 다른 것일 수밖에 없다.

핫, 쿨, 웜 : 소통과 배려의 온도

배려의 색깔을 온도로 표현할 수 있을까?[2] 이 글에서는 토건국가적 기성세대를 뜨거운(hot) 사람들, 근대의 끝자락에서 잠시 나타났다 사라진 개인주의 지향적 세대를 차가운(cool) 사람들, 그리고 현재의 포스트 토건국가 세대를 미지근한(warm) 사람들로 나누어 설명해 보려고 한다. 먼저 핫한 사람과 쿨한 사람, 그리고 웜한 사람이 다른 사람들과 구체적으로 어떻게 소통하는지, 그리고 '배려'에서는 어떤 형태를 띠는지 알아보자.

다음 쪽의 표를 보면, 핫한 사람의 배려의 한쪽에는 '획일적인 배려'가 있고, 다른 한쪽에는 '부담스러운 배려'가 있다. '획일적인 배려'를 하는 사람은 일반적으로 50대 이상의 아버지나 권위적인 남성 직장상사의 이미지를 떠올리면 이해하기 쉬운데, 이는 상대방이 어떤 생각을 하고 어떤 감정 상태에 있든 상관없이 자신의 의견이 보편타당한 것이라 생각하고 그것을 강요하는 스타일이다. 이들의 일반적인 의사소통 방식은 '연설형'이며, 상대방의 사적 경계를 인정하지 않고 일방적으로 강요의 형태를 띠기 때문에 자녀 세대들에게 반항심을 불러일으키기 쉽다.

반면 후자인 '부담스러운 배려'는 '극성스러운 엄마' 혹은 자신의 모든 것

핫, 쿨, 웜의 소통 방식 – 배려의 유형

상황	반응			
	HOT		COOL	WARM
	획일적 배려 (내용상 배려라고 보기 힘듦)	부담스러운 배려 (과잉 혹은 사기성 배려)	쿨 (형태상 배려라고 보기 힘듦)	새로운 배려 (소극적, 자기 보호적 배려)
누군가 밥을 혼자 먹는 것을 보았을 때	혼자 밥 먹는 사람은 커서 사회생활 잘 못한다고 충고하고 간다	왜 혼자 먹냐고, 다 먹을 때까지 같이 있어 준다며 옆에 앉는다	전혀 문제라고 느끼지 않는다(자기도 언제나 혼자 먹으니)	괜히 저 사람이 난처해하고, 자신을 부담스레 느낄까 봐 모른 척하고 지나간다
애인과 헤어진 사람에게	사정도 잘 모르면서 판에 박힌 듯 '잘했다/못했다' 평가를 내려 준다	위로가 되는 말과 함께 어떻게든 소개팅 자리를 주선해 준다	객관적 상황을 분석, 처방을 내려 준다. 다시 한번, '연애는 역시 짜증나' 결론	상대방이 얘기해 줄 때까지 모르는 척한다
누군가 진로를 고민할 때	의대 가라, 법대 가라, MBA해라, 고시 봐라, 사람들이 괜히 목숨 거는 줄 아나?	네가 진짜로 원하는 게 뭐야? 네 미래는 너의 마음속에 있어. 넌 뭐든지 될 수 있어!	하고 싶은 거 하면 되지 무슨 걱정?	현실적 충고. 욕구와 상황을 모두 고려. 하고 싶어 하는 일 중 제일 잘할 수 있는 일을 권한다
'착한 사람'에 대한 의견	쟤는 쑥맥이야 -_-^	쟨 정말 천사 같아 "^o^*	너무 착한 척하는 애들은 좀 짜증나! -.,-+	음~ 걔, 사람 괜찮아 ^-^;
어떤 일을 수행하고 있는 사람에 대한 평가	잘했어!/ 한심하군. (하지만 정작 그가 무슨 일을 하고 있는지 잘 모른다)	상당히 관심을 많이 가지려 노력하며, 주로 잘한다고 추켜세운다. (잘 안되어 가는 것 같아도)	거리를 두며 상당히 객관적으로 판단, 자기 생각 그대로 전달한다	'알아서 잘하겠지' 생각하고 너무 많이 알려고 하지 않는다. 의견이 있어도 말을 아낀다
버스에서 서 있는 노인을 보았을 때	옆에 앉은 더 어린 학생을 째려본다	"할아버지 여기 앉으세요~" 하고 옷자락을 잡아 끌어 자리 양보	너무 착한 척하는 것도 위선. 엄연히 나도 돈 내고 탔으니, 꿈쩍 않고 앉아 있는다	노인 취급당하면 혹시 기분 나빠 할지도 몰라 양보 안 하고 창 밖을 보거나 잠자는 척한다
어려운 일이 있을 때의 상담 대상	얘기를 들어줄 수 있는 사람과 술자리. 상담을 받는다기보다는, 뒷담화 혹은 무용담을 늘어놓는다	누구든 '자신'이 친하다고 생각하거나 친해지고 싶은 사람	코드가 맞는 사람들과 열띤 토론, 또는 아무한테나 쉽게 자신의 심정, 견해를 드러낼 수 있음	상대와 자신 모두 상담에 부담을 느끼지 않을 수 있는 형태로 상담(예: 정신과 의사)
부모에 대한 태도	부모가 원하는 대로 다 한다(진로, 결혼 등등). 그리고 나중에 원망한다	부모가 이렇게 생각하지 않을까 하는 것까지 다 고려해서 행동	내가 행복한 게 곧 부모를 위하는 거지!	'자기 나름'의 기준으로 부모를 실망시키지 않고 체면 차리게 해 주는 방식으로 행동
남에게 조언해 줄 때	교장 선생님 훈화 말씀의 형태(몇 개 유형의 모범답안만이 있을 뿐 물어본 내용과는 별로 관계없음)	물어보지도 않았는데 이것저것 알려준다	조언의 효과 같은 것은 믿지 않는다. 사람은 어차피 혼자 큰다	자신의 견해대로 조언해 주지만, 상대방의 반응을 자기 나름대로 먼저 예상하고 해 줄 만한 해 준다

을 내주는 전통적인 '한국의 어머니와 할머니 상'을 떠올려 보면 된다. 이들은 좀 더 관계 지향적이어서 상당히 배려 있는 사람으로 평가된다. 하지만 이들 역시 상대방을 온전하게 존중해 준다기보다는 자신의 관점에서 타자를 보며, 희생적이거나 헌신적인 행위를 통해 상대방을 자신들의 가치 영역 안으로 편입시키려 하기 때문에 실제 소통에 문제가 없는 것은 아니다. 새로운 세대에게는 오히려 이렇게 '배려하는 듯 보이는데 실제로 전혀 나를 고려하지 않는 사람'이 더 괴로울 수 있다. 일방적이라는 면에서 형식상 획일적 배려와 비슷하지만, 분명 나를 위한다는 점에서 내용상으로 '배려'에 속하므로 비난하기가 어렵기 때문이다.

'쿨'한 사람들은 '획일적인 핫한 배려'에 대한 반발로 생겨난 삶의 태도라고 볼 수 있는데, 이들은 자신의 이성과 감성이 절대적인 것이라고 생각하지만, 그것이 개인별로 다를 수 있다는 점을 인정하기 때문에 결코 타인에게 자신의 의견을 강요하지 않는다. 따라서 '관계적 행동'이라는 것도 매우 제한적으로 나타나며, 동양적인 관계의 망 속에서 형식상 '배려 없는 사람'으로 낙인 찍히는 경우가 많다. 한국에서는 1990년대 초중반 극단적으로 개인주의적인 삶을 꿈꾸던 사람들이 등장했지만, IMF 경제 위기를 전후해 그 규모가 많이 줄어든 것처럼 느껴진다.

마지막으로 '부담스러운 배려'에 숨막혀하며 '웜'한 '새로운 배려'를 만들어 내는 사람들은 가장 최근의 인간형이라고 할 수 있을 것이다. 이들은 핫한 사람들의 일방적인 소통 방식에 거부감을 느끼지만, 쿨한 사람들처럼 견고한 자아를 구성하지도 못해 어중간하게 웅크리고 있는 형태의 방어적인 소통 방식을 취한다. 이들은 말이나 행동에 앞서 상대방의 감정을 먼저 고려하지만, 그것이 기본적으로 자신의 확고한 가치관이나 열린 소통에 기반을 둔 것이 아니기 때문에 빗나가는 수가 많고, 따라서 배려하려는 의도조차 인정받지 못할 때가 많다.

한국 사회에서 기성세대와 새로운 세대 간의 상호 작용은 보통 '핫'과 '웜'

의 만남을 의미한다. '웜'을 만났을 때 '핫'이 하는 일은, 탈근대적 시대를 사는 아이들에게 자신들의 근대적 세계관을 '뜨겁게' 주입하는 것이다. 이는 물질적, 정신적인 시대 변화를 읽지 못하는 행동이며, 의도야 어찌됐건 결과적으로 '웜'한 아이들은 '화상'을 입게 되므로 본능적으로 '핫'한 사람과 대면하는 것 자체를 피하게 된다. 반면 '쿨'은 비교적 '웜'과 어느 정도 소통이 가능한데, 그것은 '쿨'한 사람은 아무것도 강요하지 않으므로 '웜'한 사람이 자기 보호 기제를 사용할 필요를 덜 느끼기 때문이다.

우리가 웜해지는 이유

어떤 사물이나 사람을 '돌본다' 또는 '배려한다'는 것은 ① 그 대상을 정서적으로 이해하고 신경 써 주는 일, ② 이해와 소통을 바탕으로 대상과 밀접한 관계를 맺는 일, ③관계 속에서 적절한 행동을 취하는 일로 나누어 생각할 수 있다. 이러한 돌봄과 배려의 세 요소에 핫, 쿨, 웜을 대입해 보자.

먼저 토건국가 시대를 대표하는 뜨거운 '아버지'(혹은 기업, 국가)들은 소통과 이해라는 선결 조건을 등한시했거나 그것에 능하지 못했다. 따라서 아버지나 국가의 배려는 의도의 순수성과 관계없이 언제나 대상과 진정한 '관계'를 맺지 못했고, 거짓 관계 속에서 행동만 앞설 때가 많았다. 아이에게 어떤 선물을 줘야 할지 모르는 아버지처럼, 국가의 복지 정책이 언제나 실행만 앞서고 엉뚱한 곳에 예산을 쓰고 있는 것은 대상에 대한 이해가 부족해서다.

어머니의 부담스러운 배려 역시 대상과 관계는 밀접하지만 아전인수 격인 소통에 기반을 하기에 억압적인 보살핌으로 이어질 때가 많다(영재 교육, 조기 유학과 고액 과외라는 획일적인 처방이 수백만 명의 아이들에게 내려지고 있는 실상을 보라). 이들과는 달리 '쿨'한 사람들은 관계에 기반해서 일을 해 나가지 않는다. 세상을 이해하고 일을 수행해 내는 데 뛰어날 수도 있다. 하지만 이전 세대와 얽힌 문제들을 사회적 관계 바깥에서 각개전투로 해결할 수 있는 수준에 이르지는 않는다. '웜'한 세대의 사람들은 상대방을 이해하려는 의지와 감수성이 뛰어나더라도 관계에 확신이나 자신감이 없기 때문에 마음이 행동으로 연결되지 않는 경우가 많다. 이들은 오히려 소통에 지나치게 민감하고 그것에 집착하기 때문에 관계와 행동에서 어려움을 겪는다고 볼 수도 있다.

핫, 쿨, 웜이라는 세 유형으로 사람들을 분류하는 것은 단순한 이념형적 지표 이외에는 우리에게 많은 것을 가져다주지 않는다. 편의상 세 유형을 연령, 성별 등과 관련지어 설명했지만, 어떤 세대의 사람들이 특정한 유형과 일치한다기보다는 인간의 소통과 배려가 위의 세 가지로 분류될 수 있다고 보는 편이 맞을 것이다. 여기서 중요한 것은 이미 이 세계의 물적-정신적 조건은 모든 사람들에게 서로 힘을 줄 수 있는 관계를 만들어 내기 힘든 방향으로 가고 있다는 것이다. 핫한 사람들끼리의 끈적끈적한 연대는 구시대의 유물로 폐기 처리되었고, 쿨한 사람들의 느슨한 연대는 사치스럽게 여겨진다. 그리고 웜한 사람들은 웜한 이들과 맺는 미지근한 관계 외의 관계 맺는 것 자체에 어려움을 느낀다.

다시 말하자면 '웜'한 관계 맺기는 '믿음과 신뢰, 돌봄이 사라진 시대'의 주된 관계 맺기 방식이라고 할 수 있다. 근대화와 함께 전 세계적으로 진행된 핵가족화와 개인화 속에서 기존의 공동체는 해체되고, 탈근대 시대에 접어들어 전 지구적 수준의 계급 양극화를 겪으며 '우리는 계속 발전하고 있다'는 진화론적 시간관마저 붕괴되어 버린 시점에, 사람들이 세상과 관계 맺는 방식은 당연히 방어적이 될 수밖에 없다. 개인들 간의 의사소통에 A라는 사람이 B라는 사람에게 10만큼의 '의미'를 던졌다 해도, 개인이 감당할 수 없을 만큼의 신호와 자극이 범람하는 시대에서는 온갖 '잡신호'에 섞여 그 의미가 온전히 전달될 수 없을 것이다. 게다가 거대 담론이나 이념 같은 '바벨탑'들이 무너진 시대, 개개인 모두가 '자기만의 단어 사전'을 갖고 있는 시대에 의사소통은 더욱 어려워진다. 내가 말한 단어에서 상대방도 나와 똑같은 의미를 이끌어 낼지 확신할 수 없기 때문이다. 불확실성은 의사소통에서 개인의 자신감을 축소하고, 오해가 오해를, 움츠러듦이 움츠러듦을 낳는 결과를 낳는다. 또한 소통의 실패가 누구의 잘못도 아님을 알기에 자신이 느끼는 고독감에 대해 스스로를 탓할 수밖에 없는 것이다.

관계에 대한 소극적인 태도는 타인이 아닌 자기 자신을 돌보는 태도 역시 매우 '미적지근하게' 만들어 버린다. 근대 토건국가가 견고한 구조물과 대량의 생산품, 발전의 속도에 기반해 이윤을 창출했다면, 탈근대 포스트 토건국가는 위험과 기회(risk)에 이윤이 숨어 있다. '위험사회'다. 사회 전반적인 불안정성과 환경오염 속에서 '더 나은 미래'를 약속하는 진화론은 존재하지 않는다. 미래가 없고 견고한 자아도 없기 때문에 '나만의 꿈' 같은 강렬한 욕망도 없다. 따라서 현대 사회의 청(소)년들에게 '꿈이 뭐냐' 또는 '하고 싶은 일이 뭐냐'고 묻는 것은 엄청난 스트레스를 주는 행위다. 더 나은 미래가 없기에 '지금, 당장, 이곳에서' 소비해야 하지만 실제로 가진 '자원'(자본)은 없는 고실업 시대의 청년들에게는 '현재' 역시 꽉 막힌, 부담스러운 시간일 뿐이다. 따라서 기성세대들에게 이들 새로운 세대는 미래를 위해 현재를 살지도('핫') 않으며, 그렇다고 현재의 자신을 위해 열심히 살지도('쿨') 않는, '이해할 수 없는' 혹은 '자신에 대해 책임감 없는' 사람들로 비춰질 수밖에 없는 것이다.

하지만 아이러니컬하게도 현재는 가장 '관계성'이 중시되는 네트워크 사회다. 고도 자본주의 사회에서 개인의 지식 용량과 숙련도는 사회가 요구하는 복잡성에 대응할 수 없다. 따라서 기업, 정부, 시민운동, 심지어 가장 개인적인 작업이라고 간주되는 예술 분야에서도 '독불장군'이 성공하는 사례는 점점 줄고 있다. 모든 분야에서 '스타 플레이어'는 늘고 있지만, 그 개인이 일을 해내기까지 동원되는 인력의 수는 점점 늘고 있는 것이다. 따라서 현대 사회의 가장 큰 덕목은 '소통과 배려'가 된다. 그것이 단순히 도덕적 당위 명제가 아니라 효율성과 업무/생활 능력의 문제로 접근되고 있는 것이다. 모든 사람들의 관계가 파편화되었다는 이 세상에서, 가장 관계를 중시하고 대인

관계에서 자신감과 기술을 지닌 사람들은 사회의 최상류층과 그 자녀들이
라는 점은 시사하는 바가 높다. 관계는 이제 정서적인 문제가 아니라 물질적
인 문제이기도 한 것이다.

포스트 토건국가에서 살아가기
: '미적지근한 웜'에서 '따뜻한 웜'으로

그렇다면 지금 우리가 정서적, 물질적 이유에서 필요한 새로운 관계, 그리고
그 관계를 만들어 내는 방법들은 어떤 것이어야 할까? 일단 우리는 더는 잃
을 것이 없는 소통 단절의 상황을 인정하고, '제대로 소통하려는 태도' 자체
를 배우는 것에서 출발해야 한다. 새로운 '웜'의 세대는 더는 '핫'한 기성세대
와 소통하려 하지 않는다. 그동안 너무나 많은 상처를 입어 왔기 때문이다.
단순히 '문제'를 해결한다는 마음으로 접근하는 것이 아니라, 함께 즐거울 수
있는 관계를 만들어 가겠다는 생각을 해야 한다. 아이든 제자든 직장 후배든,
즐겁게 소통하며 지내는 사람은 어떠한 형태로든 자신에게 힘이 될 것이다.
  제대로 된 소통과 배려를 하기 위해서는 '컨텐츠'보다 접근 방식과 태도가
중요하다. 의사소통에서 '완벽한 합의'라는 결과물을 내어야 한다는 강박 관
념을 버려야 하는 것이다. 어떻게 보면 의견이 일치되지 않아도 소통을 하고
있다는 상황 자체가 중요할 수 있다. 그 소통의 끈이 완전히 끊어질 때, 사람
들에게 세상은 '아무 의미 없는 것들'로 가득 찬 암흑의 공간이 되고, 그 공허
함과 막막함에서 나오는 외로움과 고통은 '이유 없는 총기 난사' 같은 '대상
없는 분노'나 자살 등의 결과를 낳게 될 수도 있다. 불특정 다수를 향한 테러
는 아무에게도 이해받지 못하는 집단들에 의해 저질러지는 예가 많다는 점
을 잊어서는 안 된다.
  '소통과 배려'는 개인적인 수준을 넘어 사회적 차원으로 확산될 수도 있다.
배려의 국가적 차원인 '복지' 혹은 '사회적 돌봄'에도 발상의 전환이 필요하

다. 현재 한국의 국가 운영은, 국민과 커뮤니케이션을 하고 싶은 욕구는 높아졌으나 그 기술이 부족한 단계인 것 같다. 최고 권력자는 항상 '진심'을 알아달라고 하며 언론의 '잡음'을 탓하지만 냉정하게 말하자면 그것은 어린아이나 사회적 소수자들이나 할 수 있는 투정이다. 각 부처에서는 예산이 남아돌아도 어디에 쓸지를 알지 못하고, 그것을 핑계로 여전히 몇 장의 서류로 많은 일들이 결정된다.

이 단계에서는 관계성의 회복을 위한 커뮤니케이션 채널을 만들어 내야 한다. 어딘가에 지원이 필요하다고 하면 뚝딱 건물부터 짓고 마는 '토건국가적 상상력'을 넘어서, '관계'와 '네트워크'에 대한 경제적, 시간적, 정서적 투자가 더 중요함을 인식해야 한다. 물질적인 인프라만 일방적으로 만들어 놓는다고, 또는 당장 필요한 행동만 되풀이한다고 자동적으로 해결되는 문제는 없다. '무엇을' 만들고 행하면 될 것인가가 아니라, '누가(또는 누구를 위해서)', '어떻게' 만들어 갈 것인가가 중요하며, 조급하지 않게 참을성을 가지고 각자의 속도를 중시하는 태도를 가져야만 한다.

또한 '어디서' 역시 중요할 수 있다. 커뮤니케이션에서의 기본 법칙에서 생각해 볼 때, '거리'(예를 들어, 케이블의 길이)가 길어질수록 '잡음'이나 '신호의 손실' 역시 커진다. 국가라는 핵심(코어)에서 각 네트워크 끝단(노드)들까지 직접 이어지는 중앙 집중적 상명 하달의 수직적 모델은 이미 구시대의 시스템이 되었다. 그보다는 지역 내의 작은 공동체 단위에서 소통·배려가 일어나는 순환 경제를 만들 수 있도록 인프라와 인력을 조성하고 노하우를 유통시키는 것이 지금 국가가 해야 할 유일한 과제일 것이다.

지금 시대의 '쿨'한 사람들은 따뜻하다기보다 미적지근한 사람들이다. 이들은 기본적으로 관계에 목말라하고 상대방에 대한 감수성이 뛰어나다. 이들에게 좀 더 필요한 것이라고는, 온도를 약간 높일 수 있는 조금의 열(핫)과, 상황을 가끔씩 관계 밖에서 생각해 볼 수 있는 소량의 냉철함(쿨)밖에 없다. 에너지를 지닌 이전 세대와 가능성을 지닌 현재의 세대가 만나고 소통할 필요를 느끼기 위해서는 그것을 '내 일'로 느낄 만한 계기가 필요하다. 국가와 가족을 그리워하는 핫한 전 세대와 그것을 가져본 적이 없기에 갈망하나 한편으로는 두려운 웜한 현 세대는 과잉과 결핍의 중간 지점에서 만나게 될 것이다. 결국 '따뜻한 근대'를 만드는 일은 (국가나 거대기업이 아닌) '작은 마을'과 (핵가족의 한계를 넘어선 공동체로서의) '커다란 가족'에서 시작되는 것이다.

주

1) 세대에 대해 이야기하기란 쉽지 않다. 어느 시기에 태어난 사람들까지를 같은 세대로 묶을 것인가? 그들이 갖고 있는 공통점은 젠더나 지역, 계층, 학력 등에 따른 차이를 능가할 만큼 강력한 것인가? 이전 세대에도 같은 특질을 가진 사람들이 존재하지는 않았는가? 이런 질문에 자신 있게 답할 수 없음에도 여러 사람들이 세대론을 펴는 이유는, 그것이 정교한 이론틀은 되지 못해도 사회를 새롭게 볼 수 있는 시각을 제공해 주기 때문일 것이다. 이 글에서 이야기하려는 '새로운 배려의 세대', '탈토건 국가 세대' 역시 정확한 연령대나 본질적인 특징을 규정하기는 어렵다. 다만 발전주의 국가의 꿈이 산산조각 났던 1997년 경제위기 이후 청소년기를 보낸 사람들은 아마도 '포스트 토건 국가 세대'라고 이름 지을 수 있을 것이다. 조금 더 확장해 본다면, 역시 '민주화'라는, 국가를 단위로 하는 꿈을 공유했던 386세대의 흔적이 사라진 후에 대학을 다닌 '포스트 386세대'에서 새로운 세대의 단초를 발견할 수 있다. 1990년대 중반에 스무 살이 된 이들은 한국사회의 첫 '소비세대'이자 당시 '신세대' 담론의 주인공이기도 했다.

2) 오히라 겐(2003, 소화)은 그의 저서 『새로운 배려』에서, 도무지 '배려'라고는 찾아볼 수 없는 '핫'한 기성세대한테서 상시적인 위협감을 느끼고 '웜'한 방식의 관계 맺기를 시도하는 새로운 세대를 자세히 묘사하고 있다. 이들 '웜'한 세대는 어떤 행동을 할 때 항상 '상대방이 어떻게 느낄지'를 먼저 고려한 뒤에 행동에 옮긴다. '새로운 배려'는 스스로에게 보호막을 제공해 주기도 하지만 문제를 근본적으로 해결하지는 못한다는 한계가 있기도 하다.

새로운 페다고지

사토 마나부 도쿄대 교육학연구과 교수

협동 학습의 풍경

협동 학습의 풍경을 하나 소개하려 한다. 몇 년 전 도쿄 근교의 공업 도시인 카와사키시에 있는 미나미스가 중학교를 방문한 때 일이다. 당시 이 중학교는 나와 함께 '배움 공동체 만들기'라는 학교 개혁을 추진하고 있었다. 이 학교에서 1학년 영어 수업을 참관하던 때에 협동 학습의 진수라고 할 만한 장면을 목격했다.

이 교실에는 그 누구와도 말을 하지 않는 다카시(이 글에 등장하는 학생 이름은 모두 가명이다)라는 남자 아이가 있었다. 다카시는 유일한 친구인 마사토와 몸을 비비듯이 붙어서 앉아 있었다. 그런데 이 수업에서 모둠 학습을 도입해 보려던 젊은 교사는 네 명으로 이뤄진 남녀 혼성 모둠을 만들기 위해 다카시의 손을 잡아끌며 앞의 모둠으로 옮겼다. 다카시는 애원하는 듯한 눈길을 마사토에게 보냈지만 다른 모둠에 속해 있는 마사토는 어쩔 수가 없었다. 이 젊은 교사가 다카시와 마사토를 의도적으로 떼어 놓은 것일까? 그 자리에서 관찰한 바로는 의도적인 것으로 생각되지 않았다. 다카시의 극도로 불안한 표정도 마사토에게 도움을 요청하는 애원의 눈길도 이 교사는 눈치 채지 못하고 있는 것 같았다.

다카시가 들어간 모둠에는 여자 셋에 남자는 다카시 혼자였다. 여자 아이 셋 중에는 이 반에서 가장 영어를 못하는 사치코가 있었다. 사치코는 학년이 거의 끝날 무렵인데도 인칭 대명사나 Be동사도 잘 모르는, 영어에 대해선 뭐가 뭔지 도통 모르는 극심한 학습 부진아다. 그런 사치코가 다카시 옆에 앉아 마사토를 대신해서 다카시를 돌보려고 하고 있다.

이 수업의 주제는 현재 진행형으로 묻고 대답하는 회화였는데, 교사가 운동선수의 사진을 보여 주면 그 사진을 보고 한 사람은 "What is he(she) doing?"이라 묻고 다른 한 사람은 "He(She) is playing tennis." 하고 대답하는 대화문 연습이었다. 사치코는 어떻게든 다카시를 돌보려고 하지만, 가장 중요한 영어를 전혀 할 줄 모른다. 그래서 같은 모둠에 속한 다른 두 사람, 유미와 마사에게 몇 번이고 되풀이해서 교사의 질문을 되묻고 있다.

"저어, 지금 선생님이 뭐라고 했어?", "저건 유도 선수 야와라짱 사진이지? 유도는 영어로 뭐라고 해야 해?", "'playing이라 말하는데 무슨 뜻이야?", "he가 누구야? 남자? 그럼 여자는 뭐라고 말해야 하지?", "they가 뭐야? they가 오면 왜 is가 붙지 않지?" 사치코는 처음부터 끝까지 유미와 마사에게 물어보지 않으면 다카시를 상대할 수가 없다.

정신없는 사치코의 모습을 보면서 굳어 있던 다카시 얼굴에 슬며시 미소가 떠올랐다. 다카시는 말이 없어서 다른 사람과 말은 안 하지만 영어 시험을 보면 언제나 성적이 우수했다. 그런 다카시한테는 자기를 돌보려고 열심히 유미와 마사에게 질문하는 사치코의 모습이 즐겁기도 하고 흐뭇하게 비쳤을 것이다. 그래서 탁구 선수 아이짱의 사진을 보고 겨우겨우 다카시를 향해 "What is she playing"이라고 물어 온 사치코에게 다카시는 "She is playing table tennis" 하고 속삭이듯 대답한 것이다.

다카시가 속삭이듯이 사치코에게 대답한 것을 수업을 진행하는 교사나 참관하는 교사 그 누구도 알아차리지 못했다. 마침 수업을 참관하던 내 눈앞에서 일어난 일이었다. 수업을 참관하다 보면 극적인 장면을 목격하는 일이 자주 있다. 그렇긴 해도 이렇게 극적인 장면을 보는 건 그리 흔하지 않다. 나는 속삭이듯 말하는 다카시를 향해 사치코가 활짝 웃으며 대답하고 있는 것도 지켜볼 수 있었다. 이렇게 되자 사치코는 점점 푹 빠져서 다음 대화문에 도전해 보려고 또다시 유미와 마사에에게 계속해서 질문 공세를 편다. "있잖아, 선생님이 방금 의문사라고 하셨는데 의문사가 뭐야?", "그런데 말야, what은 무슨 뜻이야?", "다른 의문사에는 어떤 것이 있어?", "그렇게 많은 걸 한꺼번에 어떻게 외워?"

그런 사치코의 모습을 다카시는 미소를 지으며 지켜본다. "있잖아 다카시. 조금만 기다려 줄래? 내가 아무것도 모르니까, 아는 걸 노트에 정리할 거니까 조금만 기다려 줘?" 사치코가 다카시에게 그렇게 말하고는 아무것도 쓰여 있지 않은 흰 노트의 첫 쪽에 "I am, You are, He is, She is, We are, You are, They are"라고 쓴 뒤 "있잖아, 이거 전부 다 맞게 쓴 거 맞지?" 하고 다카시에게 물어본다. 다카시는 큰소리로 "응" 하고 대답했다. 맞게 쓴 것을 확인한 사치코는 다음 쪽에 '의문사'라고 히라가나로 적고 나서 "있잖아 유미, 의문사라는 한자는 어떻게 쓰는 거야?" 묻고는 疑問詞라고 한자로 적고 그 아래에 "what, where, when, who, how"라고 쓰고 "이거 전부 처음 해 보는 거야" 하고 혼잣말을 한 뒤 그 단어의 뜻을 적는다.

이 수업이 시작되기 전까지, 아니 이 모둠 학습이 시작되기 전까지 사치코는 이 수업의 주제인 현재 진행형은 물론 인칭 대명사나 인칭 대명사와 be동사의 관계도 의문사에 대해서도 무엇 하나 이해하지 못하고 있던 극심한 학습 부진아였다. 그런 사치코가 눈앞에서 모든 것을 이해하고 그 이해한 내용을 스스로 노트에 정리하고 있다. 이제껏 학습 부진아들이 단번에 모든 것을 이해해 가는 모습을 몇 번이고 봐 왔지만 이번에 사치코 모습만큼 극적인 광경을 본 적은 없었다. 협동 학습의 진수를 알려 주는 광경이다.

협동 학습은 계속된다. 협동 학습은 호혜 학습이기도 하다. 인칭 대명사와

be동사와 의문사를 노트 양쪽에 정리한 사치코는 "기다려 줘서 고마워. 이제 다 됐어. 자 그럼 시작할까, 다카시" 하고 말하면서 노트를 한 손에 들고 계속해서 새로운 현재 진행형 의문문을 만들어 다카시에게 질문을 던졌다. 다카시는 사치코의 빠른 배움에 감탄하고 있었다. 사치코가 의문문을 만들어서 다카시에게 말을 걸 때마다 고개를 크게 끄덕이며 "응, 응" 하고 중얼거리면서 '그 영어 다 맞았어' 하는 메시지를 열심히 보내고 있었다. 그런 메시지 때문인지 다카시의 속삭이는 듯한 목소리는 사치코뿐이 아니라 몇 미터 떨어져서 관찰하고 있던 내 귀에까지 정확히 들릴 정도였다.

사치코와 다카시가 이렇듯 서로 배움을 주고받는 모습을 보고 도대체 누가 다카시를 몇 년간 학교에서 말 한마디 제대로 한 적이 없는 학생이라고 생각할까? 그리고 도대체 누가 사치코를 영어에 관해서 극심한 학습 부진아이고 30분 전까지만 해도 인칭 대명사와 be동사의 대응조차도 전혀 이해하지 못하던 학생이라고 생각할까? 기적이라고 부를 만한 일들이 연달아 일어나는 것에 나는 그저 놀랄 뿐이었다.

눈앞에서 벌어지는 다카시와 사치코의 배움의 관계가 서로의 강점이 아닌 서로의 약점에 의해 이어져 있음을 알아차리고 나는 더욱더 감동하게 되었다. 협동 학습이란 '호혜 학습'이라고도 하는데, 두말할 것도 없이 '호혜적인 관계'란 ,다카시와 사치코 사이에서 일어난 일들을 말할 것이다.

사치코가 이 정도로 열심히 영어를 배우려 한 것은 다카시가 침묵을 고수해서 다른 사람과 대화를 하지 못하는 약점을 어떻게든 자신의 힘으로 지켜주고 싶었기 때문이다. 그리고 다카시가 사치코의 질문에 속삭이듯 응답한 것은 사치코의 정성 어린 호의에 어떻게든 응해 보려 생각했기 때문이다. 그뿐이 아니었다. 다카시가 성의를 다해 사치코의 질문에 대답한 것은 영어를 너무 못하는 사치코가 더듬거리며 배우는 모습을 보고 다카시도 호의를 가지고 격려해 주고 싶었기 때문이다. 이렇게 서로 호의를 교환하는 '호혜적 관계'가 이 둘 사이에 협동 학습을 만들어 낸 것이다.

사치코가 뒤쳐진 학습 능력을 단번에 되찾은 것에 놀라는 사람도 많을 것이다. 하지만 이런 일은 수업 참관을 하다 보면 자주 일어나는 일이다. 대개 많은 교사들은 학습 부진아들이 조금씩 학업 능력을 회복하는 모습을 상상한다. 그러나 학습 부진아의 학습 능력 회복은 사치코 예에서 보듯 한순간에 회복되는 예가 많다. 어떻게 단번에 회복할 수 있을까? 이제껏 사치코가 모르는 와중에도 많은 것을 수업에서 경험했고 그런 단편들이 이 모둠 학습 속에서 연결되었기 때문이다. 이것 역시 협동 학습이 지닌 가능성 중 하나다. 협동 학습은 모르는 아이들에게도 참여의 기회를 보장하고 그런 참여를 통해 의미 있는 경험을 풍부하게 할 기회를 보장한다. 그 당시에는 몰랐다고 해도 이 의미 있는 경험들을 축적해서 언젠가 다가올 도약의 기회를 준비하는 것이다. 다시 한번 말하지만, 학습 부진아들은 계단을 오르듯이 조금씩 학업 능력을 회복하는 것이 아니다. 마치 점프대에서 도약하듯이 단번에 회복되는 것이다. 협동 학습은 그런 기회를 풍부하게 갖추고 있다.

다카시와 사치코가 서로 배움을 주고받으면서 생겨난 '기적'이라 불러도 좋을 사건이 이 모둠에 속한 다른 두 사람, 유미와 마사에가 보이지 않는 지원을 해서 이루어졌다는 점도 중요하다. '서로 가르침을 주고받는 관계'에는 '참견'이라 할 만한 억지가 따라다니지만, '서로 배움을 주고받는 관계'에는 '있는 듯 없는 듯한 친절'이 따른다. 유미와 마사에가 둘이 짝이 되어, 다카시와 사치코와는 독자적으로 배우는 것같이 보이지만 그때그때마다 이 둘은 다카시와 사치코를 받쳐 주는 역할을 확실하게 해냈다. 사치코가 영어 단어 하나하나의 의미를 지겨울 정도로 질문해도 이 둘은 편안하게 들으면서 정확하게 조언을 해서 사치코가 배우는 것을 도왔다. 또한 다카시가 나직한 목소리로 사치코에게 대답을 했을 때에도 다카시가 말을 했다는 것에 놀라면서도 아무렇지 않게 "와 대단한걸. 사치코 해냈잖아" 하고 오히려 사치코를 칭찬하는 말로 감동을 표현하며 다카시를 격려했다. 같은 모둠 안에서도 유미와 마사에는 다카시와 사치코와는 별도의 행동을 하는 듯이 보이지만 실제로는 오히려 다카시와 사치코가 서로 배움을 주고받을 수 있도록 뒷받침하는 것을 중심에 두고서 활동하고 있었다. 거의 눈에 띄지 않게 이런 행동을 하며 둘이 관여함으로써 이 기적이 일어날 수 있는 무대가 마련되었다고 해도 좋을 것이다.

대화적 실천, 배움

'배움'이라는 개념에 대해 설명하자면, 나는 배움을 세 가지 대화, 즉 대상 세계인 사물과 나누는 대화(세계 만들기), 다른 사람과 나누는 대화(동료 만들기), 자기와 나누는 대화(자신 만들기)를 통해 실천되는 것으로 정의해 왔다. 배움이란 이 세 가지 대화적 실천에 의해 이미 알고 있는 세계에서 미지의 세계로 가는 여행이며, 교사나 동료와 대화를 하고 도구의 도움을 받아 이루어지는, 개인의 경험과 능력의 틀을 넘어서는 발달과 도약이다.

배움과 발달의 관계에 대해서는 비코츠키의 '근접 발달 영역'(zone of proximal development, 혼자 힘으로 달성할 수 있는 실제적 발달 수준과, 교사나 동료의 도움으로 달성할 수 있는 잠재적 발달 수준 사이의 영역 — 배움의 가능성 영역)이 참고가 된다. 비코츠키가 지적한 대로 배움의 활동은 실제적 발달 수준을 넘어서 근접 발달 영역에서 조직되어야 하며, 배움의 활동은 발달에 선행하여 발달을 주도해야 한다. 아이들이 교사나 자원 봉사자와의 친밀한 관계에 힘입어 수행하는 활동은 두말할 것도 없이 비코츠키가 제창하는 '근접 발달 영역'에서 배움의 활동, 즉 발달에 선행하여 발달을 주도하는 배움의 활동으로서 전개되고 있다.

배움이 동일성이 아니라 차이에 의해 실천되는 것도 중요한 점이다. 배움의 실천은 각 개인의 활동과 경험의 의미 세계를 규제하고 있는 경계를 넘어서는 실천으로서 수행된다. 배움의 실천은 경계 넘어서기의 실천이며, 각 개인의 차이나 다양성의 교류를 기반으로 하여 수행되는 실천이다. 배움이 동일성이 아니라 차이에 의해 실천된다는 것은, 다시 말하면 배움이 실천되는 곳과 차별이 생기는 곳이 동일하다는 것을 의미한다. 능력이나 개성, 경험의 차이를 차별이 아닌 배움으로 전환하는 실천이 요구된다.

또한 '배움 공동체'인 학교는, 아이들이 서로 배우며 자라는 학교일 뿐만 아니라, 교사들이 교육 전문가로서 서로 배우며 커 가는 학교이며, 부모와 시민 역시 그 과정에 참여해 함께 배우며 자라는 학교다. 학교는 더 나아가 '배움 공동체'인 동시에 '돌봄 공동체'이기도 하다. '돌봄' 즉 케어(care)는 대개 '보살핌'이나 '복지'로 번역되는데 이 번역어들은 '돌봄'이라는 단어가 지닌 의미들 중에서 일부만 가리킬 뿐이다. '돌봄'은 다른 사람의 여린 목소리에 응답하는 행위를 의미한다. 사람은 자신을 돌보고 아이들을 돌보고 반려자를 돌보며 친구나 연인을 돌보고 노인과 장애가 있는 사람을 돌보고 생물들을 돌보고 자연을 돌보며 살아가고 있다. 돌봄 활동은 생산 활동이나 경제 활동의 배후에 놓여 있어서 '그림자 노동'(그늘에 가려진 잡다한 일)으로 인식되기 쉽다. 그러나 사람이 사람답게 사는 사회에서 다른 어떤 활동보다도 더 핵심이 되는 활동이며 사람이 사람답게 사는 윤리의 중심을 이루는 것이라고 해도 좋을 것이다. 우리는 돌보고 돌봄을 받는 관계를 구축함으로써 한 사람 한 사람의 존엄성에 근거한 행복한 삶과 사회를 만들 수 있다.

나는 '케어'를 '세심한 마음 씀씀이'라는 번역어로 표현한다. 돌봄이란 상대의 약함이나 여림에서 비롯되는 요구를 받아들이는 응답에 기반을 둔다. '응답'이란 다름 아닌 '책임'이다. 책임이란 자기 자신과 다른 사람의 약함과 여림에서 비롯되는 요청에 응답하는 행위이다. 우리는 돌보고 돌봄을 받는 행위에 의해 자신의 인생과 다른 사람의 인생에 대해 책임을 다할 수 있게 된다. '돌봄 공동체'는 돌봄의 응답에 의해 결합된 공동체이며, 돌보고 돌봄을 받는 관계에 의해 사람이 사람으로 존중받는 사회를 구축하는 윤리적인 실천을 수행하는 공동체이기도 하다.

서로 들어주며 배우는 관계

호혜적 배움을 기반으로 하는 배움과 돌봄의 공동체는 어떻게 만들어지는 것일까? 그 사례를 하나 소개하려 한다.

내가 협동하고 있는 치가사키시의 하마노고 초등학교는 '배움 공동체' 만들기를 추진하고 있는 시범학교로 알려져 있다. 이 학교에서는 매년 7월말 주말에 수업 사례 연구를 중심으로 공개 연수를 하는 '쇼난 세미나'를 개최하고 있다. 올해에도 각지에서 약 2백 명의 교사들이 참가해 이 학교 교사 둘과 방문 교사 둘의 실천 보고를 중심으로 연수가 이루어졌다. 올해 하마노고 초등학교에서 실천 보고를 한 교사는 야마자키 사토시 씨와 가와사키 다츠오 씨다. 하마노고 초등학교 개교 당시 야마자키 씨는 신임 교사로 부임했고 가와사키 씨는 다른 학교에서 전임해 온 교사였다.

하마노고 초등학교는 설립된 지 8년째 되는 학교다. 그동안 이 학교를 방문한 교사의 수는 2만여 명에 달한다. 이 학교가 왜 이토록 많은 교사들을 매료시켜 왔을까? 하마노고 초등학교 교사와 아이들의 가장 큰 특징은 차분함에 있다. 이 학교의 수업 방식은 일반 교사의 상식으로 보면 꽤나 소극적이고 밋밋하다. 특별한 커리큘럼이 준비되어 있는 것도 아니고 특별히 우수한 교사가 활약하고 있는 것도 아니다. 이 학교의 오오세 토시아키 초대 교장이 "수업을 잘하고 못하고는 타고나는 것"이라고 말했듯 교사들은 '수업을 잘하고 못하고'에는 별로 관심을 두고 있지도 않고, 다니이 시게루 현재 하마노고 초등학교 교장이 늘 "아장아장 걷는 하마노고"라고 말하듯 언제나 수업의 출발점으로 되돌아가서 서툰 걸음마를 되풀이하고 있는 것에 지나지 않는다. 그런데도 왜 이 학교는 이렇듯 많은 교사들의 관심을 끌며 지금에 와서는 천 개가 넘는 학교가 '하마노고 식'의 학교 개혁을 추진할 정도로 큰 영향을 미치고 있는가? 이 비밀에 대한 해답을 두 교사의 실천 보고에서 찾아보도록 하자.

야마자키 교사의 교실은 아이들이 차분한 분위기에서 서로 듣고 서로 배우는 교실로 유명하다. 실제로 하마노고 초등학교가 설립된 지 일 년째 되는 해에 '서로 들어주는 관계'를 어떤 교실보다 가장 먼저 실현시킨 것은 신임 교사이던 그의 교실이었다. 그런 특징은 지금도 계속되고 있다. 그 비밀은 어디에 있는 것일까?

　이날 야마자키 교사가 비디오 기록을 제공한 수업은 2학년 국어 수업이다. 교재는 그가 선택한 레오 리오니의 「새앙쥐와 태엽쥐」다. 수업이 시작되기 전부터 아이들이 대부분 수업을 즐겁게 기다리면서 각자 지난 시간까지 배운 텍스트를 소리 내어 읽고 있다. "자, 시작할까" 한마디에 수업이 시작되고, 이번 시간에 다룰 텍스트를 소리 내어 읽기 시작한다. 텍스트와 아이 하나하나의 만남이 충분히 이루어지고 난 뒤 "얘기해 볼래?" 하는 야마자키 교사의 말이 떨어지자 아이들은 각자 얘기하기 시작했다. 아이들은 "어디어디에서…" 또는 "누구누구가 말한 것을 듣고 생각해 보게 됐는데…" 식으로 자신이 발견한 점이나 감상을 텍스트에 나온 표현과 연결하면서 말하고 있다. 이렇게 이어지는 말들을 듣고 있으면 교실에서 책 읽기가 직물을 짜듯이 협동으로 이루어지고 있는 것이다. 다르게 비유하면, 아이들의 속삭임이나 발언이 교실에서 '조각 그림 맞추기'(물음의 의미 공간)를 만들어 내고 그 '조각 그림'의 빈칸을 메워 가듯이 연쇄적으로 발언이 나오고 있는 것이다. 이렇듯 협동 학습이란 다른 사람의 목소리를 허심탄회하게 서로 들어주는 관계 없이는 이루어질 수 없다.

　어떻게 야마자키 교사의 교실에서는 다른 사람의 목소리를 허심탄회하게 들어주는 관계가 성립될 수 있었을까? 이것을 단적으로 보여 주는 장면을 수업의 비디오 기록에서 발견할 수 있다. 이 교실의 아이들은 정말로 친구 하나하나의 말을 세심하게 잘 듣고 있는데, 특히 케이치와 마유미 두 아이에 대한 야마자키 교사와 아이들의 대응에서 잘 드러난다. 케이치와 마유미는 몇 번이고 손을 들어서 말할 기회가 주어지지만 말을 하려고 하면 입이 떨어지지 않는다. 이름이 불리자마자 말하려던 내용을 잊어버리고 마는 것이다. 그 긴 침묵의 시간 동안 야마자키 교사도 교실 안의 아이들도 가만히 케이치(마유미)가 언제쯤 한마디라도 하려나 하고 기다리지만 지나치게 길다 싶을 정도로 긴 침묵 다음에 케이치(마유미)가 내뱉는 말은 '잊어버렸습니다'였다. 그래도 이 둘은 몇 번이고 손을 들어 호명되고 같은 일이 반복된다. '침묵'이라고 하면 대개 '의미로 가득 찬 침묵'을 말하는데, 이 둘이 만들어 내는 '침묵'은 '의미 없는 침묵'이다. 그 '의미 없는 침묵'이 교실에서 생겨난다는 것이 내게는 대단히 중요하게 생각되었다.

수업이 반쯤 지날 무렵에 케이치와 마유미도 침묵 끝에 '잊어버렸습니다'라는 말이 아니라 한 마디 두 마디씩 자신이 느낀 것을 말하게 되었다. 그 둘의 말을 듣고 교실의 아이들이 속삭이기 시작한다. 케이치는 텍스트의 '보라색 돌'에 대해 말하고, 마유미는 '도마뱀'에 대해 이야기한다. 둘 다 텍스트의 내용에서 보면 주변적인 것들이다. 그 주변적인 것들과 자기들이 텍스트에서 읽은 것들을 연결해 보느라 교실 안에는 속삭임의 소용돌이가 일어나는 것이다.

이 광경을 유심히 관찰하면서 나는 야마자키 교사의 교실에서 서로 들어주고 서로 배우는 관계가 훌륭하게 이루어지는 비밀을 새삼 깨달을 수 있었다. 그 비밀은 수업 방식이나 요령보다도 야마자키 교사의 문학 수업에 대한 철학에 있고, 그 철학을 교실의 아이들도 공유하고 있다는 데 있었다. 이 철학은 단적으로 말해서 두 가지 원리로 설명될 수 있다. 하나는 아이 하나하나의 개성을 살린 배움과 다양한 해석을 존중하는 것이고, 다른 하나는 텍스트에 나온 말들을 소중하게 생각하고 배움의 발전성을 존중하는 것이다. 간단히 말하면 아이 하나하나의 말을 존중하고 텍스트의 말들을 존중한다는 것인데, 야마자키 교사는 이 두 원칙을 수업에서 언제나 철저하게 지켰다.

따라서 야마자키 교사는 흔히 일반 교사들에게서 보이듯, '좋은 말들'을 연결해 수업을 해 나가는 것이 아니다. 야마자키 교사에게는 어떤 아이의 말도 '좋은 말이자 훌륭한 말'인 것이다. 이런 태도가 일관되게 행해지기 때문에 야마자키 학급의 아이들도 언제나 야마자키 교사처럼 어떤 아이가 하는 말도 '좋은 말'로, '훌륭한 말'로 여기며 들어주는 것이다. 그것이 이 교실에서 서로 들어주는 관계의 기반을 이루고 있으며 서로 배우는 관계의 기초가 되어 주고 있다.

하마노고 초등학교는 설립된 이래 8년 동안 '한 사람 한 사람의 배움을 아이들의 존엄으로서 존중한다', '교재에 담겨 있는 배움의 발전성을 존중한다', '교사로서 자신의 철학을 존중한다'는 세 가지 요건을 근본 원리로 삼고 수업 만들기와 교사 연수를 추진해 왔다. 이 세 요건 중에 어느 한 가지를 일관되게 행하는 것은 쉬울 것이다. 실제로 많은 교사들이 이 셋 중에 하나를 실현하는 수업 만들기를 전개하고 있다. 그러나 이 세 요건을 동시에 일관되게 실행에 옮기는 것은 결코 쉽지 않다. 세 요건은 실천의 현장에서 때때로 충돌하며 서로 갈등하는 요소들이다. 그런 충돌과 갈등을 어떻게 극복해 낼 것인가? 하마노고 초등학교의 교사들은 연간 100회에 달하는 수업 사례 연구를 축적하고 그 방법을 계속해서 탐구해 왔다. 그것이 구체적으로 야마자키 교사의 교실에서 보이는 아이들이 서로 들어주고 서로 배우는 사실로 나타난 것이다.

이날 보고된 또 하나의 실천 사례인 가와사키 교사의 보고는 교실에서 진정한 배움을 실현하는 도전이었다. 가와사키 교사의 실천 사례 「원이 뭐지?」(4학년)는 "모두 원이 무엇인지 알고 있지요? 원의 반지름은 몇 개 있을까?" 하는 이 단원을 시작하면서 묻는 질문에 대한 아이들의 반응에서 시작된다. 교실의 아이들은 "네, 알고 있어요. 반지름은 하나예요" 하고 이구동성으로 대답했다고 한다. 아이들은 교과서의 그림을 떠올리며 반지름은 하나라고 대답한 것이다.

놀란 가와사키 교사는 "원은 중심에서 같은 거리에 있는 점의 집합"이라는 정의라든가 "원에는 선으로서의 원(circle)과 면으로서의 원(disk), 두 가지가 있다"는 개념을 이해하는 배움을 디자인하기로 했다. 가와사키 교사가 준비한 것은 이쑤시개 여러 개와 요리용 대나무 조각이다. 이들 재료를 사용하여 '원 만들기' 활동을 해 봄으로써 원의 개념과 정의를 이해하는 것이 목적이다.

이쑤시개와 대나무 조각을 사용한 원 만들기는 소규모 모둠으로 나눠서 했는데, 가와사키 교사가 생각한 원을 만들어 낸 모둠은 몇 안 되었다. 어떤 모둠에서는 이쑤시개를 늘어놓는 중심을 원형으로 하여 크고 작은 두개의 원을 만들었고, 다른 모둠에서는 대나무 조각을 반지름으로 하고 이쑤시개를 원둘레로 하여 삼각형의 집합으로 된, 원 비슷한 형태를 만들어 어떻게 하면 원에 가깝게 만들어 낼까 서로 궁리하고 있었다. 또한 그 모둠을 벗어나 요스케는 혼자 바닥에 앉아서 이쑤시개를 원둘레로 하여 그 이쑤시개의 숫자를 점점 늘려 나가서 동심원 같은 모양을 만들어 밖으로 나갈수록 원에 근접하는 모습이 되는 것을 확인하고 있었다. 아이들은 "원은 중심에서 같은 거리에 있는 점의 집합이다" 하는 가와사키 교사가 설정한 내용 수준을 뛰어 넘어 원에 대해 적분적으로 생각하고, 원의 면적을 구하는 방법이나 원주율 (π)의 의미를 찾아내는 활동으로 발전시켜 나갔다. 모둠 활동 후의 토론이 흥미진진했음은 말할 필요도 없다.

'구'(求)에 대한 수업에서도 똑같은 일이 벌어졌다. 가와사키 교사는 구의 성질과 정의를 이해시키기 위해서 교실에 찰흙을 준비하고 '모둠별로 궁리해서 구를 만들어 보자'고 제안했다. 그런데 교탁에 쌓인 찰흙을 이용하는 모둠은 하나도 없고 '이전의 이쑤시개를 사용하고 싶다'며 모듬 대다수가 지우개에 이쑤시개를 꽂아서 구체를 만들고 있었다. 어떤 모둠은 '비닐 끈이 필요하다'며 봉봉 사탕을 만드는 방법으로 구체를 만들어 냈다. 게다가 다른 모둠은 '대나무 조각을 하나 주세요' 하며 두꺼운 종이에 컴퍼스를 써서 크고 작은 동심원을 여러 개 만들어서 잘라 낸 다음 그 여러 개의 원을 대나무 조각 하나에 관통시켜서 구형을 만들어 냈다. '원'에 대한 수업에서도 나왔던 적분의 발상에 의한 구 만들기였다. 가와사키 교사는 찰흙으로 구를 만들어 4분의 1을 잘라 낸 후 그 단면을 보며 구의 성질과 정의를 가르치려는 의도였다. 아이들이 창의력을 발휘한 덕분에 예상 밖으로 수업이 전개되었고 '원'에 대한 수업과 마찬가지로 가와사키 교사가 생각한 것 이상으로 수준 높은 알찬 배움이 가능했다고 말한다. 그리고 가와사키 교사는 이 '원'과 '구' 수업과 같은 전개가 가와사키 교사의 교실에서는 흔하게 일어나는 일이며, '아이들에게 배우면서 함께 수업을 만들어 나가는' 것이 하마노고 초등학교에서 8년간 악전고투한 끝에 자기 수업의 기본 철학이 되었다고 보고했다. 이 보고는 가와사키 교사의 유머 넘치는 말투에도 힘입어 참가자들에게 감동을 불러일으켰다.

가와사키 교사의 수업에서 아이들의 배움은 '수학을 하는(doing math) 배움'이라고 말해도 좋을 것이다. 가와사키 교사는 수학 지식이나 기능을 가르치는 것(teaching math)이 아니다. 아이들의 '수학적 활동'을 부추기고 자극하여 '수학을 하는 배움'을 실현하는 것을 가르치고 있는 것(teaching doing math)이다. 야마자키 교사의 교실에서는 말들과 만나고 대화를 통한 '문학의 배움'이 '진정한 배움'으로 실현되고 있고, 가와사키 교사의 교실에서는 수학적 활동에 의한 수학적 추론의 공동체를 만드는 '수학을 하는 배움'이 '진정한 배움'이 되고 있다고 말해도 좋을 것이다.

교사의 동료성=실천의 담론 공동체 만들기

야마자키 교사와 가와사키 교사의 보고를 들으며 '진정한 배움'을 아이들의 모습에서 배우고, 아이들과 함께 추구하는 수업 만들기가 두 교사의 특징이 아니라 하마노고 초등학교 교사 모두가 공유하고 있다는 사실을 나는 새삼 깨닫게 되었다. 하마노고 초등학교의 수업이 얼핏 보기에 밋밋한 것도, 겉보기에 '아장아장 걸음마'처럼 소박하게 전개되고 있는 것도 야마자키 교사나 가와사키 교사의 교실에서와 같이 '진정한 배움'의 실현이 수업 만들기의 핵심이 되어 왔기 때문이다. 이 학교를 방문할 때마다 8년에 걸쳐 축적한 수업 사례 연구에 깊은 감명을 받았는데, 다시 한번 그 깊이를 깨닫게 된 세미나였다.

그런데 이 세미나는 내게 또 다른 발견을 할 수 있게 해 준 귀중한 경험이었다. 야마자키 교사의 수업에서 아이들의 배움이 '문학을 맛보는 배움' (appreciating literature)이고 가와사키 교사의 수업에서 배움이 '수학을 하는 배움'(doing math)이라는 것은 이미 지적한 대로다. 그리고 이런 배움 방식은 하마노고 초등학교의 어떤 교실에서도 공유되고 있다는 것도 말했다. 내가 발견한 것은 이런 배움 방식의 성립과 교내 연수에서 교사들의 담론이 관련이 있다는 것이다. 교사들이 서로 배우는 방식을 공유하는 것은 교내 연수에서 교사들 간의 수업과 배움의 담론 방식과 서로 연결되어 있고, 무엇보다 교사 자신의 실천에 대한 반성의 담론이나 다른 교사의 경험에서 배울 때의 담론과 서로 연결되어 있다. 야마자키 교사와 가와사키 교사의 수업 만들기를 지탱하고 있는 것은 이 학교의 교사들이 수업 사례 연구를 통해서 구축해 온 교사들의 배움 방식이며 그것을 통해 축적된 담론이라고 생각한다.

교내 연수에서 실천적 담론의 구조와 발전 단계
① How to teach math.(수학을 가르치는 법)
② How to teach children to learn math.(아이들이 수학을 배우도록 가르치는 법)
③ How to teach children to learn doing math.(아이들에게 수학을 하는 배움을 가르치는 법)
④ How to learn to teach children to learn doing math.(아이들에게 수학을 하는 배움을 가르치는 법을 배우는 법)

이렇게 볼 때, 하마노고 초등학교에서는 수업 사례 연구가 수업을 잘하느냐 못하느냐 또는 가르치는 방식이 옳으냐 그르냐가 아니라 끊임없이 아이들 하나하나의 배움의 실상(어디서 배움이 이뤄지고 어디서 배움이 막히는가)을 세심하게 검토해 왔다는 것이다. 이 학교를 방문한 2만 명이 넘는 교사들이 감명을 받은 부분은 교실에서 진지하게 서로 이야기를 들어주며 배워 가는 아이들의 모습이었지만, 그와 더불어 한 수업에 2시간을 할애해 가며 아이들 하나하나의 배움의 실상을 검토하는 연구회에 임하는 교사들의 세심한 관찰과 성찰, 동료 하나하나에 대한 세심한 배려에 있었다.

대개 학교의 교내 연수에서 화제의 초점이 되는 것은 교재 다루기나 교사의 교수법이다. 거기에서는 '교재를 가르치는 법'(how to teach math)이 교내 연수의 담론이 되고 있다. 그러나 아이들의 배움을 중심으로 하는 수업에서는 '교재를 배우도록 가르치는 법'(how to teach learning math)이 교내 연수의 담론이 되지 않으면 안 된다. 나아가 '진정한 배움'을 교실에서 실현하려 한다면, '수학을 하는(문학을 하는, 과학을 하는) 것을 배우도록 가르치는 법'(how to teach learning doing math)이 교내 연수의 담론이 되지 않으면 안 된다. 더 나아가 하마노고 초등학교처럼 '진정한 배움'을 교실에서 실현하는 교사의 배움을 협동으로 추진하려 한다면, '수학을 하는(문학을 하는, 과학을 하는) 것을 배우도록 가르치는 법을 배우는 것'(learning how to teach learning doing math)이 교내 연수의 담론이 되지 않으면 안 된다. 교사의 배움은 이렇듯 교실에서 실현하는 배움을 중심으로 하여 복잡한 끼워넣기 구조의 배움으로 이루어져 있다. '배움 공동체'로서 학교는 이런 복잡한 교사의 배움을 동료성을 통해 공유하고 개혁해 나가고 있다.

※ 이 글은 서울시대안교육센터가 2005년 11월에 주최한 「따뜻한 돌봄과 배움이 가능한 작은 학교 만들기」 심포지엄에서 발표된 것이다. 김희숙과 이한예린이 옮겼다.

학교가 '배움 공동체'로 다시 살아나려면

손우정 부산대 교육연구소 연구원

'배움의 학교 공동체'는 공동체 원리를 기반으로 하는 학교 개혁론으로, "학교 교육이 하는 일을 사람들(학생, 교사, 학부모, 교육 행정 담당자, 교육학 연구자)의 연대를 기초로 구성되는 실천으로 전환하고, 학교라는 장소를 사람들이 공동으로 서로 배우고 성장하며 연대하는 공공적인 공간으로 재구축"하는 개혁을 의미한다.

 공동체 원리를 기반으로 한 학교 개혁에 대한 논의는 20세기 초 존 듀이(Dewey, 1900)의 『학교와 사회』에서 찾아볼 수 있다. 듀이는 아동 중심의 진보주의 학교를 만들려면 교사와 학생 간의 공동체적 관계, 학교와 지역 사회의 역동적인 관계가 필요하다고 강조했다. 그러나 최근에 공동체 논의가 다시 제기되고 있는 것은 공동체를 기반으로 한 학교 개혁론이 이론적인 수준을 넘어 새로운 실천 운동으로 자리 매김하고 있기 때문이다. 특히, 일본에서는 1990년대 중반부터 도쿄대학교 사토 마나부 교수가 중심이 되어 '서로 배우면서 함께 성장하는' 학교 공동체 만들기로 많은 학교들이 학교의 교육적 기능을 되살리는 일에 도전하여 성공을 거두고 있으며, 우리나라에서도 최근 2,3년 사이에 공립학교와 대안학교의 교사들이 중심이 되어 배움을 중핵으로 하는 수업 창조의 철학으로 실천되고 있다.

그러나 학교를 이런 배움의 공동체로 되살리기 위해서는 우선 일상의 수업을 통해서 교실이 배움의 공동체로 살아나야 하며 수업 실천에 대한 새로운 이해와 접근이 우선되어야 한다.

교사의 측면에서 볼 때 수업은 '수업 디자인'과 '수업 실천'과 '수업 평가'라는 세 단계로 나눌 수 있다. 그 가운데 중심이 되는 것은 두말할 것도 없이 '수업 실천'이다. '수업 실천'은 교사·교재·아이의 상호 작용 가운데 전개되며 이 상호 작용 때문에 교실에서 일어나고 있는 일들은 예측할 수 없는 복잡성을 띤다. 교실의 의사소통은 교사의 의도대로 디자인된 교사와 아이들 간의 의사소통 및 그 과정에 복잡하게 들어오는 아이 상호 간의 의사소통으로 구성된다. 교실의 의사소통은 개인적인 과정인 동시에 대인 관계로 발전하는 협동적이고 사회적인 과정인 것이다.

이 의사소통 과정에서 몇 가지 어긋남을 볼 수 있다. 그 가운데에서도 가장 중요한 것은 '가르치는 일'과 '배우는 일'의 어긋남일 것이다. 교사는 자신이 가르친 사항을 그대로 아이들이 배우고 있다고 생각하는 경향이 있지만 교사가 '가르치는 것'과 아이가 '배우는 것'이 일치하는 일은 오히려 드물다. 교사의 활동은 이 어긋남을 통찰하고 교실에서 일어나는 일의 의미를 성찰하고, 가르치고 있는 상황의 의미와 아이가 배우고 있는 상황의 의미와 관계를 조직하는 일을 중심으로 전개되어야 한다.

한편, 아이의 측면에서 볼 때 수업이란 교재와 대화하고, 교사와 대화하고, 친구와 대화하고 자기 자신과 대화하면서 교육 내용을 습득해 가는 과정이다. 이런 복합적인 대화적 관계 가운데 하나라도 지장이 생기면 수업 과정에 참가하는 일이나 사고와 표현을 다른 아이와 공유하는 일이 곤란해진다. 그런데 우리나라 교실에서 이루어지고 있는 수업 과정은 몇몇 약속과 관행적인 절차로 조직된 일련의 시스템으로 구성되어 있다. 발언 순서와 발표 방식과 필기 방식 등 교실을 지배하는 수많은 암묵의 규칙이 있다. 수업이라는 시스템은 이 약속을 통해서 아동들의 참가를 촉진하기도 하지만 실은 참가를 방해하고 있는 것이다.

'수업'이라는 세계는 시스템이나 프로그램이 제아무리 통제한다고 해도 살아 있는 교사와 살아 있는 아이들, 즉 살아 있는 존재가 이루어 내는 세계다. 그 살아 있는 세계가 만들어 내는 배움과 돌봄이 바로 수업인 것이다. 여기에서는 교사와 학부모에 초점을 맞추어 돌봄이 있는 배움 공동체를 만들기 위한 실천 원리를 소개하려고 한다.

대화적 실천, 배움과 돌봄

돌보고 돌봄을 받는 관계의 구축은 ① 소외된 아이들이 각자의 성장을 바라는 활동에 안심하고 도전할 수 있게 하며 ② 아이 한 명 한 명이 주인공이 되어 일상생활을 만드는 활동을 전개하게 하며 ③ 어른과 아이들이 돌보고 돌봄을 받는 관계를 서로 구축하는 기법과 지혜를 함께 배우는 학교를 구축하는 일이 된다. 이렇게 돌봄과 배움은 호혜적 관계에 있으며 모놀로그가 아닌 대화적 실천이며 이는 서로의 이야기에 관심을 가지고 귀 기울이는 일에서부터 시작된다.

사토 마나부(2001)는 배움과 돌봄을 실천하는 학교 공동체 구축을 위해서는 이런 과제들이 선결되어야 한다고 본다.

① 교실에서의 배움을 개인적인 경험을 기반으로 한 공동체적인 실천으로 재구성하는 일이다. 특히 개인주의적인 배움을 공동체적인 배움으로 전환하는 일이 핵심적인 과제다. 이를 위해 한 사람 한 사람의 다양한 개성을 출발점으로 하는 활동적인 배움과 그 다양한 배움의 교감(交感)을 실현하는 협동적인 배움을 교실에 보장하며 거기에서 전개되는 배움이 학교 안팎의 다양한 문화적 실천적 공동체와 연대를 구축해 가는 방향으로 추진될 필요가 있다. 학교의 공공적 사명은 학생 한 사람 한 사람을 자립적이고 활동적이며 협동적인 학습자로서 키우며, 지식이라는 공공적인 끈으로 연결된 문화

대화적 실천으로서의 배움의 차원

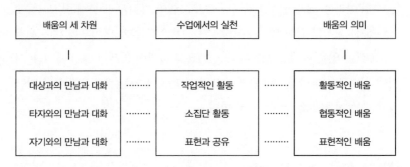

배움의 세 차원		수업에서의 실천		배움의 의미
대상과의 만남과 대화	········	작업적인 활동	········	활동적인 배움
타자와의 만남과 대화	········	소집단 활동	········	협동적인 배움
자기와의 만남과 대화	········	표현과 공유	········	표현적인 배움

적 공동체를 학교 안팎에 구축하는 데 있기 때문이다.

② 학교를 교사들이 공동으로 함께 성장하는 장소로 개혁하는 일이다. 최근 학교 연구에서는 수업을 창조하며 함께 성장하는 교사의 협동적인 연대, 즉 '동료성'(collegiality)을 학교 개혁의 성패를 결정짓는 최대 요인으로 보는 견해가 대두되고 있다. 학교라는 장소는 외부에서 어떤 개혁 정책이 전개되더라도 안에서부터 개혁이 동반되지 않으면 움직이지 않는 보수적인 장소다. 그리고 학교 안에서부터의 개혁의 수행 여부는 교사들이 서로의 실천을 공개하고 서로 비평하며 함께 창조하는 관계가 어떻게 만들어지느냐에 달려 있다. 동료성의 구축은 학교 안에서부터의 개혁의 중심 과제인 것이다.

③ 학부모와 시민이 교사와 협력하여 교육 활동에 참가하고 자신도 성장하는 학교를 건설하는 일이다. '교육의 사사성'(私事性)이라는 견해에서 보면 학교는 서비스를 제공하는 기관이며 학부모와 시민은 그 서비스의 소비자에 불과하지만 '교육의 공공성' 원리에 입각하면 학교 교육은 교사를 중심으로 학부모와 시민이 협력해 이루어 내는 협동의 공공적인 사업이라는 것이다.

④ 학교의 자율성을 학교 내부에서부터 수립하여 학교 조직의 구조와 교육 행정의 관계를 민주화하는 일이다. 지금까지 학교는 '관료 조직' 원리를

중심축으로 내부의 운영과 행정의 관계를 조직해 왔으나 그 파탄은 오늘날 학교 교육의 획일성과 경직성에서 명확하게 드러나고 있기 때문이다.

⑤ 학교를 자율적인 '전문가 조직'으로 재조직하는 일이다. 그 전문가란 과학적인 이론이나 기술에 숙달된 전문가(technical expert)가 아니라 복잡한 문제 상황에 대한 성찰과 반성에 기초한 실천적인 견식을 행사하는 '반성적 실천가'(reflective practitioner)인 전문가를 의미한다.

반성적 실천가인 교사는 학교 내부에 동료성을 구축하여 전문가로서 협동을 실현하는 동시에 학교 외부로는 전문가나 교육 행정 관계자와 협력 관계를 구축하는 노력을 전개한다. 특히 학교 외부와 협력 관계에서 교육 연구자, 협동 관계, 교육 행정의 협력 관계는 학교 개혁을 측면에서 촉진하는 요소가 되며 그 협력 관계는 대등하고 평등한 관계로 재구성되어야 할 것이다. 즉 교사의 전문적 역량 제고를 기본 전제로 교사의 자율권이 보장되어야 한다.

돌봄이 있는 배움의 실천 원리

교사의 역할

듣기 배움에서 가장 중요한 일은 교사나 아이들이 다른 사람의 이야기를 진지하고 겸허하게 들을 수 있는가 하는 것이다. 이런 기질을 갖춘 사람이라면 분명 차분한 학급 분위기를 만들 수 있을 것이다.

이를 위해서 교사는 아이들의 발언을 있는 그대로 받아들여 정중하게 대응하는 자세를 보이는 일이 필요하다. 아이들이 잘못 발언하더라도 그 아이는 아이 나름의 생각이 있다. "틀렸어. 자 다음 사람?"이라고 간단하게 처리하지 않고 왜 그렇게 생각했는가를 함께 생각해 보는 것도 때에 따라서는 필요하다.

수업을 진행하다 보면 아무래도 교사의 생각에 따라 아이의 의견을 듣는 경향이 있다. 교사의 생각과 엇갈리는 아이의 '동문서답'은 교사 자신에게도 이해하기 어려운 발언이기 때문에 자칫하면 무시하기 쉽다. 교사가 일단 무시하거나 배제하거나 하면 두 번 다시 그 아이는 발언하려고 들지 않게 된다. 여기에 아이의 동문서답에 귀를 기울임으로써 교실 커뮤니케이션을 여유롭게 만든 한 예를 소개하겠다.

일본 히로시마현 초등학교 3학년 국어 수업 시간의 일이다. 교재는 '감탕나무'다. 심야에 갑자기 곰 같은 소리를 내며 복통을 호소하는 '할아버지'에 놀라 눈을 뜬 즈다는 혼자서는 밤에 화장실도 갈 수 없는 겁쟁이인데도 불구하고 오두막집을 뛰쳐나와 의사를 데리러 가기 위해 달린다. 교과서에 실린, 눈을 감고 산을 치달리는 즈다의 그림을 근거로 "어떤 기분으로 즈다는 달리고 있을까?"라는 교사의 질문으로 수업이 시작되고 있었다. '베테랑 교사가 어쩌면 저런 질문을 할까?' 생각하면서 수업을 참관하고 있었는데 교실의 한 구석에서 손장난만 하고 지금까지 수업에 참가하지 않고 있던 한 남자 아이가 "머리가 아프다고 말하고 있다"고 큰소리로 발언했다. 엉뚱한 발언에 주위의 아이들은 "아픈 것은 즈다가 아니라 할아버지다", "그리고 할아버지는 머리가 아픈 것이 아니라 배가 아프다"고 가르쳐 주지만 그 남자 아이는 "즈다는 머리가 아프다고 말하고 있다"며 양보하지 않는다.

교사도 아이의 동문서답에 당황했지만 "어디에서 그렇게 생각했니?" 하며 그 남자 아이에게 물었다. '어디에서'라는 질문은 훌륭하다. '오케스트라'를 조직하는 교사는 텍스트와 아이를 이어 주거나 아이와 아이를 이어 주는 질문을 전개한다. '이어 주는 질문'이라면 무엇인가를 교실에 만들어 낼 가능성이 있다. 교사의 질문에 대해서 그 남자 아이는 "교과서에 쓰여 있어요. '온몸으로 뛰어나와 갔습니다'라고 쓰여 있어요" 하고 대답한다.

순간, 교실에는 침묵이 덮치지만 곧바로 '굉장하다'는 환성과 웃음소리로 둘러싸인다. 남자 아이가 그린 정경이 다른 아이들 속에 생생하게 번졌던 것이다. 깜깜한 밤이다. 게다가 가난한 즈다와 할아버지는 작은 오두막에 살고 있다. 갑작스런 할아버지의 고통스런 목소리. 벌떡 일어난 즈다는 빨리 의사

선생님을 불러야 한다는 맘에 잠에 취한 멍한 눈으로 문 쪽으로 달려갔음에 틀림없다. '온몸으로 뛰어나가' 머리부터 문에 부딪혔다는 것이 이 남자 아이가 그려낸 정경이었다.

한동안 환성과 웃음소리가 계속된 후 교사는 이 남자 아이가 지적한 '온몸으로 달려 나갔습니다'라는 텍스트의 말에 다시 한번 주의를 환기하여 그 모습을 서로 이야기하는 매력적인 수업으로 발전시키고 있다.

여기에는 아이의 딴생각에 귀를 기울임으로써 교실 커뮤니케이션이 두텁고 여유롭게 전개되는 한 전형을 볼 수 있었다. 어떤 아이의 발언과 행동에도 그 아이 나름의 '이치의 세계'가 있다. 수업이 전개되어 충분히 이야기가 오고간 후에도, 이 남자 아이는 "그래도 '머리가 아프다'고 말하고 있다"고 붕대로 감은 오른손을 이마 위에 올려 가며 제 주장을 되풀이하고 있다. 들어보니 전날에 나무 가시에 찔려 상처를 입었다고 한다. 그 체험으로부터 즈다도 급히 손으로 문을 열면 상처를 입게 된다고 말하고 싶은 것이다.

아이의 딴생각 속에서 아이 자신의 '이치의 세계'를 찾는 일을 과제로 삼으면 교실 커뮤니케이션은 여유롭고 두텁게 전개될 것이다. 반대로 교사가 '딴생각'에 둔감하면 교사의 생각대로 수업은 진행될지 모르지만 커뮤니케이션은 표면적이고 얄팍한 의미 없는 것이 되고 말 것이다.

특히, 교사의 듣는 일은 ① 아이들의 목소리가 교재의 어떤 부분에서 나온 것인지 그것을 듣는 것, ② 그 아이의 발언이 그 앞에 발언한 아이의 어떤 부분과 연결되어 나온 것인지 듣는 일, ③ 그 아이 안에서 이전에 그 아이가 발언한 것과 어떻게 연결되어 있는가를 듣는 일이다. 이를 듣기 위해서는 '훈련'이 필요하다.

연결하기 교사는 수업에서 교재와 아이들을 연결하고, 이 아이와 저 아이를 연결하고, 오늘 수업과 내일 수업을 연결하고, 어떤 지식과 다른 지식을 연결하고, 어제 배운 것과 오늘 배울 것을 연결하고, 교실에서 배우는 것과 사회에서 일어나는 일을 연결하고, 아이들의 현재와 미래를 연결하는 일을 한다.

교사는 연결하는 일에 철저해야 한다. 그런데 대부분의 교사들은 '연결하기'보다는 '끊는 일'로 시종일관하는 예가 많다. "○○의견은 어떻니?" "그렇군, 자, 다른 의견은?" 등으로 지명하면 발언과 발언의 연결고리는 끊겨 버린다. 이때 반대로 "○○는 그렇게 이야기하는데 그것을 듣고 ●●는 어때?" 하면 연결되는 것이다.

연결하기는 수업에서 교사가 아이들의 발언을 듣고 그대로 종결할 것이 아니라 "○○의 발언에 대해서는 어떻게 생각하니?" "○○의 발언은 누구의 발언과 같을까 다를까?" "○○가 하는 말이 교재(교과서)의 어디에 쓰여 있니?" "○○가 한 것과 같은 경험을 한 적이 있니?" 등 한 아이의 발언을 다른 아이의 발언과 이어 주는 일이다. 수업에서 교사의 활동을 검토할 때는 교가 '연결하는' 활동을 제대로 하고 있는가를 검토해야 할 것이다.

되돌리기 교사의 역할 중에서 되돌리기 활동은 경시되는 경향이 많다. 수업 중에 "다음은 어떻게 되지?" "그 다음은?" 식으로 앞으로만 치우치는 교사가 많다. 이 경우, 다수의 아이들은 버려지고 일부 아이들의 참가로 수업이 진행되기 쉽다. 함께 탐구해 가는 수업을 창조하는 교사는 '되돌리기'의 의의를 숙지해야 할 것이다. 학습 과제가 어려울 때에는 전 단계로 되돌아감으로써 재출발할 수 있으며, 모둠 지도에서는 되돌아감으로써 한 사람 한 사람의 참가를 촉진하고 다양한 개인들의 충돌을 조정하여 수준 높은 배움을 실현할 수 있다.

아이 하나하나의 발언을 의미 깊게 받아들이고 그 발언이 다른 아이들에게 잘 전달되지 않았을 때는 "…라고 하네요" 하고 말하여 다른 아이들에게 친절하게 되돌려 준다. 이야기를 모둠으로, 전체로, 교재로, 전에 한 것으로 되돌리는 것이다. 되돌리는 일만큼은 아이들이 할 수 없다. 이 일은 교사가 해야 한다. 이를 통해서 아이들은 배움을 향한 도전과 발돋움이 이루어질 수 있다.

활동적이고 협동적이고 표현적인 배움 만들기

활동적인 배움은 수업에 '주변 사물 접촉', '구체물의 조작', '체험'을 포함하는 일로 대표될 수 있다. 이는 수업 소재(텍스트)와 꼼꼼하고 차분하게 접합으로써 '해 보고 싶다'는 동기(학습 의욕, 필연성)를 높이는 일이기도 하다.

> 초등학교 수학에서는 교과서의 한 쪽을 펴고 "연필이 한 상자에 7자루씩 들어 있습니다. 4상자에는 연필이 전부 몇 자루 들어 있을까요? 자, 생각해 봅시다" 하는 과제 제시가 많다. 그런데 신바람 교사는 준비해 온 종이봉투를 끄집어내어 아이들에게 문제를 던진다. "이 속에 무엇이 들어 있을까?" 내용물이 보고 싶은 아이들을 대표해 아람이가 종이봉투 속을 들여다보고 "$7 \times 1 = 7, 7 \times 2 = 14, 7 \times 3 = 21, 7 \times 4 = 28, 7 \times 5 = 35, 7 \times 6 = ?$" 하다가 "모르겠다"고 말한다. 그러자 민효가 아람이를 대신해 들여다본다. 이번에 민효는 "아람이가 말한 것은 7단의 계산인데 7×6 의 답이 빠져 있다"고 전한다. 몇 아이가 "42" 하고 작은 소리로 이야기한다. 이때 신바람 교사는 "7×6의 답이 빠져 있구나" 하면서 오늘의 과제를 아이들에게 제시한다.

대단치도 않은 사소한 사물의 준비가 아이들에게 배울 필요성을 느끼게 하고 배울 의욕을 끄집어낸다. 수학에서는 구체물이나, 블록 등 반구체물이 종종 사용된다. 구체물·반구체물을 조작하면서 '답을 찾아낼 수'도 있으며 자신의 생각을 설명하는 도구로도 활용할 수 있다. 가능한 구체물·반구체물에 의한 도구적 사고를 배움 속에 넣는 일이다. 논리적으로 생각해 알 수도 있지만 꼼꼼하게 조작하는 활동을 해서 몸으로 앎에 이르는 아이들도 많기 때문이다.

또한 다시 읽고, 다시 조사하는 등 몇 번이고 소재와 관계를 만들어 간 경험이 이후의 배움을 만들어 낸다. 일본 초등학교 4학년 사회과 수업의 예를 소개하겠다.

사회과의 '물건 사기' 단원이다. 교사는 학교 가까이에 있는 슈퍼마켓에 모 둠별로 체험 활동에 나섰다. '매장의 고안'이라는 탐구 활동이다. 교실에 돌 아온 아이들은 자신들의 느낌을 몇 가지 관점에서 확인하는 활동을 하고 있 다. 미카가 "손님들을 지켜보니까 손님들이 가게를 도는 순서가 있는 것 같 다"고 말한다. 하지만 다른 아이들은 알아차리지 못했다. 교사는 미카가 알 게 된 순서로 돌게 되면 식사 메뉴를 정할 수 있다는 것을 경험에서 알고 있 었다. 교사는 그 사실을 숨긴 채 미카가 알게 된 것을 모두가 공유할 수 있게 다시 한번 체험 활동에 나서도록 아이들에게 제안했다.

이렇게 대상과 몇 번이고 만날 수 있도록 조직하는 일은 교사만이 할 수 있다. 이상과 같이 수업에서 '활동적인 배움'이란 기본적으로는 문제 해결을 위한 사고를 동반하는 활동이나 배운 것을 사용하는 활동을 의미한다.

① 관찰하기, 반복해서 읽기, 생각을 정리하기, 확인하기, 조작적인 활동 을 하기, 반구체물에 의한 사고, 배운 것을 사용하는 등 지적인 작업 활동

② 사물을 사용하여 추론하거나 탐구하거나 하는 문제 해결적 사고 활동

③ 대상과 꼼꼼하게 관계 맺기, 자기 나름대로의 생각을 가진 활동 등을 수업 속에 포함하는 일로 실현할 수 있다.

협동적인 배움 모둠 활동을 구성하면 사람 수가 적기 때문에 친구와 의사소 통하는 배움에 참가하기 쉬워진다. 아이들에게는 친구와 서로 이야기하는 일이 배우는 즐거움으로 이어지기도 한다. 모둠 구성원은 3~4명, 가능하면 4명이 가장 적절하며 남녀 혼합을 기본으로 하는데 이는 이 정도의 사람 수 가 서로 이야기하기에 가장 적절하기 때문이다.

협동 학습의 목표는 다른 사람의 생각을 듣고 자신의 생각을 보충하거나 발전시키거나 하는 활동이 중심이 되며 모둠에서 한 생각으로 의견을 정리

하는 것이 아니다. 따라서 모둠에서 이야기한 후에 "우리 모둠에서는…" 식의 발표는 절대 피하는 것이 좋다. 모둠에서 배운 것이라 하더라도 마지막에는 자신의 의견으로 "나는…"으로 시작되는 표현을 하도록 해야 할 것이다.

그리고 모둠 활동은, 잘 몰라서 곤란해 하는 아이가 친구에게 스스로 "가르쳐 줘" 하고 말할 수 있는 기회도 된다. 반대로 질문을 받은 아이는 책임을 지고 친구에게 대답해 줄 것이 요구된다. 친구들 간에 서로 배우는 일은 타자를 알게 되고, 서로 도와주는 관계를 만드는 일이기도 하다.

협동적인 배움에서는 자신의 경험이나 지식을 친구나 교사에게 전하고 쌍방향으로 서로 배우는 일이 이루어진다. 개인과 개인의 생각을 조정하는 일은 결론을 끌어내는 일이 아니라 각자 생각의 차이를 밝히고 배움을 발전시키는 일이다.

> 일본 초등학교 6학년의 '총합 학습'(우리나라의 재량 활동에 해당) 시간이다. 교사는 아이들의 흥미와 관심에 기초해 시내의 사적 순례를 해 보며 '옛날 사람들의 지혜를 찾아보자'는 총합 학습을 실시했다. 고분 조사 발표회에서 야마모토가 "저는 아사마 고분에 다녀왔습니다. 고분은 산 정상에 있었습니다. 높은 장소에 만든 것은 권력을 나타내기 위한 것이라고 생각합니다" 이야기한다. 그럴 것이다. 그런 의미도 있다. 하지만 해변 가까이에 있는 산신의 고분에 다녀온 모둠에서 "산신 고분은 평지에 만들어져 있다" 그렇기 때문에 "반드시 권력을 나타내기 위해서 높은 장소에 만든 것은 아니지 않는가?" 하는 의문이 제기되었다. 한 아이의 강한 집념이 "왜 이 장소에 고분이 있는 것일까?"를 공동으로 탐구하는 발전적인 배움으로 이어졌다.

이처럼 협동적인 배움은 ① 소집단 활동이기 때문에 가볍게 자신의 의견을 말하고 모든 아이들이 배움에 참가할 수 있게 한다. ② 다양한 사고방식을 서로 조정하거나 새로운 생각을 협동으로 생각해 내면서 배움으로 발전해 갈 수 있다. ③ 이해할 때까지 친구에게 물어볼 수 있다. ④ 때에 따라서 교사는 도움이 필요한 아이에게 개별 지도를 통해 필요한 도움을 줄 수 있다. ⑤ 교사가 개별적으로 지도할 수 있는 아이의 수는 한도가 있다. 잘하는 아이가 저학력층 아이를 돌보면서 학급 전체의 학력 향상으로 나가기도 한다.

표현적인 배움 표현에 대해 이야기할 때 우리는 종종 큰 목소리로 활기차게 표현하거나 적극적으로 손을 드는 일을 '표현적인 배움'으로 오해할 때가 있다. 그래서 최근에는 '표현적인 배움'을 '표현의 공유'로 바꾸어 사용하고 있다.

'표현의 공유'란 타자의 표현을 귀와 눈을 집중해 잘 듣고 그것에 자신의 생각을 비추어 보기도 하면서 서로 배우는 일로서 '모놀로그'가 아니라 '다이얼로그'를 의미한다.

표현의 공유는 소집단 활동에서도 이루어지지만 특히 일제 수업 형태의 과정을 표현 공유의 장으로 만들기를 권하고 싶다. 한 예로, 노트에 적힌 자신의 생각을 발표하는 것만으로 끝나 버리는 발언은 '모놀로그'지만, "○○의 의견에 생각난 것인데…"라든가 "○○의 의견과는 다르지만…"이라든가 친구의 발언을 받아들여 발언하는 것이 바로 '다이얼로그'다.

① '집단 속의 나'를 표현하게 하자

초등학교 4학년 수학 시간의 '면적' 수업이다. 교사는 모둠 활동을 면적을 구하는 방식을 생각하도록 했다.

교사 모둠에서 서로 이야기를 했으니 자신의 생각을 발표해 주세요.
학생 우리 모둠에서는…
교사 우리 모둠에서가 아니라 너는 어떻게 생각했니?

'표현적인 배움'은 집단 속의 나를 발견하는 일로 실천된다. 표현은 개인에게 귀결되지 않으면 안 된다. 집단 배움이라고 하더라도 발표는 집단 속에서 내가 어떻게 생각했는가를 표현하도록 해야 한다.

② 자기답게 배우게 하자

초등학교 5학년 수학 시간이다. 교사는 "0.5미터에 200엔 테이프는 1미터에는 얼마인가?"를 혼자서 생각하게 한 후 모둠으로 나누어 탐구 활동을 계속했다. 모둠에서는 '200 ÷ 0.5'가 화제가 되었다.

야마자키 난 모르겠다.
하야시 0.5미터에 200엔이잖아. 1미터는 0.5미터의 2배니까 200 × 2 = 400. 알겠지?
야마자키 그래도 모르겠어. 나눗셈인데 왜 곱셈을 하지?

야마자키는 200 × 0.5는 알겠는데 200 × 0.8은 어떻게 해야 하는지를 생각하고 있었던 것이다. 그러나 하야시는 그 이상은 대답할 수가 없었다.

모둠에서 추구한 배움은 다 함께 모인 자리에서 배움으로 바뀐다. 모둠에서 "모르겠다"던 야마자키는 다시 자신의 의문을 모두가 모인 자리에서 던져 본다.

사에키 2000 ÷ 5로 계산하면 되잖아?
야마자키 아 그렇구나.
다쿠야 왜 10배를 곱해야 하는데?

우리는 모르는 것이 있음에도 아는 것 같은 태도를 취할 때가 있다. 그것과 반대로 "모르겠습니다" 말하는 것은 멋진 일이다. 공부는 끊임없이 마침표를 찍어 가는 일이지만 배움은 끊임없이 시작을 준비하는 일이기 때문이다.

③ 친구한테서 촉발된 표현

자신의 생각을 계속해서 발표하는 아이들은 많다. 그러나 그 발언에 축적되는 것이 없는 수업이 적지 않다. 자주 이야기되는 교사와 학생의 일대일 수업이 그렇다. 배움의 질을 높이는 데는 교사와 아이들을 이어 주는 날실로서의 지명과 아이들의 반응에 더해 아이들을 이어 주는 씨실로서의 발언의 연결이 필요하다.

배움과 돌봄의 네트워크 만들기 — 학부모의 학습 참가

학교는 아이들과 교사가 서로 배우면서 함께 성장하는 곳인 동시에 학부모와 지역 사회가 교사와 협력해 교육 활동에 참가하며 서로 배우는 장소이기도 하다. '학습 참가'는 이렇게 서로 배우면서 함께 성장하는 관계를 만들어 가기 위해 '교사와 아동 외의 제3자의 협력을 얻어 가면서 진행해 가는 수업'으로 현재, 일본에서는 많은 학교에서 학습 참가를 도입하여 학교 공동체를 형성하는 실천 원리로 삼고 있다.

'학습 참가'는 일본에서 '배움 공동체' 만들기를 실천 중인 2,000여 개가 넘는 초등학교와 500여 개에 달하는 중학교에서 학교 개혁과 교실 수업 개혁을 지원해 주는 실천 개념이다.

'학습 참가'는 종래의 수업에 대한 '참관'에서 '참가'로 전환하는 것을 의미하는 것으로 거대한 이론을 기초로 성립된 개념이 아니라 종래의 수업 참관처럼 학부모들이 단지 보기만 하는 수동적인 개념에서 벗어나 아이들의 학습 속에 학부모들이 함께 참가하자는 바람에서 출발한 개념이다.

교사가 학습 내용에 따라 참가 패턴을 분석하고 교사가 명확한 의도를 지니고 학부모의 학습 참가를 촉진하는 방식을 취한다. 감으로서 더욱 의미 있는 학습 참가를 만들어 갈 수 있으며 어디까지나 학습 참가는 '함께 서로 배운다'는 근본정신을 잊어서는 안 되며 특별하게 의식하지 않고 일상의 학습 속으로 학부모의 참가를 유도해 나가는 작업이 무엇보다 중요하다.

학교 공동체로서 학교를 창조해 가는 방향의 하나는 학교 밖의 사람들과 네트워크를 핵으로 한 학교 공동체를 만드는 일이다. 학습 참가는 학교 공동체 형성을 실천하기 위한 활동이다. 아이들은 교사뿐만이 아니라 학부모나 지역 주민, 연구자 등 수많은 사람들과의 만남과 대화가 조직된 다양한 학습을 통해서 사회적인 관계를 학교에서 체험하게 된다.

아이들, 학부모, 지역 주민, 교사가 함께 교실에서 서로 배우는 학습 참가는 무엇을 가능하게 하는 것일까? 학습 참가를 통해서 얻을 수 있는 가능성은 다음 몇 가지로 요약될 수 있다.

① 교사와 학부모 관계의 변화다. 종래의 수업 참관에서 학부모와 교사의 관계는 관찰하는 사람과 관찰 당하는 사람, 비평하는 사람과 비평 당하는 사람이었다. 이 장면에서는 서로의 불신은 생겨나도 자녀 교육을 위한 과제는 공유되지 않는다. 이에 비해 학습 참가에서는 학부모도 교사도 배움의 활동에 참가한다. 그리고 공동의 교육 활동 과정에서 교사가 지닌 아이들과 수업에 대한 생각이 학부모에게 공유되며, 학부모들은 연대하여 교사를 지원하는 공동체적 관계가 성립된다. 기존의 수업 참관에서 발생되는 아이들의 성장과 배움을 둘러싼 교사와 학부모의 책임 떠넘기기 식의 관계를 넘어서 자녀의 교육적 과제를 교사와 학부모가 함께 공유하고 서로 책임을 지는 협력 관계로 전환될 수 있다는 가능성이 학습 참가의 가장 중요한 의의다.

② 학부모의 아이들에 대한 의식의 변화다. 수업 참관에서 자기 아이만을 응시해 오던 학부모는 학습 참가에서 다른 아이들과 서로 말을 주고받으며 함께 활동하게 된다. 그 결과 학부모들은 자기 아이의 테두리를 벗어나서 학급의 아이들, 그리고 학교의 아이들로 관심의 영역이 확대된다. '내 아이'라는 학부모의 개인주의인 의식이 '우리 아이들'이라는 공동체 의식으로 변화해 가는 것이다.

③ 아이와 부모의 관계 변화다. 최근 가정교육의 부재, 부모와 아이들의 대화 부족이 자녀 교육의 문제점으로 지적되고 있다. 학부모의 학습 참가는 아이들이 부모와 학습에 대해 가정에서 이야기할 기회를 만들어 준다. 아이들이 부모에게 학습에 대해 이야기할 기회가 늘어남에 따라 아이들과 학부모가 더 친밀한 관계를 형성해 갈 수 있다.

④ 수업의 가능성 확대다. 지역 주민이 참여하는 학습 참가는 교사 한 사람으로는 불가능한 교육적 활동과 학습을 가능하게 한다.

⑤ 수업에 대한 교사의 성찰 기회 제공이다. 학습 참가를 기획하고 실천한 교사는 학부모 및 지역 주민의 학습 참가를 통해서 자신이 가르치는 아이들을 재발견하고, 자신의 수업을 다시 성찰할 수 있는 기회가 될 수 있다.

이렇게 다양한 가능성을 지닌 학습 참가에서는 학부모들에게 특별한 지식이나 기능이나 준비를 요구하지 않는다. 학습 참가의 의의는 어디까지나 교사와 학부모와 지역 사회와 아이들이 신뢰 관계를 구축하고 상호간에 서로 배우는 관계를 실현하는 일이다. 학부모와 지역 주민과 교사 간의 균열이 오늘날 학교 교육을 약화시키고 있다는 점에서 본다면 이러한 교육 관련 주체들의 불신과 비판의 관계를 연대와 협력 관계로 전환할 가능성을 약속하는 학습 참가의 효용과 가치는 매우 중요하다.

맺는 말

오늘날 학교는 이질적인 문화와 다양한 개성을 배제하고 아이도 교사도 삶의 보람을 잃고 배움의 의미를 잃고 함께 배워 나갈 동료를 잃고 사람과 사람 간의 연대감을 단절시키는 장소가 되고 있다. 학교가 '배움과 돌봄의 공동체'로 다시 살아나기 위해서는 다양한 개성을 존중하고 이질적인 문화가 서로 교류하며 아이와 교사가 스스로 보람을 느끼며 배움의 의미를 찾아내고 동료와 함께 배우는 관계를 형성하고 나아가 학교 구성원들 간에 연대감을 체험할 수 있는 민주주의의 공공 공간으로 창조되어야 한다.

이를 실천하기 위해서는 무엇보다 교실에서 이루어지는 '가르치고 가르침을 받는 관계'가 '서로 배우면서 함께 성장하는 관계'로 전환되어야 할 것이다. 그리고 서로 배우는 관계의 기초에는 서로 들어주는 관계가 있다. 자칫하면 교사들은 아이들의 발언력을 강조하기 쉬우나 실제로 중요한 것은 한 사람 한 사람의 발언에 귀를 기울이는 것을 중심으로 지도하는 일이다. 어떤 아이라도 안심하고 발언할 수 있는 교실은 이질적인 소리에 민감하게 귀를 기울여 서로 듣는 관계를 만듦으로서 실현할 수 있다. 듣는다는 행위는 배움을 성립하기 위한 가장 중요한 행위이다. 잘 배우는 아이는 이야기를 듣는 데 능숙한 아이다.

대부분의 교실에서 아이들 사이에 듣는 관계가 구축되어 있지 않다. 이런 교실에서는 남에 대해 무관심하고 서로 배우는 관계가 성립되지 않는다. 교사가 먼저 아이들 하나하나의 말에 귀를 기울이고 민감하게, 정중하게 대응할 때 비로소 아이들 가운데 서로 듣는 관계가 생기고 교실에서 조용하고 차분하게 말을 깊게 음미하면서 서로 교환하는 관계도 구축될 것이다.

참고문헌

김대현·손우정, 2005, "수업을 중핵으로 한 '배움'의 학교 공동체에 관한 연구," 『교육과정연구』, 제23권 4호.

사토 마나부, 2006, 『수업이 바뀌면 학교가 바뀐다』, 손우정 역, 에듀케어.

_____, 2001, 『교육 개혁을 디자인한다』, 손우정 역, 공감.

손우정, 2004, "'배움의 공동체'를 기반으로 한 수업 개혁에 관한 연구 — 일본 하마노고 소학교의 실천을 중심으로," 『교육학연구』, 제42권 3호.

佐藤学, 1996, 『カリキュラムの批評ー公共性の再構築へ』, 世織書房.

佐藤学·津守眞·岩崎禎子, 2005, 『学びとケアで育つ』, 小学館.

학교에서 가르치지 않는 것들

— 여성들의 노동

넬 나딩스 컬럼비아대 교육철학과 교수

여자들은 무슨 일을 하든 평균적으로 남자들보다 수입이 훨씬 적다. (미국의) 전일제 노동자의 예를 들면, 남성의 연간 소득에 대한 여성의 연간 소득 비율은 1980년 60.2%에서 1990년 71.6%까지 증가했다. 하지만 1990년과 2000년 사이에 그 비율은 71.6%에서 73.2%로 1.6%밖에 증가하지 않았다.

이런 수입의 차이에는 여러 이유가 있지만, 린다 밥콕(Linda Babcock)과 사라 래쉬버(Sara Laschever)가 연구에서 밝혀 낸 한 가지 원인은 여성들이 자신을 변호하는 소리를 내지 않는다는 점이다. 다시 말해 그들은 더 공평한 임금을 요구하지 않는다는 것이다. 이 관찰은 두 가지 사이에 갈등을 일으킨다. 하나는 우리가 그동안 노동은 금전 이상의 것이라고 강조해 왔고, 다른 하나는 어느 누구도 똑같은 일을 하면서 남성보다 더 적게 임금을 받고 있고, 업무 성과가 여성보다 못한데도 남성이 승진할 가능성이 더 높다는 것을 알고 전적으로 만족할 수는 없다는 것이다. 그래서 여성이 봉급과 관련해 이기적이지 않은 태도를 보이는 것에 대해 칭찬할 만한 부분도 있지만 걱정되는 부분도 있다. 자신을 억압하는 데 협력하는 것이 칭찬받을 만한 일인가?

여성과 협상 과정에 대한 연구에서, 밥콕과 래쉬버는 여성들이 협상법을 잘 모른다고 주장했다. 여성들은 봉급이나 가격, 근로 조건을 협상할 수 있다는 생각을 떠올리지도 못하고, 협상을 진행하더라도 금방 양보해 버리기 일쑤라는 것이다. 그런데 나중에 그들은 여성들이 때로 협상을 매우 잘한다는 사실을 인정했다. 단지 자신을 위해서 협상하지 않을 뿐이라는 것이다. 결국 그렇다면 여성이 협상을 잘 못한다는 것이 아니라 자신을 내세우는 것에, 특히 돈을 더 받기 위해 자기 목소리를 내는 것에 불편함을 느낀다고 하겠다. 남성과 여성이 자신의 봉급을 협상할 때 사용하는 서로 다른 방식에 대해 설명을 들은 한 중학생 여자 아이가 고개를 흔들며 말한 적이 있다. "남자들은 돈에 눈이 먼 돼지 같아요!" 이처럼 어려서부터 재산이나 권력을 불리는 행위를 경멸하거나 불편하게 느끼는 여자 아이들이 많다.

여기서 심각한 갈등이 생긴다. 여성은 남성처럼 자신을 내세우는 법을 배워야 할까, 아니면 남성이 여성처럼 덜 이기적이 되는 법을 배워야 할까? 양쪽 모두 다양한 이야기가 가능하다. 젊은 여성들은 자신의 직업상 권리를 얻기 위해 나서야 하겠지만, 그렇게 행동하면서 여성들이 사회 문제에 둔감해진다면 사회 전체에 손실이 될 것이다. 여성들이 빈민, 소수자, 아동, 장애인, 노인, 죄수들이 필요로 하는 것에 남성보다 훨씬 더 민감하다는 사실은 많은 조사에서 밝혀지고 있다. 자신을 좀 더 내세우는 법을 배우면서도 타인의 요구에 반응하는 감수성을 유지할 수 있을까? 학교에서의 젠더에 따른 태도 차이를 비판적으로 연구하는 목적 중의 하나는 이런 질문들에 대한 최적의 답변이 적어도 공식화될 수 있다는 희망이다. 좀 더 협동할 줄 알고 덜 공격적인 남성들과 자신에 대한 착취에 협력하기를 거부하는, 더 평등하고 평화로운 세상을 만드는 데 공헌할 수 있을 것이다.

그리 오래지 않은 과거까지만 해도 여성들은 남성이 직면해야 했던 직업 윤리와 관련된 질문들을 어떻게든 피해갈 수 있었다. 그들은 돌봄 직종을 수행하면서 보수가 적었어도 선행을 하고 있음을 알기에 편안했다. 하지만 간호의 역사는 선행을 함으로써 편한 느낌을 가질 수 있다는 사실에 반하는 중요한 예외를 보여 주고 있다. 일찍이 여성 간호사들이 언제나 선행을 하는 것으로 간주된 것은 아니다. 수전 레버비(Susan Reverby)는 이렇게 말했다.

1870년대 이전까지, 공식적인 훈련이나 교육을 받은 간호사는 없었다. 병원에서
일하는 간호사들은 청소하기, 밥 먹여 주기, 환자 돌보기 등 아무도 고마워하지
않는 비참한 노동을 견디려고 인사불성이 될 때까지 술을 마셔 대는, 여성 사회의
쓰레기 정도로 취급되었다.

간호사 훈련 과정에 처음으로 진입한 여성은 직업적인 문제 외에 은근슬
쩍 감춰진 사회의 멸시까지도 견뎌야 했다. 모든 학생이 간호사 직업의 역사
를 알아야 할 필요는 없지만, 관심 있는 학생들이 여성들이 힘들게 얻어 낸
직업에 대해서 알아보는 것은 필요한 일이다.

모든 돌봄 직종이 존중은 받아도 보수는 상대적으로 적은 오늘날, 여전히
이 직업에 종사하는 이들이 대부분 여성들이라는 사실을 학생들은 알아야
한다. 2001년까지도 미국에서 아이를 돌보는 일의 98%, 초등학교 교사의
82%, 간호사의 91%, 비서의 99%, 사회사업 관련 종사자의 70%가 여성들로
이루어져 있다.

갈등이 하나 더 있다. 오늘날 젊은 여성들은 전통적으로 여성들이 담당한
영역의 직업 세계에 들어가기를 거부해야 하는가? 이런 직업을 갖는 것은 무
언가 남을 돕는 일을 한다는 확신을 들게 한다. 이는 많은 여성들에게 중요하
다. 하지만 동시에 이는 여성을 착취하는 사회의 경향성을 강화하는 것이 될
수도 있다. 더 복잡한 문제는 사람들이 학업이 뛰어난 여자 아이들에게 돌봄
직업을 준비하지 말라고 충고한다는 것이다. "넌 그런 일을 하기에는 너무 똑
똑해!" 식으로 말이다. 이는 사회적으로 매우 경솔한 주장이다. 이는 최고의
교사, 간호사, 사회사업가가 필요 없다는 말이 되고, 여성들이 자신이 정말로
하고 싶은 일을 하지 못하게 말리는 일이다. 그런 주장은 전통적으로 남성들
이 해 온 일이 여성들의 일보다 훨씬 가치 있다는 생각을 조장한다. 다시 한번
우리는 현실을 직시해야만 한다. 돈과 권력과 관련해 생각하면, 이 주장은 사

실이고, 당위와 선호의 측면에서 생각하면, 마땅히 바뀌어야 한다. 잘못된 가치 기준이 강화되는 바람에 개별 여성과 공동체가 모두 고통을 받고 있다.

오늘날 젊은 여성들이 겪는 어려움에 대해 좀 더 생각해 볼 필요가 있다. 직업 세계는 분명 그들에게 그 어느 때보다도 열려 있다. 여성이 남성 지배적인 영역에 감히 도전장을 내밀 때 어떻게 취급받는지에 대한 무서운 이야기들이 아직도 많이 존재하지만 말이다. 하지만 새로운 자유는, 역설적이게도 새로운 긴장 관계를 불러왔다. 진로 지도 교사들은 여학생들에게 무엇을 하고 싶은지, 자신에게 어떤 일이 적합하다고 생각하는지 물어보는 대신에, 무엇을 '해야' 하는지에 대해 말하곤 한다. 여성의 포부에 대한 낡은 규범은 올바르게 거부되고 있지만, 새로운 규범이 강제되는 면이 있을지도 모른다. 예를 들어 똑똑한 여자 아이에게 수학을 '공부해야' 한다고 말하는 것은, 그녀가 완전히 다른 분야의 공부에서 쌓아올린 자신감을 약화시킬 수도 있다. 나는 영리한 여자 대학생 여럿과 이야기를 나눠 봤는데, 그들은 선의의 조언자에 이끌려 선택한 전공을 공부하면서 불행을 겪고 혼란스러워하고 있었다. 어렵게 얻은 새 세상에서, 우리는 오래된 실수를 되풀이하는 위험을 감수하고 있다. 실제로 나는 이 새로운 강압이 이런 사실을 설명해 주는지 궁금하다. 여성은 아직도 SAT에서 남성만큼 수학 점수를 받지는 못하지만, 예전만큼 언어 영역에서 더 높은 점수를 얻고 있지도 못하다. 아마도 젊은 여성들은 다시 한번 그들의 새로운 미래를 설계하고 만들어 나가는 데에 두려움을 느끼고 있을 수도 있다.

돌봄 직종에 종사하는 여성들이 겪는 또 다른 주요한 갈등이 있다. 돌봄(caring)은 누군가에게 도움이 되는 것(subservience)에 관계된다. 돌봄은 돌봄 노동(caregiving)과 동의어인 것처럼 오해되기 쉽다. 돌봄 윤리에서 돌봄 개념은 비단 돌봄 노동만이 아니라 인간 상호 작용의 모든 측면에 적용 가능하다. 가장 기초적인 수준에서, 그것은 우리가 타인들과 우리 자신들을 어떻게 만나고 대해야 하는지에 말을 건넨다. 하지만 돌봄이라는 말은 일상어이며, 따라서 주의를 기울이고 필요에 응한다는 의미를 포함하는 조작적 개념에서부터, 상냥하고 실제적이고 감응하는 행위를 강조하는 개념으로 미끄러지기 쉽다. 조작적 의미의 돌봄이 돌봄 노동이라는 실제 활동에 윤리적으로 필요하다는 명백한 사실이 어려움을 심화시킨다. 이와 같이 돌봄 노동이 오랫동안 여성의 영역이었으며 돌봄 윤리가 여성적 경험에 그 기원을 두고 있는 것처럼 보이기 때문에 윤리에서 돌봄에 대한 강조가 여성들에 대한 착취를 지속시키는 데 기여할까 봐 걱정하는 예리한 비평가들도 있다.

지속적인 착취에 대한 공포는 쉽게 떨쳐 낼 수 있는 것이 아니다. 돌봄 직종의 역사를 살펴보면 누군가를 위한 '돌봄'이 결국 여성의 권익에 상충하는 방식으로 사용되어 왔음을 쉽게 알 수 있다. 일반적으로 여성은 돌보도록(말하자면, 상냥하고 실제적인 돌봄 노동을 하도록), 그리고 돌봄의 본질적 성격에서 알 수 있듯, 자신의 필요보다 다른 사람의 필요를 더 중요시하도록 기대되었다. 레버비는 간호의 역사를 다룬 자신의 책에 『돌보라는 명령을 받은 Ordered to care』이라는 제목을 붙였는데, 여기에 함축된 의미는 명백하다. 멸시받던 간호사들은, 돌보라는 명령을 받은 사람들이었던 것이다. 병원 행정직원들과 수간호사들은 이런 명령을 면제받았다. 오늘날까지도, 진급하려는 간호사들은 환자들과 지내는 일보다 보고서나 회의, 조직 관리 등에 시간을 더 많이 보낸다.

교육에서도 마찬가지로 '돌봄'은 어린아이들에게 해 주는 무엇이라고 생각되어 왔다. 아이들이 자라면서 '돌볼' 필요도 적어지며, 학교 행정의 차원에서 돌봄이란 것은 대부분 제거된다. 여성 관리자들에게 소위 '황금기'로 알려진 시기에(대략 1910년부터 1940년까지, 1930년이 정점), 유능한 여성 관리자들에게 가해진 주된 공격은 그들이 지나치게 민주적이고 부드러운 방식으로 교사들을 대한다는 것이었다. 말하자면 그들은 지나치게 교사들을 돌보고 있다는 것이다. 이 여성들은 주의 깊고 긍정적인 태도로 교사들을 대하면서 드러나지 않게 돌봄 윤리를 동원하고 있었다. 연약하거나 흐지부지한 스타일도 아니었고, 매우 유능했던 것으로 보인다. 하지만 그들은 '여성'이었고 '돌보는' 행동을 했다. 잘못은 그들의 행동에 있는 것이 아니라 이런 행동은 부하 직원들에게나 어울리는 것이지 리더에게는 적절하지 못하다는 인식에 있었다. 이런 돌봄 스타일을 유지하려 드는 여성은 리더 자격이 없다는 것이다.

학생들은 위 상황들에 여러 모순이 담겨 있음을 인식해야 한다. 여성 노동이 오랫동안 평가 절하되어 왔기 때문에, 사람들은 요즘의 젊은 여성들에게 전통적으로 남성들이 점유한 직업을 지향하도록 권유한다. 하지만 한 여자아이가 간호사나 유치원 교사를 하고 싶어 한다면? 자신의 이익을 넘어 사회를 생각하면서, 그 아이는 이렇게 말할지도 모른다. 여성들의 일을 재평가하는 쪽으로 일하는 것이 더 낫지 않을까요? 그녀의 비판적인 생각은, 표면상 어린아이들을 소중히 여기는 듯하지만 실제로는 아이들과 함께하는 직업을 가진 사람들을 멸시하는 이 사회의 위선에 대한 문제 제기로 이어질 수도 있다.

또 다른 모순 하나는 관리 차원에서 돌봄을 행하는 여성들에 대한 태도에서 발견된다. 돌봄을 과장된 애정 정도로 오해하는 태도 때문에 고통을 받는 것은 여자 교장들만이 아니다. 돌봄이 존재를 대하는 윤리로서 협상과 리더십에서 효율적이라는 증거가 풍부한데도, 이것이 여성과 결부되어 있다는 사실 때문에 의심의 눈길을 자아낸다. 리더는 매우 거칠고, 한 가지에만 전념하고, 공격적이어야 한다는 것이다. 다시 한번, 우리는 변해야 하는 것이 여성인지 사회인지를 곰곰이 생각해 봐야 한다. 또한 우리는 단순한 이분법적 해답을 지양해야 한다. 여성은 자신을 좀 더 내세우고 자신의 이익을 보호하는 방법을 배워야 하지만, 사회는 오랫동안 여성들과 관련이 있는 가치들을 제대로 평가해야 한다. 이는 고되지만, 사랑이 깃든, 중요한 작업이다.

※ 이 글은 (사)또하나의문화가 2005년 11월 27일 주최한 「돌봄과 소통이 있는 가족 문화와 지역 사회를 위한 심포지엄」의 기조연설문으로, *Critical Lessons: What Our Schools Might Teach But Do Not* (Cambridge, 2006) 9장 일부(pp.261-267)를 유이·모현주·이충한이 옮겼다.

돌봄의 전통: 과거, 현재, 미래

넬 나딩스

역사를 통틀어 여자들은 자기 가족뿐 아니라 환자, 노인, 가난한 이웃을 돌보는 일을 맡아 왔다. 돌봄 노동이 보편적으로 여자들이 하는 일로 기대되면서, 이런 기대에 부응하지 않는 소수의 여자들은 본성을 저버린 여자로 여겨졌다. 대부분의 서구 국가에 사는 여성들이 집 밖에서 활동할 수 있는 여건이 마련되어 돌봄 직종에 얽매이지 않아도 되는 오늘날, 교육자들은 상당한 딜레마에 직면해 있다. 우리는 이제 젊은 여성들에게 더 확대된 직업 기회를 활용하도록 교육하기를 원하지, 여성들을 억압하고 착취한 전통을 찬양하고 싶지 않다. 하지만 사람들에게 여전히 돌봄은 필요한 일이고, 돌봄 전통이 완전히 사라져서도 안 된다. 이제 여자 아이, 남자 아이에게 모두 생계를 부양하는 일뿐 아니라 돌봄을 제공하는 일을 교육해야 한다.

지난 수십 년간, 교육자들은 갖가지 형태의 포함하기 문제에 관심이 있었다. 이 글에서는 교과 과정의 포함 문제, 특히 사회 과목에 여성들의 관심사와 공헌을 포함하는 방식에 집중할 것이다. 먼저, '여성들을 넣고 뒤섞는' 접근법에 대해서 이야기할 텐데, 오늘날에는 대부분이 이 접근법을 부적절하다며 거부하고 있다. 다음으로 오랫동안 여성의 삶과 동일시된 돌봄 전통을 검토하고, 끝으로 보편적 양육자 모델에서 이 전통이 보존되고 확장될 수 있는 방법들을 모색할 것이다.

여성을 넣고 뒤섞기

여성들과 소수자들이 사회 교과서에서 배제되고 있는 것에 반기를 들기 시작했을 때, 그들의 초기 대응은 (아주 자연스럽게도) 여성과 소수자들의 참여가 어떤 식으로든 간과되어 왔고, 그들은 계속해서 여러 영역에 존재했다는 역사적 근거를 찾아내는 일이었다. 결과는 긍정적인 면도 있었고, 우스꽝스러운 면도 있었다. 적어도 여성들이 이제 교과서에 등장하게 되었으나, 더러는 '왜' 그들이 그곳에 있는지 상상의 나래를 펴야 할 때도 있다. 여성들이 등장하는 여러 상황에서 백인 남성이 그렇게 주변적으로 참여했더라면 교과서에 전연 등장하지 못했을 게 분명했다. 게다가 여성들은 삽화에는 종종 등장하지만 본문에는 여전히 언급되지 않았다. 우리는 교과서 그림에 나오는 여성의 숫자는 셀 수 있어도 실제 여성이 어떤 기여를 했는지 느껴지지 않는다.

'여성을 넣고 뒤섞는' 접근법(Add Women and Stir)은 부적절했으나 완전히 나쁜 것만도 아니었다. 적어도 교과서 집필자들과 교과 과정 기획자들에게 여성이 어떤 식으로든 포함되어야 한다는 사실을 일깨워 주었다. 또한 이는 여성에게 더 많은 기회를 부여하는 움직임에도 기여했다. 예를 들어, 여성 공학자와 여성 물리학자 그림이 교과서 그림에 들어가면, 교육자나 학생 모두 이 그림을 현실로 만드는 데 관심을 더 쏟게 될 수도 있다. 여성들은 직업과 정치에 참여하도록 독려되어야 한다. 이는 다소 남용되었다고 해도, 사람들이 '참된 여성성에 대한 예찬'과 여성의 '제 영역'은 집안이라는 관념에서 벗어나게 하는 방법이 되었다(Kerber, 1997; Welter, 1996).

여성들이 남자들의 세계에 참여한 사실을 찾아내는 것이 가져다주는 긍정적인 결과가 여전히 나타나고 있다. 조사가 더 자세히 이뤄지고 여성들의 학문적 연구가 더 널리 받아들여지면서 우리는 교육·간호·종교·정신 건강·사회 정책 분야에서 실질적으로 힘을 행사한 여성들에 대해 더 많이 알게 되었다(Becher, 1990; Blount, 1998; Crocco & Davis, 1999; Eisler, 1987; Reverby, 1987; Weiler,

1998). 여성들은 이 분야 말고도 과학과 수학 분야에서도 상당한 공헌을 했다 (Rossiter, 1982). 하지만 모든 분야, 특히 과학 수학 분야에서 여성들의 공헌은 주류의 역사 서술에서 극소화되고 잊혀졌다(Noble, 1992; Rossiter, 1982). 확실히 모든 분야에서 여성들이 일궈 낸 중요한 행적을 찾아내 포함하는 작업은 중요하며, 이 이야기들이 사회과 교과 과정의 한 부분으로 자리 잡아야 한다. 여성들의 중요한 공헌과, 많은 여성들의 투쟁의 대상인 극복하기 힘든 불평등에 대한 진지한 연구는 피상적인 '집어넣고 뒤섞는' 접근법과는 엄연히 구별되지만, 이런 불완전한 시작이 더 큰 자극이 되었다고 할 수도 있다.

'집어넣고 뒤섞기' 방식에 또 다른 이의를 제기할 수 있다. 여성들을 남성형에 끼워 맞추고, 가사와 개별 양육이라는 격리된 영역에 갇혀 있던 여성들이 해낸 공헌들을 가리는 경향이 있다. 플라톤 시절부터 많은 남성들은, 여성들을 위한 평등이 남성의 기준에서 측정되어야 한다고 여기는 잘못을 저질렀다(Martin, 1985). 평등의 이름으로 남자들에게 여성들처럼 될 수 있는 기회를 주어야 한다고 어떻게 주장할 수 있을까? 마치 사람들을 모두 가난하게 만들어서 경제적 평등을 이뤄야 한다고 주장하는 것과 같은 게 아닌가! 학생들이 이런 점들을 깊이 생각해 볼 수 있게 해 줘야 한다. 어떻게 이런 유추가 성립하는지? 어떻게 해서 어쩌면 비극적으로 성립하지 못하는지? 여성의 전통이 존재한다면, 그것은 특별한 가치가 전혀 없는 것인가?

돌봄의 전통

역사를 통틀어 여성들이 돌봄 노동이란 짐을 더 많이 졌음은 부인할 수 없다 (Sommers & Shields, 1987). 개별 여성들이 돌보는 역할에서 탈출했다고 해도, 필요하면 언제든지 돌보는 일을 직접 해야 한다는 기대를 벗어날 수 없었다 (Reverby, 1987). 수십 년 전만 해도, 직장 생활을 하느라 이 역할을 거부한 여성들은 '본성을 저버린' 여자로 간주되었고, 바깥일에도 성공을 거두면서 (전통적으로) 행복한 가정생활도 하는 여성은 드물었다. 우리는 남성 분야에 많은 기여를 했다는 여성 가운데 이 두 일을 다 해낸 이들이 얼마나 되는지 살펴볼 수도 있다. 자기 삶을 대부분 남을 돌보며 살아온 사람들을 칭찬하는 것은 물론, 공감을 나타내는 것이 돌봄을 배우는 첫 단계다. 물론 그런 삶을 자세히 연구했을 때 그 결과는 하나는 공감일 수 있고, 다른 하나는 돌봄 전통을 완전히 거부하겠다는 결심이 될 수도 있다. 최근에 내가 만난 한 어머니는 총명한 10대 딸애가 교사를 직업으로 생각조차 안 하고 있는 것을 알고 매우 당황해 했다. "남들이 성공하도록 돕는 일에 내 인생을 허비하지 않을 거예요" 하고 딸아이가 말했다는 것이다. 이 글 후반부에 돌봄의 미래를 이야기하면서 나는 이 문제로 다시 중요하게 다룰 것이다.

사회과 교사들은 가르쳐야 할 내용의 양에 압도되고, 실제 가르치는 것은 가르쳐야 할 것에 비하면 수박 겉핥기에 불과하다. 남성들의 이야기에 필적할 만한 여성들의 이야기가 전통 교과 과정에서 대부분 무시되었음을 생각하면, 그것들이 제대로 다뤄지려면 얼마나 많은 시간이 필요할까? 대안의 역사를 포함하려는 훌륭한 계획이 아무도 만족시키지 못하는, 따분하고 아무 관련 없는 잡동사니 속에서 모습을 드러낼 때도 더러 있다.

이 짧은 글에서 교과 과정의 균형과 통합이란 문제에 해결책을 제시할 수는 없다. 하지만 교육 목표를 심도 있는 논의를 진행하는 데 적당한 시작이 될 것이다. 왜 우리는 사회 과목을 가르치는가? 우리는 학생들이 무엇을 배우기를 바라는가? 학생들이 태도, 가치, 마음가짐에서 어떤 변화가 일어나기를 독려하고 싶은가? 수용자 관점에서 보았을 때, 어떤 주제가 우리가 추구하는 목표에 충분히 기여할 만한 것들인가? 사회 교사들은 수학 교사와 과학 교사처럼, 더 적은 주제들을 더 심층적으로 가르치는 것이 훨씬 나을지도 모른다.

예: 가정

교과 과정에 거의 나타나지 않으나 놀랍게도 풍부한 내용을 지닌 주제가 바로 가정(家政, homemaking)이다. 사회 교과는 국가, 전쟁, 산업에 관련된 내용은 넘쳐 나지만 가정에 대한 것은 없다. 가사와 양육을 등한시하는 것은 공적 생활과 사적 생활을 분리하고 공적 생활을 더 중시하는 오랜 전통에서 비롯된다. 누구든 각자 어울리는 가정(家庭, home)을 만들 수 있으며, 그 일에는 별다른 준비가 필요하지 않다고 일반적으로 생각한다. 연구 주제로서도 지적인 노력이 필요 없는, 그래서 별로 매력도 없는 주제로 남겨졌다.

그러나 과연 그럴까? 역사학자 테오도르 젤딘(Theodore Zeldin)은 이렇게 말한다.

> 가정이 편안하고 받아들여진다는 느낌을 받는 곳이지만 여전히 사생활과 신비를 간직하는 곳이라면, 타인을 돌보기도 하고 돌봄을 받기도 하는 곳이면서도 혼자 있을 권리가 있는 곳이라면, 모든 사람들이 살아가면서 향상하고 추락하지 않도록 애쓰는 데 쓰는 위대한 개인적이고도 집단적인 예술 작품이라면, 집을 짓는 것과는 별개인 가정 창조술은 여전히 가야 할 길이 멀고, 여전히 마법의 영역에 남아 있다. 직감과 모방만으로 가정을 꾸리기는 부족하다(1994: 393).

가정 단원은 역사, 철학, 문학, 미술, 음악, 지리, 심리, 그밖의 모든 학과에서 나온 개념을 포함할 수도 있다. 그런 단원은 다문화를 학습할 기회를 제공할 수도 있다. 분명히 가정의 한 단원의 중요한 부분이지만, 여기에서 나는, 자원과 관심사 모두에서 엄청난 변이를 목격할 수 있는, 현대 서구 가정만을 고려할 것이다. 오늘날 우리가 알고 있는 가정은 예전의 가정과는 아주 다르다. 예를 들면 중세에는 주거 공간이 가족뿐만 아니라 일을 하는 곳이자 동물과 일꾼, 방문객들이 머무는 장소였으며 대저택에서도 사생활 공간이 거의 없었다. 우리가 오늘날 말하는 편안이란 말조차 없었다. (서구 세계의) 가정사에서, 위톨드 리브친스키(Rybczynski, 1987)는 18세기까지 '편안하다'는 것은 적당한 수입이 있음을 가리켰다고 지적한다. 실로, 그는 놀랍게도 "우리가 친숙한 1930년의 가정을 1885년의 시민들은 인정하지 않았을 것"이라고 주장한다(p. 220). 이는 가사의 실천뿐만 아니라 기술, 건축, 변하는 경제 패턴에 대한 연구로 이끌 수 있는 언급이다.

여성들은 가사의 편안과 효율 모두 향상하는 데 기여했다. 예를 들어 캐서린 비처는 잘 설계된 작은 집이 더 효율적이고 더 편안할 것이라고 주장했다. 그녀는 또 개선된 통풍 형태를 장려했다. 프레드릭 윈슬로우 테일러라는 이름은 능률 증진 운동사에서 널리 알려진 인물이지만 비처, 크리스틴 프레드릭, 엘렌 리처드, 릴리언 길브레스, 메리 패티슨 같은 이름은 좀처럼 언급되지 않는다(Rybczynski, 1987). 학생들은 다른 유명 잡지에서 『레이디스 홈 저널』 관련호를 참고해서 그들이 한 작업을 탐구하도록 격려를 받을 수도 있다.

19세기 여성들은 시민권을 주장했지만, 자신을 돌봄 전통에서 분리하는 데 늘 관여하지는 않았다. 종종 그들은 그런 권리들이 국가에게 더 나은 가정 관리자들과 계몽된 어머니들, 사회적으로 지각 있는 유권자들을 제공할 것이라는 근거에서 평등한 교육과 투표권을 주장했다. 물론, '사회적으로 지각 있는 유권자들'이란 개념은 때때로 여성들의 '도덕적 우월성'이라는 단정적 가정에 입각한 것이기도 했다. 거의 아무도 오늘날 그러한 정당화를 제시하지는 않을 것이지만, 사회적 이슈들에 대한 현대적 투표 행동에서 젠더 간의 차이의 근원에 대한 정보를 수집하고 그것에 대해 숙고하는 것은 학생들에게 흥미로운 작업일지도 모른다.

내가 돌봄 전통이라 부르는 것은 많은 부분 가사에 초점을 둔 것이다. 사라 러딕(Ruddick, 1989)이 지적한 것처럼 가정은 모성 노동이 수행되는 곳이다. 그것은 "아이들이 자기 세계가 냉혹하게 변할 때 돌아올 것이라고 가정되고, 그들이 발견하고 있는 세계 속에서 그들 자신을 정 위치에 오도록 하는" 장소다 (Ruddick, 1989: 87). 가정은 아이들이 돌봄을 받을 뿐만 아니라 아이들이 사람·장소·사물·동물·식물·사상을 돌보는 것을 배우는 곳이다(Noddings, 1992). 바꿔 말하면, 가정에 있는 모든 것과 만나며 아이들은 성장한다. 가정에서 배운 것은 아이들이 세상에 나가 세상을 바꾸기 시작할 때 그들의 삶을 이끌어줄 것이다.

'가정'이라는 단일 주제를 탐구하는 사려 깊은 교육자들은 그것이 지나치게 논쟁적인 주제임을 염려할지도 모른다. 이 주제는 비지성적이지도 비정치적이지도 않으며 전혀 지루하지도 않아 급진적인 사회 행동을 일으킬 가능성이 아주 많다. 정체성을 (가정을 포함한) 장소가 규정하는 방식, 가정이 우리 몸의 확장(Casey, 1993)이 되는 방식을 이해하기 시작하면, 우리 사회에서 특권을 누리는 이와 박탈감을 갖는 이를 명확히 바라볼 수 있다. 예를 들어, 노숙자의 정체성에는 무슨 일이 일어났을까? 이는 학생들이 자기 연구를 사회 정책 분야로 확장시킬 수 있는 아주 좋은 기회가 된다.

착취를 인정하기와 회피하기

돌봄 전통의 일부로 가정 관련 단원들을 구상할 때, 여성들이 흔히 돌봄 노동자로서 착취를 당했다는 것이 무시되어서는 안 된다. 역사학은 빅토리아 시대의 여성성과 연관된 낭만주의 관념들을 포함해야만 한다. 강력한 전통은 '가정을 수호하는 천사'를 찬양하는 동시에, 천사 같은 본성이 망가지지 않도록 집안에 붙들어 두려고, 심지어 신문조차 읽지 못하게 하는 식으로 엄청나게 노력했다. 버지니아 울프의 말은 요즘 학생들에게도 여전히 중요하다. 울프는 그런 천사에 대해 이렇게 썼다.

글을 쓰고 있을 때 나와 내 원고 사이에 끼어들어 방해한 것은 바로 그녀였다.

114

나를 괴롭히고 시간을 허비하게 만들고 나를 그토록 고뇌하게 만들어서 결국 그녀를 죽이게 만들었던 것은 바로 그녀였다. 젊은 세대인 여러분은 내가 가정을 수호하는 천사라는 말로 의미하려고 하는 바를 알지 못할지도 모른다… 그녀는 아주 인정이 넘쳤다. 그녀는 매력이 넘쳤다. 그녀는 완벽할 만큼 헌신적이었다. 그녀는 까다로운 가정생활을 다루는 솜씨가 뛰어났다. 그녀는 날마다 희생했다. 닭요리가 있으면, 다리 부위를 집었고, 바람 새는 곳이 있으면 그 자리에 앉았다. 간단히 말해, 자기 의견이나 소망을 가지지 않으려고 했으나 남들의 의견이나 소망에는 늘 공감하는 것을 선호하려고 했다. 무엇보다도… 그녀는 순수했다(1966: 285).

여성들의 착취에 대한 논의의 일부로, 종교의 역할을 살펴보아야 한다. 유부녀의 신분, 즉 여성들에게 참정권을 인정하지 않는 것이 자유주의 이데올로기와 양립하지 않음을 잘 알고 있던 남성들도 흔히 기혼 여성의 이해를 그 남편의 이해와 동일시하는 법체계를 지속적으로 지지했다. 이런 법체계에서 여성들은 자기 남편이 살아 있는 동안에는 자기 재산을 처분할 권한이 전혀 없었고, 투표권도 없었고, 남편이 (아내에게) 저지른 범죄는 상당수 용서되었다. '신법'(Laws of God)이라고 천명되었기에 국가법을 초월해 여성의 종속을 강화하는 실천들을 정당화했다(Kerber, 1997). 또다시, 우리는 여성사와 관련된 주제들이 논쟁적이고 흥미로울 수 있음을 알 수 있다. 어쩌면 요즘의 따분한 교실 분위기에서는 지나칠 정도로 흥미로울 수 있다.

돌봄 전통은 가사, 간호, 선교 사업, 사회 복지관, 피임 캠페인, 아동 복지, 평화 운동의 맥락에서 풍부하게 또 여러모로 연구될 수 있다. 이 연구는 인류가 헌신해 온 거의 모든 분야와 연결되며, 인간의 욕구 충족에 생생한 관심을 불러일으킨다. 학생들은 오늘날의 사회를 들여다보며 누가 돌볼 것인가, 하는 질문의 중요성을 알게 될 것이다.

돌봄에 대한 지속적인 요구

점차 많은 여성들이 직업을 갖고 공적 세계에서 활동할 권리가 있음을 주장함에 따라 돌봄 관련 주제는 공적인 토론거리가 되고 있다. 분명 어린아이, 환자, 노인, 장애인들은 여전히 돌봄이 필요한데, 누가 이들을 돌볼 것이냐 하는 질문이 제기된다. '공공' 또는 '개별 돌봄 노동자'라고 대답하기는 쉽지만, 어떤 대답도 난점들이 없는 것은 아니다. 돌봄 노동에 공적으로 재정을 지원하는 나라들에서조차, "아무도 돌보지 않는다"는 불만이 자주 들린다. 인간은 대부분 임금을 받는 낯선 이가 아닌, 그들을 사랑하는 사람들한테 돌봄을 받고 싶어 한다. 이 문제에 대한 해법은, 발견될 수 있다면, 독창적인 사고를 요구할 것이다.

페미니스트들은 여기서 모순에 직면한다. 한편으로, 일하는 어머니들은 자신의 벌이가 실제로 가구 소득에 보탬이 되도록 보육비를 적게 들이고 싶어 한다. 다른 한편으로, 저비용의 보육은 보육 노동자들에게 월급을 적게 준다는 것을 뜻한다. 어떤 이들의 편의를 위해 착취당하는 이가 존재하는 상황에서는 여성 해방을 이야기할 수 없다. 학생들에게 유아 교육의 성장, 고등학교에 설치된 어린이집, 보육 보조금의 점진적인 인상 등을 찾아보라고 할 수도 있다. 학생들은 보육을 둘러싼 수사학을 분석할 수 있어야 한다. 정치가, 정책 입안자, 시민 대부분이 일반적으로 아이들에 대해 말할 때 '국가의 보배', '미래의 희망', '가장 소중한 자원' 같은 강렬한 용어를 동원한다. 그러나 역설적으로, 많은 경우 육아 프로그램들이 지속적으로 눈에 보이는 이득을 만들어 내는 증거를 요구하며, 그런 증거가 보이지 않을 때에는 프로그램들에서 자금을 철수하려고 한다. 그러면 제대로 된 보육/교육 프로그램은 어떤 다른 이득을 제공할 수 있을까?

돌봄 노동의 미래를 다루는 교과 단원에 개인의 책임에 대한 논의가 빠져서는 절대 안 된다. 개인 또는 가족은 자녀나 노부모나 평생 남에게 의지해 살아야 하는 집안 식구를 돌보는 일에 얼마만큼 책임을 져야 하나? 이런 논의에 사회 이론뿐만 아니라 경제학 이론을 활용할 수 있을 것이며, 학생들에게 전통과 현대의 유토피아론을 모두 소개하는 데 안성맞춤이다. 독창적인 사상가들은 이 문제에 어떻게 접근해 왔는가? 오늘날 사회 정책은 대다수가 소중히 여기는 개별적이고 사적인 돌봄 노동을 어떻게 하면 쉽게 할 수 있도록 만들 것인가? 돌봄 노동을 쉽게 할 수 있게 하는 것이 적합성의 주요 기준에 포함된다면 가정, 동네, 도시는 어떻게 디자인될 수 있을 것인가?

사회적 유토피아론과 공공 정책에서 하는 다소 추상적인 논의에 덧붙여, 학생들은 더 구체적이고 직접적인 질문을 검토할 필요가 있다. 지금 누가 돌봄 노동을 하는가? 답은 현재 사회학 연구에서 발견할 수 있다. 여성들이(정규직으로 일하는 여성들조차도) 살림과 육아일을 상당 부분 수행하고 있다. 낸시 프레이저(Fraser, 1996)는 '보편적 양육자 모델'이 필요하다고 주장해 왔다. 미국을 포함해 대다수 서구 사회는 '보편적 생계 부양자 모델'로 이동해 왔다. 우리는 지금 남녀 아이 모두 장차 생계 부양자가 되도록 준비시키고 있다. 소녀 소년들 모두 지금은 바깥일을 할 것이라 기대하며, 학교 교육은 분명히 이 기대를 충족하도록 조직되어 있다. 실로, 누군가는 학교가 이 방향으로 너무 멀리 가 버렸다고 정당화하는 증거를 대며 말할지도 모른다. 똑똑한 여자 아이들, 성적이 좋은 아이들은 흔히 전통적인 여성의 분야를 포기하고 수학과 과학 분야에서 활동하라는 조언을 받는다. 그러나 남자 아이들은 돌보는 일을 하도록 준비하라는 조언을 받지 못한다.

돌봄 노동의 미래에 대한 주의 깊은 논쟁은 남성 지배 모델이 여전히 작동하고 있음을 드러낼 것이다. 남성이 여성처럼 되는 것, 즉 전통적으로 남성과 연관된 분야에 진출하는 것은 유아 교육자, 간호사, 전업 부모가 되는 것에 비하면 더 잘 받아들여진다. 더 좋지 않은 상황은, 내가 앞에서 지적한 것처럼 이토록 극히 중요한 일이 많은 부분 상당히 명예가 훼손되어 능력 있는 여성들 역시 그 일을 하지 않으려 든다는 것이다.

보편적 양육자 모델은 여자 아이와 남자 아이 모두 양육 노동을 준비하도록 고안할 것이다. 부모 모두 생계 부양자이면서 양육자가 되어야 하는데, 양육은 아이들을 단지 몇 시간 봐 주는 일보다는 훨씬 많은 것을 포함하는 일이다. 양육에는 가족 성원을 모두 양육할 가정을 유지하는 데 필요한 지식, 에너지, 조직 기술이 포함된다. 보편적 양육자 모델이 가져다주는 또 다른 혜택은 돌봄 직종에 그 가치에 부합하는 지위를 부여하는 것이다(Gordon, Benner, & Noddings, 1996).

학생들이 돌봄 전통과 그 미래를 연구하게 되면, 왜 가사와 양육이 학교 교과 과정에서 기초 과목이 아닌지 묻게 될지도 모른다(Martin, 1985, 1992). 이 질문은 '영역 분리'라는 낡은 개념을 되짚어 볼 기회를 제공하며, 그것에 대해 더 심화된 질문들을 이끌어 낸다. 각 가정에서는 가사와 양육을 잘 교육해 왔는가? 얼마나 많은 청소년들, 소녀들조차도 이토록 중요한 업무를 제대로 교육받지 못했는가? 그런 무지가 (의도하지 않은) 파괴적인 사회 목적에 봉사하지 않았나? 그런 무지는 오늘날 널리 퍼져 있진 않은가? 그런 무지에서 이득을 보는 이는 누구고 손실을 입는 이는 누군가?

마지막으로, 사회 교과에 양육과 가사를 다루는 단원을 넣는 것을 고려할 때 교사들은 이것이 그간 이루어지지 않은 이유를 검토하고 자기만의 비판적 질문들을 제기하고 싶어 할지도 모른다. 이 주제들이 필연적으로 비지성적인가? 가정에서 잘 교육될 수 있는가? 공적인 삶과 사적인 삶을 명확히 분리해야 하는가? 인간 노동이 분리된 영역으로 나뉘어야 하는가? 보편적 양육자 모델을 가르치는 방식에는 무엇이 있는가? 이런 질문을 제기하는 것만으로도 전복적인 활동이 될 수 있다. 이런 질문에 정직하고 독창적으로 답하는 것이 우리 사회를 변화시킬 것이다.

결론

교육자들은 남성과 똑같이 공적 영역에서 활동하는, 몇 안 되는 여성들을 찾아내는 것에다 돌봄 전통에서 여성이 해낸 성실하고 중대한 기여를 포함하게 될 것이다. 사회 교과에 돌봄 전통을 포함하는 것은 최소한 두 가지 이유에서 중요하다. 첫째, 여성의 삶과 공헌을 묘사해서 전통이 풍부해진다. 둘째, 돌봄은 계속해서 필요하며, 돌봄 전통에 대한 연구가 오늘날 생계 부양자가 되는 준비를 하는 남녀 아이들 모두 양육자가 되는 법을 익히는 데 도움이 된다.

참고문헌

Becher, J. (Ed.), 1990, *Women, Religion and Sexuality*, Philadelphia: Trinity Press International.

Blount, J. M., 1998, *Destined to Rule the Schools*, Albany: SUNY Press.

Casey, E. S., 1993, *Getting Back into Place*, Bloomington: Indiana University Press.

Crocco, M. S. & Davis, O.L. (Eds.), 1999, *Bending the Future to Their Will*, Lanham, MD: Rowman and Littlefield.

Eisler, R., 1987, *The Chalice and the Blade*, New York: Harper Collins.

Fraser, N., 1996, "Social justice in the age of identity politics: Redistribution recognition, and participation," Tanner Lectures on Human Values, Stanford University.

Gordon, S., Benner, P. & Noddings, N. (Eds.), 1996, *Caregiving*, Philadelphia: University of Pennsylvania Press.

Kerber, L. K. 1997, *Toward an Intellectual History of Women*, Chapel Hill: University of North Carolina Press.

Martin, J. R., 1992, *The Schoolhome: Rethinking Schools for Changing Families*, Cambridge: Harvard University Press.

_____, 1985, *Reclaiming a Conversation*, New Haven: Yale University Press.

Noble, D. F., 1992, *A World Without Women*, Oxford: Oxford University Press.

Noddings, N., 1992, *The Challenge to Care in Schools*, New York: Teachers College Press.

Reverby, S., 1987, *Ordered to Care*, Cambridge: Cambridge University Press.

Rossiter, M. W., 1982, *Women Scientists in America*, Baltimore: John Hopkins University Press.

Ruddick, S., 1989, *Maternal Thinking: Toward a Politics of Peace*, Boston: Beacon Press.

Rybczynski, W., 1987, *Home: A Short History of an Idea*, New York: Penguin Books.

Sommers, T. & Shields, L., 1987, *Women Take Car*, Gaineseville, FL.: Triad.

Waerness, K., 1996, "The rationality of caring," In Gordon, S., Benner, P. & Noddings, N. (Eds.), *Caregiving*, Philadelphia: University of Pennsylvania Press, pp. 231-255.

Weiler, K., 1998, *Country Schoolwomen*. Stanford: Stanford University Press.

Welter, B., 1996, "The cult of true womanhood: 1820-1860," *American Quarterly* 18, pp.151-174.

Woolf, V., 1966, *Collected Essays*, vol. 2. London: Hogarth Press.

Zeldin, T., 1994, *An Intimate History of Humanity*, New York: Harper Collins.

※ 이 글은 (사)또하나의문화가 2005년 11월 27일 주최한 「돌봄과 소통이 있는 가족 문화와 지역 사회를 위한 심포지엄」의 기조연설 참고글이다. Nel Noddings, "The Care Tradition: Beyond 'add women and stir,'" *Theory into Practice*, Winter 2001을 유이·모현주·이충한이 옮겼다.

토론 1. 모든 사람이 돌봄 제공자가 될 수 있어야 한다

김은실 이화여대 여성학과 교수

개인화와 공간을 넘나드는 이동/이주 그리고 신자유주의의 무한 경쟁이 부상하는 한국 사회에서도 최근 돌봄의 문제는 심각한 문제로 등장하고 있다.

최근 지역 운동을 하는 한 여성 활동가는 지역에서 보면 중산층의 하향 이동이 이루어지면서 빈곤 가구들이 많아지는데, 여기서 돌봄의 문제 또한 심각해진다고 지적했다. 여성들이 남성보다 상대적으로 경제적인 기회가 더 많아지면서 쉽게 가출을 하는 경향이 있어 가출을 하는 어머니/아내와 그들을 찾아 나서거나 혹은 남은 자식들을 돌보지 못해 자녀들을 방기해 버리는 남편/아버지 그리고 아이들을 돌봐야 하는 할머니들이 있는 가정들이 많다는 것이다. 그 활동가는 내게 여성 운동은 이 문제를 어떻게 다룰 것이냐고 다그쳤다. 그리고 어머니들의 가출이 여성들에게 자신들이 원하는 것을 하라고 부추기는 여성 운동에 일부 책임이 있다고까지 비난했다.

나는 그것이 왜 여성 운동의 문제냐고 반문하면서 기존의 가족을 유지하기 위해 여성들이 돌보는 일을 전담하는 것을 왜 당연하게 생각하느냐고 질문했다. 그러면서 여성들이 가출을 하는 문제와 가출한 가정 내 아이들을 돌보는 문제가 꼭 연동적으로 다뤄져야 하는가, 아이를 돌보는 문제가 우리 모두의 사회적 의제가 되어야 하는 것이지 가출한 어머니가 돌아와서 그 자녀를 돌봐야 된다고 기대하는 것은 무리라고 대답했다. 그러자 지역 여성 운동가는 그렇다면 여성들이 자신들의 이해를 추구하기 위해 가족들을 불행하게 하는 것을 괜찮다고 생각하느냐고 물었다.

이 상황은 당연히 '괜찮지 않다.' 그러나 그 상황을 돌봄 전문가인 여성과 어머니들에게 전가하는 것은 '옳은' 문제 해결 방식은 아니다. 돌봄이 여성적 삶과 동일시된 전통은 바뀌어야 하는데, 그러면 누가 돌볼 것인가 하는 문제가 당연히 중요한 논의 이슈가 될 것이다. 나딩스는 "돌봄의 전통"에서 돌봄과 여성, 돌봄의 주체들, 돌봄을 원하는 사람들이 받고 싶은 돌봄의 성격 등에 대해 명확하게 말하고 있다. 돌봄을 받는 사람들은 그들이 사랑하고 보살핌을 받고 싶은 사람들로부터 돌봄을 받고 싶어 한다는 것이다. 그러기 위해서는 모든 사람이 돌봄 제공자가 될 수 있어야 한다.

그러나 현재 여성의 경험을 본질화하면서 저평가된 돌봄을 여성에게 귀속시키는 현실은 남성 영역으로 진입하는 여성들이 점점 더 많아지는 이 시대에 여성들이 돌봄을 기피하게 만들고, 남성들에게는 당연히 돌봄을 수행하지 않게 만든다. 그리고 돌봄은 계급 문제가 되면서 돌봄을 제공하는 저임금 돌봄 여성 노동자들을 만들어 내게 될 것이다(새로운 사회 경제적인 환경 속에서 열악하지만 남성보다 훨씬 경제적인 기회가 많아진 여성들은 이제까지 자신들에게 허용되지 않은 기회를 찾아 가정 밖으로 이동하면서 그때까지 그들이 수행하던 돌봄을 자기 가족들에게는 더는 제공하지 않게 된다. 대신 그녀들은 다른 공간에서 임금을 받으며 그녀들의 돌봄 노동을 다른 가족들에게 제공하게 된다).

특히 지구화 시대 돌봄 노동을 하는 이주 여성들의 존재는 돌봄 윤리학과 돌봄 정치경제학을 경합시킨다. 돌봄이 국민 국가와 개별 가족을 넘어서서 국제 분업 체계로 이전되면서 돌봄이 사회적(산업적)으로 생산되는 문제에 대한 나딩스의 논평을 듣고 싶다. 나딩스의 논의는 여성과 남성, 가족과 여성이라는 틀 속에서 논의되고 있는데 돌봄의 여성 노동화 혹은 이주 여성화 문제가 있지 않은가.

나는 나딩스의 여성과 돌봄의 관계에 대한 논의, 또 그녀가 언급하는 '보편적 양육자 모델'에 깊이 동감하는 사람이다. 그런데 가정을 사회 연구의 과목으로 위치하는 논의는 내게 흥미로운 생각을 하게 만들었다. 그러면서 한국에서 남녀 중고등학생에게 선택 과목으로 가르치고 있는 가정·가사 과목이 새롭게 개발되어야 하고, 그것이 국가에 초점을 두는 국사 교육과 같은 지위에 있어야 하는 것이 아닌가 하는 생각을 했다. 한국에서는 가정학이 대학에서 여성들이 하는 전공으로 존재했고, 또 현재도 그러하다. 미국에서는 가정학이 대학에서 전공으로 사라졌다고 생각하는데, 그렇다면 그것은 이제 어디에서 어떤 방식으로 가르쳐지는지 알고 싶다. 미국에서는 일반 교육과 관련해서 어떤지 아는 바가 있으면 말해 주면 좋겠다. 나딩스의 글은 여성학 역시 가정학에 포함되어 있는 것처럼 보이기도 하는데, 그렇게 생각하는 것인가?

토론 2. 페미니스트의 딜레마 / '아들 어머니'의 딜레마 / 한국 사회의 딜레마

조은 동국대 사회학과 교수

나딩스 교수의 글에는 '돌봄'의 문제를 둘러싸고 우리들이 끊임없이 질문하고 답변을 되풀이하면서도 아직 확실한 해답을 내놓지 못한 고민들이 일목요연하게 정리되어 있다. 그의 글을 읽으면서 페미니스트들이 현장에서 제기해 온 질문들, 즉 바둑판을 뒤집어야 할까 아니면 바둑판에서 이기기 위해 '그들의 문법'을 배워야 할까 하는 질문을 다시 해 보게 된다. 바둑판을 뒤집지도 않고 그리고 '그들의 문법'을 배우지 않고도 현재 우리가 처한 '돌봄 노동'을 둘러싼 딜레마를 해결할 수 있을까라는 질문을 하면서 나딩스 교수의 토론을 시작하고자 한다. 이 토론의 목적은 돌봄 노동과 돌봄 윤리에 천착해 온 나딩스 교수한테 얻고 싶은 것이 많기 때문에 질문을 던지는 방식을 취하고자 한다.

첫째, 나딩스 교수는 잘못된 가치 기준의 강화로 인해 개별 여성과 공동체 모두가 함께 고통 받고 있음을 상기시키고 역사적으로 누군가를 위한 '돌봄'이 결국 여성의 권익에 상충하는 방식으로 사용되어 왔음을 확인하면서 우리는 변화해야 하는 것이 여성인지 사회인지를 곰곰이 생각해 보아야만 한다고 지적하고 있다. 그런데 문제는 우리, 페미니스트들은 당연히 사회가 변화해야 한다고 생각하지만 과연 여성이 사회 변화의 방향타를 잡을 힘을 가지고 있는가라는 질문에 부닥치게 된다. 그러한 힘을 어떤 방식으로 어떻게 만들어 낼 수 있는지에 대해 좀 더 구체적 사례를 듣고 싶다.

둘째, 나딩스 교수는 돌봄 노동을 둘러싼 갈등을 학교 교육을 통해 해소할 수 있다는 전제에서 출발하고 논의의 초점도 학교 현장에 맞추고 있다. 이러한 논의 구조에서는 자연스럽게 '가정' 과목이 '국가 관련' 과목만큼 중요한 기초 과목이 되어야 하고 소녀와 소년들이 모두 돌봄 노동을 할 수 있도록 준비시켜야 한다는 결론에 이른다. 이는 곧 커리큘럼이나 교과 과정 개편 등으로 귀착되는데 이러한 접근이 실제로 미국 사회에서 돌봄 노동이나 돌봄 윤리를 둘러싼 모순과 문제 해결에 어느 정도 기여할 수 있었는지, 그리고 이러한 방식은 한국 사회에 어떻게 접목될 수 있는지 궁금하다.

셋째, 나딩스 교수는 '돌봄'의 문제를 놓고 "여성은 남성처럼 자신을 내세우는 법을 배워야 할까, 아니면 남성이 여성처럼 덜 이기적이 되는 법을 배워야 할까?…" 등의 질문을 던지면서 남성과 여성 그리고 남성과 관련된 가치와 여성과 관련된 가치를 이분법적으로 접근하는데, 여성들에게 '자신을 내세우는 법'을 가르치고 남성들에게 '덜 이기적이 되는 법'을 가르치는 식으로 돌봄 노동의 문제를 접근하는 것이 옳은가를 질문하게 된다. 이런 질문은 돌봄 사회의 윤리 문제를 놓고 '아들 어머니'의 딜레마는 페미니스트의 딜레마와 상충하는가, 또는 페미니스트로서의 이해관계는 '아들 어머니'로서 이해관계와 상충하는가 하는 질문을 해 보게 된다.

마지막으로 한국 사회에서 '돌봄 전통' 또는 돌봄 윤리 모델을 어디에서 찾아야 할 것인가에 대한 고민이다. 최근 미국을 자전거로 여행하면서 철조망 박물관에 대해 쓴 신문 칼럼에서 "미국은 집이 하나의 우주다. 유럽이나 아시아에서는 마을이 하나의 우주인 것과 완전히 다른 개념이다" 하는 글을 읽은 적이 있다. 여기서 미국 가족은 핵가족을 의미하며 미국에서 가족이 최우선적 가치로 강조되고 있는 이유를 사유 재산, 특히 사유 토지에 철조망을 치면서 사유 재산권에 기초해 세운 나라에서 찾고 있는 글이었다. 나딩스 교수의 글을 읽으면서 그 칼럼이 생각난 것은 '가정' 과목의 한계와 핵가족 중심의 돌봄 노동의 한계를 다른 면에서 일깨우기 때문이라고 생각한다.

최근 한국 사회는 돌봄 노동의 위기를 맞고 있고 이 위기는 단순히 가족원 간의 돌봄에 대한 관심과 윤리를 회복함으로써 가능한 것이 아니며 또 이를 회복할 수 있는 구조의 확보가 쉽지 않음을 확인시켜 주었다. 특히 '세계화' 과정에서 드러난 한국 가족의 유연성과 유동성은 한국 사회의 돌봄 노동의 위기가 남녀가 함께 참여하는 '보편적 생계 부양 모델'에서 남녀가 함께 참여하는 '보편적 돌봄 노동 모델'로 옮김으로써 돌봄 노동과 돌봄 윤리를 둘러싼 모순과 딜레마를 해결하기 어려움을 보여 준다. 그런 점에서 돌봄 노동의 미래를 위해 가정 또는 가정 형성은 어떻게 새롭게 정의될 수 있을까 하는 질문을 던져 보고 싶다.

토론 3. 돌봄의 다차원적 접근이 필요하다

허라금 이화여대 여성학과 교수

전통적으로 가정에서 이루어지는 것으로 생각된 여성에 의한 돌봄 활동이 이제 가정의 울타리를 넘어 국가의 경계를 넘어 이동하고 있다. 돌봄에 대한 여성주의 연구는 상당히 축적되어 있는데, 그 흐름은 크게 둘로 나뉜다. 하나는 돌봄을 노동 범주에 넣어 연구하는 것이다. 여기에서 돌봄은 여성의 종속적 지위를 유지 재생산하는 가부장적인 성별 분업 구조의 중심에 있는 착취적이고 억압적인 노동으로 인식된다. 또 하나는 돌봄의 문화적·윤리적 연구다. 여기에서 돌봄은 비계약적이고 반자본주의적인 공간을 여는 잠재력 있는 인간 활동으로 접근되면서, 여성적 정체성과 도덕성의 차이를 강조하는 방향에서 담론화된다. 두 연구는 모두 돌봄 활동이 여성에게 가질 수 있는 중요한 측면을 보여 주지만, 두 논의 모두 그 관점을 보편화함으로써 여성주의 안에서 돌봄 논의를 진퇴양난의 곤경에 빠뜨리고 있다.

이 곤경을 벗어나는 길은 논리 또는 이론의 보편화를 지양하는 것이다. 돌봄은 그 자체로 어떤 본질적 성질이 있는 것이 아니라, 삶의 조건들, 예컨대 그 사회의 규범, 인간관계 조직, 자원의 할당 방식 등과 갖는 관계 속에서 특정한 성격이 구성된다는 점을 고려할 필요가 있다. 돌봄은 여성들이 제공도 하지만 제공받기도 하며, 어떤 상황에서 돌봄은 부당한 의무의 대상일 수 있지만 어떤 삶의 조건에서는 성취해야 할 권리의 목표가 될 수도 있다. 이것은 돌봄을 억압적이게 만들었던 조건이 무엇이며 돌봄의 해방적 잠재력은 어떤 조건에서 가능한지를 분석하는 것이 필요하다는 것을 의미한다.

더 나아가서, 돌봄은 경제적·사회적·정치적·문화적 등등의 복합적인 삶의 차원들과 관계 속에서 접근되어야 할 것임을 의미한다. 돌봄은 인간의 생존과 성장과 번영에 필수적인 것으로, 가족에 의해 이루어지는 관계적인 활동인가 하면, 시장의 유통 관계 속에 놓여 있는 상품이나 일이 될 수도 있으며, 사회적인 안전망의 목표가 될 수도 있고, 지구의 지속성을 위한 구체적인 정치적 활동이 될 수도 있다. 돌봄을 단지 집안에서 이루어지는 사적인 일로만 여기는 것이 협소한 접근인 것만큼이나 그것을 시장에서 거래되는 임금 노동의 경제적 차원에서만 사고하는 것도, 또는 그것을 탈정치적이고 탈문화적인 활동으로 접근하는 것도 역시 협소하기는 마찬가지다.

우리 주변에서도 산업 사회의 경쟁적 삶의 방식이 가져온 부정적인 결과들을 체험하면서 대안적인 삶의 방식을 모색하는 시도들이 생기고 있다. 돌봄을 실천하는 관계적 질서 속에서 '인간의 안전이 보장되는' 공동체적 삶을 살아가려는 것이다. 그러나 이들 실천들은 이를 지원할 더 넓은 사회 성원들의 자발성이나 이런 변화의 필요성에 대한 동의가 없으면 그저 실험으로 끝나게 될 가능성이 높다. 바로 이런 점에서 나딩스가 주목하고 있는 교육의 변화는 중요하다. 나딩스는 가정생활의 돌봄 능력에 더 많은 관심을 보이고 있는데, 가정과 공적인 영역 또는 제도들이 맞물려 있음에 주목하면서 돌봄이 제도적인 가치가 되어야 함을 인식하게 하는 교육 역시 강조될 필요가 있다. 서로 필요한 것이 다르기 때문에 서로를 필요로 하고, 서로에게 의존할 수밖에 없다는 사실을 인정하는 데서부터 출발하는 사회적 정의로서의 보살핌의 책임 원리에 대한 인식을 공유하는 공동체적인 교육이다.

특히 최근 저출산 고령화 사회로 진입하면서 새로운 사회 문제로 인식되고 있는 돌봄 위기의 해결도 몇몇 구체적인 대안이나 정책을 제안하는 차원보다는 좀 더 근본적인 데서 찾아지지 않으면 풀리기 어렵다는 점에서 이런 교육의 필요는 강조될 만하다. 예컨대, 소비 수준에 따라 삶의 질이 높고 낮음을 평가하는 기준 역시 생산 시장 중심의 구조에서 만들어진 것으로서 이런 사고의 기준이 바뀌지 않는 한 돌봄의 환경은 결코 우선적인 관심의 대상이 되지 못할 것이다.

삶의 조직망을 '생산을 위한 조직'에서 좀 더 '돌봄을 위한 것'으로 재조직하는 방향으로 사고를 하면 돌봄의 사회화를 현실적으로 어렵게 보게 만들고 있는 사회적인 비용 부담의 문제도 달리 접근될 수 있을지 모른다. 현재 우리 실제 생활에서 돌봄이 '추가' 비용이 들게 만든다면, 그것은 우리 현실이 돌봄의 인간 조건을 부차시하는 생산 중심의 사회로 구조화되어 있음을 증명하는 것과 다르지 않다. '생산적 발전'이 지속하기 위해서도, 돌봄이 생산적 발전에 종속되는 것이 아니라, 돌봄의 축과 생산의 축이 모두 동등한 중심이 되는 다중적인 사회 조직 체계를 위한 쪽으로 정책적 사고의 전환이 요구된다. 그럴 때, 비로소 돌봄의 수요와 공급을 연결하는 인력 프로그램도, 돌봄의 지역 공동체적 해결을 위한 프로그램도, 공동 돌봄이 가능한 주택 건설, 교육 프로그램 등등도 구체적으로 보이게 될 것이다.

토론 4. 돌봄의 전통: 과거, 현재, 미래에 대하여

조옥라 서강대 사회학과 교수

돌봄 전통이 가정 형성과 밀접한 관계를 갖고 있다는 것에 기반을 둔 나딩스의 돌봄에 대한 토론은 '가정은 무엇인가'에 대한 점검을 하게 한다고 생각한다. 나는 이런 토의를 하는 과정에서 '여성을 더해 넣고 섞기' 접근법으로는 여성 문제에 대한 적절한 분석이 불가능하다고 지적한다. 이는 '돌봄'에 대한 논의도 여성 문제에서 출발해서는 안 된다는 것을 의미한다고 본다. 그렇다면 '돌봄'의 문제는 안락하고 효율적인 가정을 형성하는 문제와 같은 수준에서 논의될 수 있겠는가? 아이들을 형성하는 데 가정이 가장 핵심적인 역할을 한다는 것을 전제하는 것이 아닌가 생각된다. 현재 가족이 안고 있는 문제들을 일단 문제 삼지 않으면서 가정의 '기획'을 정규 교육 속에 포함시키자는 제안이 안고 있는 위험성은 무엇인지 하는 생각이 든다.

아이들이 세계와 만나고 형성되는 장소를 가정으로 한정하지 않으면서 돌봄의 '사회적' 확대를 추구할 수 있는 방법은 없는가? 이 문제는 여성이 가정에서 착취되었다는 데서 끝나는 것이 아니라 권위주의와 불합리, 모순을 내면화하는 장소로서 가정이 자리 잡고 있기 때문이기도 하다. 더구나 한국의 가족 상황에서 돌봄을 바라보면 어머니에 대한 '고마움', '그리움'이 어머니에 대한 무시, 방기 등과 공존해 왔는데 이런 가족에서 아이들이 얼마나 '돌봄'을 배울 수 있었는지 의심스럽다. 엄마처럼 살지 않겠다는 굳건한 결심을 한 '딸'들만 만들고, '엄마' 같은 여성을 찾는 '아들'만 만들어 왔다.

그러면 이런 가정의 형성에 기여한 것은 무엇인가? 가정이 중요하지 않은 사적 영역이었기 때문인가? 서구의 논의에서는 공/사 영역의 분리가 근대적 가정의 형성에 중요한 논리지만 한국 사회에서 가정은 전통 사회에서도 현재에도 중요한 영역이며, 공/사 영역의 분리가 여전히 모호한 경계 속에 자리 잡고 있다. 가족 관계와 친인척 관계는 항상 동원 가능한 사회적 자원으로 공적 영역에서 영향력을 행사하기 때문이다. 가정 형성과 기획이 중요하다고 강조하고 있는 나딩스의 주장이 한국 사회적 맥락에서 갖는 상대적 의미는 바로 한국 사회가 지속적으로 주장해 온 가정의 중요성이 중첩되기 때문이다.

그러나 현대 한국 사회에서 '돌봄'이 중요하지 않다고 주장하는 것도 맞지 않다. 한국 상황에서 '돌봄'을 재점검하는 일은 어떻게 사회적인 '돌봄'으로 확대 전환되어야 하는가일 것이다. 돌봄에 남성이 참여한다면 가정의 권위주의적인 요소들이 완화될 것인가 또는 양성이 함께 돌보도록 '기획' 된 가정이 현재의 '수단적' 역할을 완화할 것인가가 중요한 쟁점이 될 것이다. 오늘날 한국에서 '기러기아빠'의 존재는 남성의 돌봄도 자녀 교육에 동원되는 도구적 기능밖에 하지 못함을 보여 주고 있다. 따라서 한국 사회에서 '돌봄'은 가정에서보다는 사회적 '돌봄'에서 시작되어야 하지 않을까 생각된다.

토론 5. 돌봄과 관련된 오래된 고민과 지금의 의문

조한혜정 연세대 사회학과 교수·하자센터장

넬 나딩스 교수의 두 글을 읽으면서 다시 한번 그간의 고민의 지점들을 떠올리게 된다. 미국에서나 한국에서나 고민의 지점은 아주 유사하다. 함께 만나는 자리가 서로 생각을 확인하고 지혜를 풍부하게 해 가는 자리가 되기를 바란다.

1. "모두를 가난하게 만듦으로써 경제적 평등을 이룬다."

"넌 이런저런 것에 대해 알 필요가 없다. 너는 나라를 위한 일을 하면 돼." 이런 암시를 받고 자란 여성들은 일상생활에서 무능한, '마누라가 필요한 사람' 들이다. 현재 사회 활동을 활발하게 하는 여성들은 대개 그런 암시를 받은 여성들일 것이다. 역시 같은 암시를 받고 자랐지만 가정주부가 주업인 언니는 기다려 주는 것, 함께 식사를 하는 것의 중요성을 강조해 왔다. "너는 사회에 있어야 한다고, 또 매우 중요한 일들을 가치 없는 것으로 느끼게 하고 있어. 좀 더 성숙한 여성 운동을 할 수 없니?" 하는 그의 말에 나는 "언니가 해. 여성 운동은 당사자들이 하는 거야" 라고 답하곤 했다.

남성 중심 사회에서 살아남기 위한 인지, 전략적 사고와 집중력, 그것은 분명 서로를 돌보는 능력과 어울리지 않는다. 하던 일을 멈추고 듣고 기다려 주는 것, 하던 일을 멈추는 것은 자기 주도성에 너무나 익숙해 있는 '근대적 인간' 들에게는 참 힘들다. '돌봄 능력의 퇴화.'

"삼성은 정말 잘 나가는가? IMF 위기 상황에서 한 것처럼 8년이 지난 지금도 서너 명 분의 일을, 한 사람이 하는 노동 강도. 밤 12시에 회의를 하는 경제 전쟁 상황. 40대 남자들은 이혼당하고 우울증에 시달리고 죽어가고 있다고 한다. 대학생들은 '소모성 건전지' 일 뿐인 자신들의 미래에 대해 불안하기 짝이 없다. 일자리 나누기는 왜 안 하는가?

'돌봄의 위기' 로 온 사회가 파탄에 빠진 세상. 돌봄의 주체들이 사라지면서 세상은 불안의 도가니가 되어 버렸다. 벼랑 끝에 선 사람들. 돌봄이 주역이던 어머니들도 '도구적' 으로 아이들을 관리하고 여전히 학교 성적에 매달리며 아이의 미래를 보지 않는다. 그간의 성취 위주 사회는 모두를 가난하게 만듦으로써 평등을 이루려고 한 결과를 낳았고 페미니즘은 그런 흐름에 크게 저항하지 못했다.

2. "집어넣고 섞기"

여성 위인들을 교과서에 집어넣기, 문화의 달에 여성 인물 추천하기. 그간 이런 일을 하라고 할 때마다 불편했던 기억이 있다. '고정희 시인'을 그 대열에 끼워 넣어야 하는 가? 그래서 우리가 얻는 것이 무엇인가?

여성 운동의 결과로 힘겹게 만들어진 여성부. '집어넣고 섞기'에 바쁘다. 여전히 토건국가의 원리로 굴러 가는 정부에 속하기에, 우리도 너희들과 같이 효율적으로 정책 입안을 할 줄 안다는 것을 보여 주어야 하기에 통계 돌리기에 급급하고 외국 것 베끼기에 급급하다. 나딩스 교수가 표현한 바 '아무도 만족시키지 못하는 잡동사니로 뒤죽박죽된 조각들'(이 책의 111쪽), 분열된 상황에서 창의적인 생각이 나오기 어렵고 제대로 된 정책이 나오기 어렵. '존재를 대하는 윤리적 방식의 하나'로서 '돌봄'이 협상과 리더십에서 매우 효율적이라는 증거가 나오고 있는데도 여전히 그 방식을 따라가고 있는 것이 안타깝다.

현재 한국의 저출산 정책을 내 놓을 부서가 보건복지부일까, 노동부일까, 여성가족부일까? 토건국가적 패러다임, 그리고 '생계 부양자' 모델을 고수하는 부서인 한 해법은 없다. (그들은 마거릿 애트우드가 그의 소설 『시녀 이야기』에서 보여 주고 있는 '씨받이' 사회로 가고 있다.) 어떻게 '돌봄 제공자의 모델'(117-118쪽)로 패러다임을 바꿔 낼 수 있을까?

3. 통합 모델 만들기: '가정'을 사회 수업에 포함하는 일

도구적 이성에 의해 만들어진 '근대 사회'의 황폐함. 자본의 종횡무진한 흐름과 결탁한 '위기 국가들'은 신자유주의로 치달으며 모든 종류의 공동체를 무화해 버리고 있다. 학습 공동체인 학교에서는 무엇을 할 수 있을까? '돌봄/가정'에 대한 수업을 시작해야 한다고 나딩스 교수는 말한다.

성미산학교 오픈 하우스에서 아이들이 자기들이 원하는 프로젝트를 했다. 가장 신나는 두 교실: '삼국지, 무엇이든 물어보세요' 그리고 '마사지 방' 남녀유별의 프로젝트다. 학교는 남자 아이들에게도 마사지를 필수로 하게 해야 할까?

성미산학교: 공동육아와 마을 지키기 운동, 생활협동조합 활동의 연장선에서 만들어진 학교. 돌봄을 중시하는 여자들과 남자들이 여기에 모여 있다. 마을 반찬가게, 차병원, 태껸 사부와 요가 아줌마와 사진관 아저씨와 대안 교육 출판사와 아이를 기르는 주민

들이 만든 통합적 삶의 모델. 학교, 문화, 복지, 가정, 지역, 정치, 경제가 다 어우러진 모델이다. 충남 아산 거산초등학교, 해남 서정분교도 이런 모델들이다. 돌봄의 공공화. 수다쟁이 아줌마들이 누구보다 훌륭한 선생님들로 변신하고 있다. 국가에서 해야 할 일은 이런 모델을 확산하는 일 아닐까?

4. 후기 근대의 사람들, 후기 근대의 아이들, 그리고 측은지심

자녀들은 강요된 친밀성이 부담스럽다고 한다. 그러면서 또한 집을 떠나지 않겠다고 한다. 일본에서는 학교도 안 가고 직장에도 안 가는 늙은 청년들이 늘고 있고, 중국에서는 '효민족주의'(filial nationalism)을 말한다. "부모를 사랑하기에 조국을 사랑한다." 있는 집 아이들은 효자다. 그러나 '없는 집 아이들'에게는 가족도 없다. 화려한 껍질 속에 황량하기 그지없는 신자유주의 세상. 어떻게 '눈먼 돼지'가 되지 않고 살아남을 수 있을까?

페미니스트 친구들과 모이면 기르는 고양이 이야기에 시간 가는 줄 모른다. '돌봄 파탄' 사회를 일구려는 페미니스트 친구들의 실험? 청소년 센터에서 남의 아이들을 돌보느라 스물네 시간을 지내는 또 다른 페미니스트는 그 자매들이 섭섭하다. 왜 아이들의 멘토가 되어 주지 않는가? 그러나 너무 바쁘고 더욱 예민해진 페미니스트들에게 고양이 기르는 것 이상의 일은 참으로 버겁다.

어떻게 생기 있는 관계를 맺을 것인가? '자신의 필요보다 다른 사람의 필요를 더 중시한다'는 것. 그런 능력을 자본주의 사회에서 어떻게 기를 수 있을까? 엄마에게 '한 남자를 섬기기보다 한 사회를 섬기라'고 하셨다는 외할머니 말을 다시 꺼내 본다. 그런데 바로 그 '사회'가 사라지고 있다.

2부

돌보다
배우다
소통하다

마음을 내서 기꺼이 어려움을 함께하려고 찾아온 사람들을 기쁘고 즐겁게 받아 주고, 자신의 부족함을 볼 줄 알고 나와 다름을 강조하기보다는 내가 갖지 못한 또 다른 조각을 갖고 있는 사람임을 알고 큰 품으로 안아 주는 곳, 그것이 바로 배움의 공동체가 되는 길이 아닌가 싶다. ─ 정현영

家족? 加족! 이제는 加族이다

황윤옥 글 장정예 그림

가족은 있다? 없다?

우리는 '가족' 하면 4인 가족, 혹은 3인 가족, 즉 부부와 자녀로 이루어진 가족을 먼저 떠올린다. 그러나 여성부가 조사한 바에 따르면 이미 2003년에 그런 가족 형태는 절반에 불과했다(부부와 자녀 가구 52.4%, 부부 가구 15%, 1인 가구 15.5%). 이제 가족의 모습은 하나가 아니다. 형태만 다양해진 것이 아니다. 속을 들여다보면 그 내용이 자못 심각하다. 2004년에 관악구에 있는 초등학교 4,5,6학년 5백 명에게 물었다. 하루 중 가족들과 이야기하는 시간이 얼마나 되느냐고. 2시간 이상은 0.8%에 불과했고, 무려 아이들 60%가 서로 대화하는 시간이 1시간도 되지 않는다고 답했다.

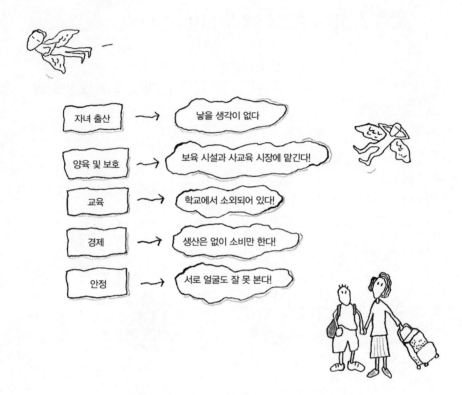

자녀 출산	→	낳을 생각이 없다
양육 및 보호	→	보육 시설과 사교육 시장에 맡긴다!
교육	→	학교에서 소외되어 있다!
경제	→	생산은 없이 소비만 한다!
안정	→	서로 얼굴도 잘 못 본다!

아버지는 선천적 지위? 후천적 지위?

고등학교 때 사회문화 과목 시험에 아버지라는 자리가 선천적 지위인지, 아니면 선택의 여지가 있는 후천적 지위인지에 대한 문제가 나온 적이 있다. 답은 (당연히) 선천적 지위였다. 그때는 남자로 태어났으면 당연히 아버지가 되어야 한다는 것이 진리였다. 자녀 출산, 양육 및 보호, 교육, 경제, 안정 등 가족의 기능은 교과서에나 존재할 뿐이다.

1933년에 친정어머니가, 1963년에 내가, 1994년에 지금 초등학교 6학년인 딸아이가 태어났다. 2005년 현재, 30년 터울의 세 세대가 함께 살고 있다. 친정어머니 세대에게, 가족은 가장이 지배하는 세계였다. 이 시기의 남자들은 문중의 자식으로서 가문의 영광을 위해 모든 지원을 받는 절대적인 존재였다. 그러나 지금 이들 가장은 기러기아빠가 되었다. 기러기아빠의 의미는 남자들의 사회적 지위와 역할이 하락했다는 것이 아니다. 가족 구성원 모두가 외로워졌다는 것이다.

미래라는 이름의 희망, 혹은 두려움

우리의 미래는? 요즘은 앉아서 유목하는 시대라고 한다. 나는 가만히 앉아 있어도, 내 주변의 세계가 변하기 때문에 내 위치가 계속 변화한다는 것이다. 진정으로 앉아서 유목하는 시대란 돌봄과 소통을 통해 여성성, 생태 등을 되살리는 것이다. 미래가 희망이려면 남성, 도시, 자본 중심의 이 사회가 여성, 생태, 노동 중심의 가치를 가질 수 있어야 한다.

이러한 되살림은 아이 키우기를 함께하는 것부터 출발할 수 있다. 1만 원이 생기면 자기 아이에게 비싼 장난감을 사 주는 것보다 동네 아이들을 불러 맛있는 간식을 해 주는 데 쓰는 것이 훨씬 더 낫다. 아이를 기르는 데는, 자기 자식 교육에 관한 한 가장 뛰어난 전략가라는 대치동엄마보다 마을 도서관 하나가 더 낫다. 마을 도서관은 저절로 생기는 것이 아니다. 통하는 사람들이 만나야 한다. 통하는 사람들이 만나 관계를 맺고 서로를 돌보는 일을 시작하면 공동체가 만들어진다.

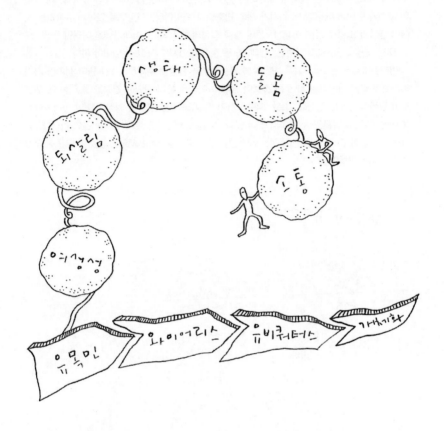

궁하면 변하고 변하면 통한다

공동체는 해결사가 아니다. 공동체를 만들었다고 해서, 내가 공동체 구성원이라고 해서 무엇이든 해결되지는 않는다. 우리가 흔히 알고 있는 '궁하면 통한다' 는 말에는 중간에 '변화' 가 빠져 있다. 원래 이 말을 한 주인공인 공자님 말씀은 궁하면(어려움에 부딪히면) 우리가 변화하고, 우리가 변화해야 통하는 길이(해법의 길이) 생긴다는 것이다. 가족이 새롭게 변화할 길을 찾자. 새로운 모성과 부성이 필요할 때. 차이와 갈등을 드러내자. 아이와 세상을 소통하게 하자. 즐거운 돌봄에 투자하자.

흥부네보다 아이들이 많은 가족들

공동육아는 아이를 함께 키우면서, 육아를 통해 아이와 어른 모두가 삶의 방식을 바꾸어 나가기를 바란다. 탁아, 보육, 공동육아, 사회적 돌봄이라는, 말의 변천사는 곧 우리나라에서 아이 키우기를 어떻게 보아 왔는지를 나타내는 것이기도 하다. 공동육아를 통해 가장 큰 변화를 보이는 것은 아빠들. 처음엔 조합원이 되겠다는 아이 엄마에게 "나도 면접해?" "아마가 뭐하는 건데?" "이 나이에 강강술래를?" 하던 아빠들이 조합원 아빠들과 공차기를 하며 체력은 물론 이웃에 대한 관심과 애정을 키워 나간다. 어린이집 가족 들살이, 단오잔치, 마을 잔치를 함께하며 드디어 마을 사람이 된다. 공동육아는 加(더할 가)족이다. 한 지붕 아래 모인 사람들만의 가족이 아니라 더불어 함께하는 가족이다.

이제는 加族(가족)이다!

장벽은 우리 안에 있다. 내 안에 갇힌 가족을 넘자. 사회 안에 다양한 공동체를 인정하자. 고정관념에 가둔 양성을 풀어내자. 서로가 서로에게 지지대가 되는 가족을 만들자. 이제 동굴이 아니라 광장이다. 내 가족의 경계를 넘어 마을도 간다.

함께 보고 배울 이들이 있어 행복하다

정현영 성미산학교 교사

고등학교 때 나는 한문 선생님을 무척 좋아했다. 연세는 오십이 넘으셨고 늘 변함없는 편안한 표정을 하고 계셨다. 지금 생각해 보니 그 선생님을 존경한 것 같다. 처음부터 그런 마음이 들지는 않은 것 같다. 스승의 날, 반 아이들과 그날 시간표 상 우리 반을 찾아오실 선생님들에게 카네이션을 마련했다. 수업 전에 카네이션을 드렸는데 받은 모든 선생님들이 고맙다며 기쁘게 받아 주셨다.

그런데 한문 선생님만 극구 받을 자격이 안 된다며 우리가 내민 카네이션을 받지 않으셨다. 우리는 무척 당황했고 한마디로 충격이었다. 어떤 선생님이 카네이션을 받을 자격이 있는 것일까? 스승이란 뭘까? 왜 자격이 안 된다고 하셨나? 의문은 꼬리의 꼬리를 물었다. 그 뒤로 한문 공부를 더욱 열심히 했던 것 같다.

한문 시간에 그 선생님한테 배운 '三人行하면 必有我師'(세 사람이 같이 가면 반드시 내 스승이 있다)란 말은 살면서 두고두고 잊히지 않는 말이다. 특히 요즘 '돌봄'이나 '배움의 공동체'를 배우면서 더욱더 고개가 끄덕여지는 문구다.

141

학교는 공사중

"교과서가 왜 없어요?"

"후져서 친구들한테 여기 다닌다고 말 못해요. 아까도 저기에서 친구를 봤는데 저 볼까 봐 얼른 숨었어요."

"우리 엄마가 돈 많이 냈는데 이런 데서 공부를 해요?"

"대안학교에서 선생님이 애들한테 그러면 돼요? 대안학교는 자유로운 곳 아니에요? 우리 하고 싶은 대로 하는 곳이잖아요!"

난감해하는 표정을 보며 아이들은 제 하고 싶은 말을 다 쏟아 냈다.

2년이 지난 지금 그때 일을 생각하면 만감이 교차된다. 아무것도 없이 그저 열정 하나만으로 학교 만들기를 시작한 무모함에 뒷머리가 뻣뻣해지기도 한다. 그런데 이제 초기 대안학교 모습을 두고 불평불만을 늘어놓던 녀석들 중 몇몇에게 일반 학교 가라는 말이 엄포가 된다는 사실에 조금은 기분이 좋아지기도 한다. 건물은 번듯하게 다 지어졌지만 성미산학교는 계속 공사 중이다. 아마 무슨 이변이 생겨 문을 닫는 그날까지 성미산학교는 계속 공사일 것이다. 그것이 바로 이 학교의 생명력이니까.

성미산학교는 10여 년 전부터 '우리 아이 우리가 함께 키운다'는 모토로 젊은 부모 10여 가구가 이곳에 '신촌 공동육아 어린이집'을 만든 게 그 첫 씨앗이었다. 지금 이 마을에는 공동육아 어린이집 네 곳, 방과후 두 곳을 비롯해 이곳 주민들의 꿈과 힘을 합쳐 이뤄낸 바른 먹을거리 운동의 하나인 '마포두레 생협', 마을 사랑방 같은 '우리 마을 꿈터', '차병원'(카센터), 유기농 반찬 가게 '동네부엌', 유기농 아이스크림 가게 '그늘나무', 시민 자치기구인 '마포연대', 지역 주민들의 이야기를 담아내는 '마포FM' 등이 있다. 성미산학교는 이런 지역 기반과 아이들의 놀이터인 성미산에 배수지를 건설하겠다는 서울시에 맞서 성미산을 지켜 내는 과정에 생겨난 학교다.

성미산학교 근방을 지나다 보면 많은 사람들과 서로 안부를 묻거나 눈인

사하기 바쁘다. 아이가 크면서 마을 사람 중에 다른 지역에 있는 대안학교에 아이를 보내겠다는 사람들이 생기기 시작했다. 몇몇 아빠들이 마을을 지키려면 우리 지역에도 대안학교가 있어야 한다는 생각에서 모임을 만들었는데 그 모임이 성미산학교 공사의 첫 삽이었다. 5~6개월간 국내외 대안학교 사례를 함께 공부하면서 교육 전문가의 도움이 절실해져 대안 교육 잡지인 『민들레』에 대안학교 만들 선생님을 공개 모집하게 되었다. 그 글을 읽고 20여 분의 선생님이 찾아오셨다. 사람들이 모이자 일에 속도가 붙었다. 학부모·교사 추진위원회가 결성되었다.

초기에 나는 학부모로서 설립위원회 간사를 맡았는데 곧 교사로 활동하게 되었다. 교사가 된 또 다른 이유는 교사와 학부모 간의 소통 때문이었다. 초기에 학교를 만드는 데 가장 핵심적인 역할을 하는 두 주체 간에는 반드시 소통이 원활하게 이루어져야 한다.

부모들이 그리는 대안적인 상도 서로 다르듯이 당시 지역 내의 부모들의 초대를 받고 온 교사들은 각자의 경험도 다르고 그리는 대안도 다종다양했다. 서로 딴 생각을 한 상태에서 어디에 중점을 둘지 합의가 잘 이루어지지 않았다. 아니 초기 교사회가 그리는 대안과는 분명치 않지만 뭔가 달랐고 그것을 논의하기에 두 주체는 참으로 미성숙했던 것 같다. 일의 추진은 더디게 진행되었고 그 때문에 모두들 힘겨워했으며, 처음부터 너무 넓은 스펙트럼으로 학교 상을 잡고 가는 게 아니냐는 지적을 계속 받았다. 추가 설립자를 모을 때도 함께 지역의 공동체를 지속시킬 마을 학교, 보통 학교를 꿈꾸며, 실험을 주저하지 않을 사람이면 다 좋다는 생각과 더 분명한 대안에 대한 상을 가지고 있는 사람을 뽑아야 한다는 이견이 있었다. 이는 초기 설립자들이 지금도 지적받고 있는 문제 중 하나다. 나는 지금도 누가 누구를 어떤 잣대로 막을 문제는 아니라는 생각을 한다. 고여 있거나 다양하지 않은 생물 종을 갖고 있는 숲은 그 생명력이 길지 않기 때문이다.

나는 교사가 되어 달라는 제안을 받고 오랫동안 고민을 했다. 과연 내가

성미산학교는 '우리 아이 우리가 함께 키운다'는 모토로 젊은 부모 10여 가구가 이곳에 신촌 공동육아 어린이집을 만든 게 그 첫 씨앗이었다. 사진은 성미산학교 입학식.

그 일을, 그 막중한 일을 해낼 수 있을까? 그런 자격이 있는가? 정말 자신이 없었다. 내게 소통 능력이 있느냐도 문제였지만 막상 아이들과 수업을 해야 하는 상황에서 방과후나 개인 지도를 하면서 아이들과 만나는 과정에서 배운 교육이 과연 아이들과 잘 맞을지 어떨지 고민이었다. 하지만 교사가 되어 지속적으로 교육을 하고 싶다는 목마름이 없지 않았다.

처음엔 아이들과 수업 한 자락으로 인연을 맺었다. 2층 양옥집 방 한 칸을 교실로 꾸민 곳에서 6~10학년(9학년이 빔) 중등 아이 13명과 만났다. 일반 학교에 잘(?) 다니던 친구들이 어느 날 불안하고 답답하고 좁아터진 공간에서 학교 만들기를 하겠다는 어른들의 동료가 되어 있었다.

그런 그들의 심정도 읽지 못하고 무엇인가를 잔뜩 가르쳐야겠다고 야무진 꿈을 가진 적지 않은 나이의 대안학교 교사 초년생의 좌충우돌이 시작되었다. 이내 뭔가 새로운 것이 펼쳐지리라고 기대에 찼던 아이들과 충돌했다.

함께 보고 배울 이들이 있어 행복한 학교

근 2년 동안 성미산학교는 나에게도 훌륭한 배움터였다. 동료 교사나 아이들이나 부모들에게 수없이 많은 것을 배우고 깨닫는 장이었다. 가장 큰 깨달음은 내가 뭔가 새로운 것을 한다고 하지만 여전히 내 틀 안에서 새로움을 추구했다는 것이다. 자라나는 새로운 세대가 보고 느끼는 것들, 즐거움, 가능성을 내 나름의 옳고 그름의 잣대로 바라보고 있다는 것이다.

작년 초 학교의 구성원이 늘고 재정적인 어려움이 보태지면서 갈등의 실마리를 풀어줄 어른이 필요했다. 그래서 학교에 조한혜정 선생님을 교장으로 모셔 왔다. 돌봄과 배려라는 말은 그 전에도 늘 보고 듣고 해 왔다. 그러나 어떻게 학교의 난관을 헤쳐 나가야 할지 난감해할 때였다.

"작은 학교의 장점을 살려 가세요."

"뭉뚱그려 보지 말고 아이 하나하나를 보고 가세요."

"교사의 욕망을 버리고 있는 그대로 아이를 보세요."

"모든 문제를 공개하고 함께 풀어 가세요."

"대안 교육을 이끄는 여러 어른들의 경험의 조언을 적극적으로 구하세요."

그래, 대안 교육은 어째야 한다느니 어떤 게 낫다느니 하면서 힘겨워할 것이 아니라 우리가 만나고 있는 아이들을 보면서 하나하나의 장점을 살려가면서 갈 수 있는 학교, 그것이 바로 돌봄 학습 공동체가 아니겠는가 하는 생각을 하게 되었다.

성미산학교는 걸음마 단계다. 아이 어른 할 것 없이 서로의 장점을 보아주고, 서로 칭찬을 아끼지 않고 격려하는 곳, 그곳이 우리가 꿈꾸는 마을 공동체, 꿈꾸는 학교가 아니었는가 싶다. 아직도 서로 엉겨 좌충우돌 허둥대며 꿈꾸고 있지만 꿈꾸는 자에게 행복이 있듯이 꿈을 함께 나눌 이들이 있어 행복하다. 함께 보고 배울 이들이 있어 행복하다.

나의 스승을 보다

○○는 작년까지만 해도 교실에 들어가지 않고 주변을 맴돌거나 혹 교실에 있다 하더라도 제자리에 앉아 있는 모습을 거의 볼 수 없었다. 처음에는 가까이 가서 말을 붙여 보며 다른 뭔가를 해 보라고 권유도 했지만 거의 묵묵부답이거나 조금 강하게 권유한다 싶으면 거의 발악에 가까운 소리를 지르며 그 자리를 피해 달아났다. 그의 대답은 늘 "싫어, 안~ 해~" 소리를 달고 살았다. 그래서 일단은 그를 수업에 합류시키는 것을 보류했다. 그리곤 그나마 가장 우호적으로 대하는 수습 교사 한 분이 그와 놀이를 하면서 시간을 보냈다. 그에게 어떤 요구도 하지 않자 뭐든 거부하던 기세는 꺾였다. 그리곤 그 선생님은 그가 좋아하는 만화 스티커를 잔뜩 준비해 와서, 한두 가지씩 약속을 하면서 스티커를 모으게 했다. 그 재미에 푹 빠진 아이는 그 선생님과 전엔 볼 수 없었던 예쁜 미소까지 얼굴에 띠며 이야기를 나눴다. 평화와 신뢰의 분위기가 싹트고 있었다.

그렇지만 교무실에는 잠시 갈등이 일었다. 스티커로 아이의 환심을 사는 것은 문제라는 지적을 하는 교사가 있었다. 수습 교사는 순간 당황하는 얼굴빛을 띠더니 이내 "당분간은 제가 하는 일을 그냥 봐 주셨으면 해요" 하며 긴장을 푼다. 나는 눈짓과 고갯짓으로 문제 제기한 교사의 대답을 막았다. 더는 아무 말도 없었다.

○○는 요즘 표정이 밝고 편안해졌다. 그리고 수업 시간에 외따로 떨어져 있는 모습을 볼 수 없다. 참으로 큰 변화다. 수습 교사의 상태를 고려해 논의를 더 진척시키지는 못했다. 교사회 내에서 학교에서 벌어지는 상황을 좀 더 드러내 놓고 소통하고, 내가 볼 수 없는 한계를 인정하는 과정으로 전환하지 못한 아쉬움은 있다. 그래도 그때 ○○의 닫힌 마음의 문을 여는 빛줄기 역할을 해 준 만화 스티커에 어른의 잣대로 아니면 옳고 그름의 잣대를 들이대며 가늠하려 들었다면 어떻게 되었을까? 또 자신이 하는 행동을 보고 그 마음을

읽어 주지 못하는 동료에게 꼿꼿한 꼬챙이를 세워 대꾸했더라면 어찌되었을까? 또 문제 제기한 선배 교사가 생각을 접지 않았다면 어떻게 되었을까? 지혜롭고 슬기로운 선생님들의 모습에서 나의 스승을 보았다.

함께 만들어 가는 것

"엄마 이거 읽어 줘."

"네가 읽어."

"아잉~ 읽어 줘."

"네가 읽어야지 잘 읽게 되지."

안 읽고 돌아눕는다. 조금 미안한 생각이 들어 아이 눈치를 살피며 책을 펼친다.

"알았어. 조금만."

읽어 주는데 대번 틀린 글자가 나온다.

"이 책 이거 맞춤법도 틀리고 좀 그러네."

"어디 어디?"

"'며칠'이 '몇일'로 써 있네."

또 몇 개 읽다가 내용이 하도 이상해서

"야 너무했다. 역적으로 몰린 건 형인데 왜 동생한테 돌팔매질을 하고 그러냐 주인공이. 이거 좀 그렇다."

"근데 재밌어."

한 세 쪽 읽다가 책을 덮고 말았다. 그리곤 이내 나는 아이 옆에서 내 할 일을 했다. 아이는 뒹굴뒹굴하다가 책을 잡더니 시간 가는 줄 모르고 눈이 빠져라 읽는다. 아이는 무슨 생각을 하면서 읽고 있을까? '그래도 이렇게 재밌는 걸 뭘' 할까 아니면 '정말 그러네' 하면서 읽을까?

지난번에도 이와 비슷한 일이 있었다. 아이가 눈이 빠져라 하면서 TV 만화를 보고 있다. 그것도 보지 말라는 「~ 못 말려」를 말이다. 내 눈치를 슬슬 보면서. 그냥 놓아 둬야 하는지, 보지 말라고 해야 하는지 내 머릿속만 복잡하다.

학교에서도 이와 유사한 일이 흔하게 일어난다. 컴퓨터나 영화를 볼 수 있는 곳인 미디어실에서 자주 일어난다. 미디어실에서는 컴퓨터로 게임을 하지 않기로 약속했다. 그러나 머리가 좀 큰 아이들은 슬쩍슬쩍 눈을 피해 가면서 게임을 한다. 어떨 때는 보고 있어도 못 본 척하면서 계속하기도 한다. 그걸 보면서 어린 아이들도 따라한다. 게임에 대한 다양한 이견 때문에 아직도 뭐라 뚜렷하게 학교의 것으로 정해진 것이 없다. 아니 정한다는 게 거의 불가능하다.

○○에게는 컴퓨터 게임이 좋은 수업 교재인데, ◇◇에게는 안 된다고 하는 것이 쉽지 않다. 구성원들 간에 충분히 공감하는 시간 없이 어른이나 어느 일방에 의해서 정해지는 규칙은 강제이고 억압일 수밖에 없다. 학교 문을 연 후에 크게 얻은 교훈 중에 하나다. 서로를 믿고 함께 이야기해 보면서 만들어 가야 할 커다란 주제이자 숙제다. 이 주제는 앞으로 아이들의 자치 능력을 높이는 계기로 삼아야 할 중요한 소재라고 생각한다.

누구에게나 똑같이 들이댈 만한 일반적인 방정식은 없다

남자 아이들 사이에서는 서로 힘의 차이 때문에 장난이 싸움으로 변한다. 그러면 대부분 크다는 이유만으로 주먹이 세다는 이유만으로 가해자로 몰려 억울해 하는 경우가 종종 있다.

△△는 이번 학기 처음 학교에 온 남자 아이다. 한두 달 만에 남자 아이들 사이에 가장 센 친구로 부각되었다. 몇 번 친구들과 부딪히면서 자신이 늘 피해를 주는 쪽으로만 몰리니 힘들어했다. 학교에 있었던 일을 집에 가서 상세히 말하는 아이들을 통해 △△가 너무 강하다는 이야기도 학부모와 개별 면담 중에 나오기도 했다. 참으로 난감한 일이다. △△는 때리지 않는 학교, 욕

을 하지 않는 학교, 한 사람 한 사람이 존중받는 학교라고 해서 찾아왔는데 막상 자신이 그런 위치에 있게 된 것이다. 한두 번 이야기로 그동안 익숙해진 표현 방식이 일거에 바뀌지는 않는다. 경계하고 점차 몸에 배기 위해서는 그만큼의 시간이 필요하다. 그러나 그런 와중에 △△의 표현 방식이 맘에 들지 않지만, 속상하지만 그것을 어른에게 알려서 그 친구를 곤란하게 만들기 싫고 그렇게 될 경우 사이가 나빠질 것을 걱정하면서 힘들어하는 ▲▲가 있다. ▲▲도 처음 학교에 올 때는 무척 밝고 평화로운 표정이었으나 시간이 지나면서 점점 표정이 어두워지고 도움을 주려 해도 좀처럼 말을 하려 들지 않았다. 학기가 끝날 무렵 즈음해서는 눈 밑에 다크 서클이 생기기도 하였다. 집에서는 잠을 푹 못 잔다고 부모님이 걱정스런 말을 전해 왔다. 하나하나를 돌본다는 작은 학교의 장점도 있지만 굳이 나와 맞지 않을 때 조금 거리를 두고 다른 사귐을 꾀해 보려야 꾀해 볼 수 없게 수가 적으니 그 상황을 이겨 내기가 쉽지 않다. 참으로 난감한 일이다. 아직도 뚜렷한 대책이 서질 않는다. 교사회에서는 △△나 ▲▲가 관계 속에서 힘들어하는 것을 자신들이 몰두할 만한 것을 찾게 해 주자는 데에 초점을 맞춰 논의를 진행했다.

지금 지나고 나서 생각하니 힘의 표현이나 관계에서 형평성을 이루지 못한 두 아이에게 무조건 함께 얘기해 보라고 했던 것은 적절치 못했던 것 같다. 무조건 자기의 정당성만을 고집하는 △△와 무조건 자기만을 지지해 주길 원치 않고 관계가 악화되길 원치 않지만 억울해 하는 ▲▲을 따로 만나 그 마음을 헤아려 주고 △△에게 반드시 이야기해야 할 것이 뭔가를 알려 주는 자리를 한 후 대면하게 했더라면 일이 더 잘 해결되지 않았을까? 미처 준비되지 않은 상황에서, 스스로 문제를 해결하게 한다는 의미에서 서로 대면하게 한 것은 관계를 더 어렵게 한 것 같다.

아이들은 어떤 상황에서 건 자신을 지지해 주는 사람에게 일단 마음을 연다. 마음이 열려야 풀고 싶은 마음이 생기는 것이다. 그만큼 교사는 예민해져야 한다. 누구에게나 똑같이 들이댈 만한 일반적인 방정식은 없는 것이다. 어떤 아이에게는 좋은 방식이 어떤 아이에게는 마음을 닫게 하는 방식이 될 수도 있는 것이다.

성장하는 교사

모두에게 즐거운 학교를 만드는 데 나는 교사로서 능력이나 조건 면에서 미숙하고 부족함을 느낀다. 그 상황을 뚜렷한 대책 없이 기다려 주고 지켜보기가 너무 안타깝다. 이럴 때 정말 맞지 않는 자리에 서 있는 불편함을 느낀다. 내가 이 자리를 떠나야 다른 사람들이 더 행복해지는 것은 아닌지 자문을 하기도 한다. 교사가 커 가는 동안에도 당장 해결책을 낼 수 없어 아이들이 힘들어지는 것은 참으로 견디기 힘든 문제다. 학교 전체적으로 아이든 부모든 교사든 서로 다른 것을 장점으로 볼 수 있고, 표현이 미숙하더라도 그 마음을 읽어 줄 만한 여유를 갖기 위해서는 성미산 배움의 공동체는 아직 갈 길이 멀다.

ㅁㅁ는 다음 학기에는 일반 학교로 전학을 간다. 헤어진다는 섭섭함은 있지만 그래도 ㅁㅁ를 생각하면 대견하고 고맙다. ㅁㅁ는 마을에 한 공동육아 어린이집을 다녔다. 성미산학교에 입학했을 때 어린이집 교사가 학교에 찾아와서 그의 어린이집 시절에 있었던 이야기를 들려주었다.

"이런 일이 있었어요. 아이들과 함께 한강공원에 나들이를 갔어요. 그런데 ㅁㅁ는 물을 너무 좋아해서 그냥 무조건 강물에 뛰어들려고 해서 모두들 놀랐어요. 혹 물에 가실 때 ㅁㅁ를 잘 돌봐 주세요."

ㅁㅁ이는 한 곳에 몰입을 잘하는 친구다. 그래서 학교에 입학할 때도 특별한 도움을 주어야 하는 아이로 들어왔다. 늘 말이 없고 조용히 있어서 각별한 관심을 주지 않으면 놓치기 쉬운 친구다. 또 같은 어린이집을 다닌 친구들이 함께 학교에 오게 되었다. ㅁㅁ와 달리 자유로운 분위기 속에서 자라온 터라 에너지가 넘치는 친구가 있었다. 교사나 부모는 이 친구 때문에 ㅁㅁ가 더 소

극적이고 위축되지 않을까 하는 염려를 하기도 했다. 그러나 아이들은 어른들의 예상과 달리 서로 잘하는 것을 인정하게 되었다. 누구에게나 장점은 있다. 한 가지 잣대로만 들이대지 않는다면. ㅁㅁ는 수학을 잘한다. 패턴이 뚜렷한 학습은 빨리 이해하고 적용도 잘한다. 눈으로 보고 하는 것을 잘한다. 그래서 수업 중 자연놀이(북한산 자락에 20여 평 되는 밭을 얻어 방울토마토와 고추, 수박, 얼가리, 땅콩 등을 심어 키운다. 또 그 주위 들과 산에 있는 식물과 곤충을 찾기도 한다)에서 곤충을 찾기도 좋아하고, 특징을 잘 잡아 그림을 잘 그려 친구들의 부러움을 사기도 한다. ㅁㅁ는 자신감을 많이 갖게 되었다. 친구 사이도 좋아졌다. ㅁㅁ는 어느 누구의 특별한 도움이 필요하지 않는다. 오히려 다른 친구들이 모르는 문제를 물어오면 그 특유의 부드러움으로 친절하게 알려준다. 어린이집에서도 그랬거니와 학교에서의 생활에서도 배려하고 보살펴주는 따뜻한 손길과 기다림이 지금의 ㅁㅁ가 된 것 같다. 어디에 가서 생활을 한다고 해도 늘 사랑받고 친절한 아이로 지낼 것이라 믿어 의심치 않는다.

이와 달리 ■■도 일반 학교로 전학을 갔지만 미안한 마음을 떨칠 수 없다. ■■는 참으로 밝고 당당한 아이다. ■■ 또한 어디를 가서든 잘 지내리라 생각한다. 다만 아쉬운 것은 변화무쌍한 학교 만들기 과정에서 제대로 돌보고 배려하지 못했다는 아쉬움이 남는 친구다. 한 학기마다 바뀌는 담임교사, 그러다 보니 얼굴 익히고 성격 익혀 이제 뭔가 좀 해 볼 수 있겠다 싶으면 교사가 바뀌는 것이다. ■■는 도저히 왜 그렇게 담임이 바뀌는지 알 수 없었을 것이다. 아니 외국에서 살다 곧바로 우리 학교로 왔으니 한국에서 담임은 한 학기에 한 번씩 바뀌는 줄 알고 있을지도 모르겠다. 제대로 준비 없이 시작된 학교 만들기의 어려움이 고스란히 아이에게 전가된 것이다.

초등 교육 과정 초기의 기조는 자연 친화적이고 생태적이며 천천히 아이들의 리듬을 봐 가며 진행하는 것이다. 그러다 보니 새롭고 진전된 교육을 꿈꾸며 온 학부모의 불만이 있었다. 그러나 그런 요구를 받은 교사들은 이제 막 실험을 시작한 상황이며, 미처 준비되지 못한 상황에서 부모가 교사를 불신하고 있다고 생각하며 위축되거나 상처를 받는 사람도 있었다. 또 어떤 교사는 교육 과정까지 관여하고 들어오는 학부모의 모습이 교사의 고유 권한을 침해한다고 생각하는 사람도 있었다. 그러면서 학교를 떠나는 교사가 생겼다.

이 과정에선 나도 학부모의 생각과 비슷한 생각이었다. 지금 생각해 보면 내 뜻을 표현하거나 남의 생각을 읽어 주는 데 참으로 미숙했다. TV 찬반 토론회처럼 서로 다른 점을 부각하는 것에 중점을 둔 것 같다. 그리고 그런 다름을 이야기할 때 상대방의 여러 상황을 고려하여 이야기하지 못하고 내 주장과 입장과 뜻을 전달하기에 바빴고 내 생각만이 옳다는 그래서 모두 그 뜻에 따라야 한다는 생각을 갖고 있었다. 또 내 뜻을 잘 받아들이지 못하는 것에만 답답해했던 것 같다. 있는 그대로 받아들이고 한 사람 한 사람이 존중되는 그런 학교를 꿈꿨으면서 현실에서 일을 풀어나갈 때는 그런 생각이 그저 공염불이 되었다. 이해하면서 함께했어야 했는데 어른들이 좀 더 아니 나 자신조차 돌봄과 배려에 좀 더 성숙했더라면 교사가 자주 바뀌고 그래서 아이가 안 겪어도 됐을 어려움을 조금이나마 막을 수 있지 않았을까 하는 후회가 된다.

언젠가 내가 무슨 일 때문에 힘들다고 조한혜정 선생님께 말씀드렸더니 "자기는 좀 꽁한 데가 있지요?" 하고 돌발 질문을 하신다. "옛? 예~" 나는 아직도 사람과 만날 때 예전의 기억을 쉽게 잊고 지우지 못한다. 다른 사람의 단점을 빨리 잊어 주는 것, 그것이 지금 내게 가장 필요한 지혜가 될 터인데.

마음을 내서 기꺼이 어려움을 함께하려고 찾아온 사람들을 기쁘고 즐겁게 받아 주고, 자신의 부족함을 볼 줄 알고 나와 다름을 강조하기보다는 내가 갖지 못한 또 다른 조각을 갖고 있는 사람임을 알고 큰 품으로 안아 주는 곳, 그것이 바로 배움의 공동체가 되는 길이 아닌가 싶다. 자녀 열둘을 둔 지혜로운 부모 같은 교사, 그런 부모들이 늘어나면 늘어날수록 성미산 마을 학교는 행복해지지 않을까.

작은 학교로 되살아난 땅끝마을 서정분교

윤예중 서정분교 학부모

밥상공동체, 서정분교 가족운동회

"오매, 오매! 뛰지만 말고 소리를 질러, 말을 해, 말을!"

운동회를 구경나온 마을 주민과 학부모들은 운동장에 그어진 석회가루 경주선을 따라 쪽지를 집어 들고 달려오는 아이에게 너나 할 것 없이 소리를 친다.

"잘 생긴 남자요!" 아이가 소리친다. 그 소리가 떨어지기 무섭게 2학년 도희아빠는 쏜살같이 그 학생 손을 잡고 결승점으로 뛰어간다.

관중석의 마을 주민과 학부모들은 박장대소하며 한마디씩 한다.

"우와! 도희엄마는 좋겠다. 잘생긴 남편과 같이 살아서…" 하하 호호 여기 저기서 웃음소리가 이어진다.

흩뿌려진 웃음들 속에서 몇몇 학부모들의 흐뭇하고 잔잔한 미소가 떠오른다. 그들은 달려온 그 아이가 서정분교 학생이 아니며, 아빠가 없는 한 부모 아이임을 알고 있기에 눈앞의 펼쳐진 정경이 마냥 흐뭇했던 것이다.

호박 이고 달리기, 물동이 경주, 떡메 치기, 가족 릴레이, 목마 태우고 달리기, 줄다리기 등 남아 있는 경기를 빨리 진행하여 운동회를 마무리하고 늦은 점심을 시작한다. 운동회가 한창이어야 할 시간에 급식실 옆 운동장 한쪽에 솥이 걸리고 석쇠에는 노릇노릇한 고기가 구워진다. 그 순간 하늘에서 비가 쏟아진다. 그러나 그런 날씨에도 아랑곳없이 시골 학교 가을 운동회 분위기는 피어오른다. 150여 명의 마을 분들과 학부모 등 서정분교 가을 운동회 귀빈들께 막걸리 한 순배가 돌고, 준비된 음식과 밥, 국을 이곳저곳에서 함께 나누어 먹는다.

"아! 이 맛이여 이 맛! 이 맛이 바로 내가 어릴 적 운동회 때 맛 본 그 맛이라고!"

운동회로 고무된 아이들은 비로 인해 교실에서 풍물 공연을 한다고 준비하기에 여념이 없고, 그 아이들 뒤로 선생님과, 학부모, 마을 주민들은 막걸리를 돌리며 두런두런 이야기를 나누기에 여념이 없다. 늦가을 11월 서정분교 가족운동회는 그렇게 저물어간다.

작은 학교 살리기

나는 직장 문제로 땅끝마을 해남으로 이사와 6년째 이곳에서 살고 있다. 인구 10만 명이 채 안 되는 해남 땅을 바라보면서, 자식을 가진 부모의 입장에서 해남의 교육 문제는 쉽게 넘어갈 수 있는 문제가 아니었다. 경제적 기반이 취약한 지역이 갖는 인구 이탈의 문제는 어쩔 수 없는 것이라 생각하면서도 하나둘씩 학교들이 문을 닫는 현상을 묵과할 수 없었다. 대부분의 해남읍의 아이들이 다니는 읍내 두 곳의 초등학교를 제외하고는 해남의 서른다섯 곳의 초등학교가 폐교 상태다. 중학교와 고등학교의 사정도 초등학교와 크게 다르지 않아서 한 학교로 모든 교육 자원이 집중되어 있는 명문 인문계 고등학교에 진학하지 못하면 타 지역으로 이사를 가는 현실이다. 이렇게 해남의 교육과 학교 문제는 해남 땅의 인구 유출을 가속화하고 있었다.

이런 지역적 조건 속에서도 학부모들이 하나가 되어 일구어 낸 학교가 있었으니 그곳이 바로 내가 몸담고, 함께 숨 쉬며 살아가는 공간인 송지초등학교 서정분교다. 해남읍에서 35km 떨어진 송지면 서정리에 있는 송지초등학교 서정분교 2003년의 모습은 누구나 상상하듯이 전형적인 분교의 모습으로 남아 있었다. 학생 다섯과 그들을 돌보는 교사 둘이 서정분교의 식구들이었다. 이제껏 너무나 자연스럽게 해 왔던 관행대로 해남교육청은 2002년 하반기부터 폐교를 추진하기 위한 수순을 밟기 시작했다. 폐교를 위해 지역 여론을 조장하고 급기야 2003년 봄에는 학교 통폐합을 위한 공청회를 실시한다고 발표했다. 앞으로 실시될 공청회에서 서정분교 폐교 안건이 통과되면 이 학교가 폐교가 될 수밖에 없는 위기 상황에서 서정분교 학생의 한 학부모가 폐교 반대를 위해 움직이기 시작했다. 서정분교의 폐교만은 막아야 한다며 지역 주민들을 설득하기 시작한 것이다. 지역 주민과 이장, 학부모들을 찾아가 서정분교가 없어지면 이 학교를 중심으로 형성된 지역 공동체가 없어진다고 폐교 반대를 위해 힘써 줄 것을 피력했다. 이 작은 움직임은 서정분교 폐교를 반대하는 여론을 형성하게 되었고 서정분교의 폐교는 일단 유보한다는 결실을 맺었다.

지역 주민들과 학부모들이 작은 힘을 모아서 무언가를 이루어 냈다는 성취감은 서정분교를 살리기 위한 원동력이 되었다. 이러한 지역 공동체의 작은 힘을 바탕으로 서정분교가 갖는 작은 학교의 장점들을 살려내기 위한 실험들이 시작되었다.

방과 후 방치되는 아이들을 위해 피아노, 미술, 영어, 컴퓨터, 노작, 글쓰기, 요가, 탁본 등 방과 후 특기 적성 교육 프로그램들이 마련되었고, 이런 프로그램들은 아이들과 자원 봉사자, 교사들이 서정분교에 대한 애정과 사랑으로 하나가 되는 계기가 되었다. 매달 토요일에 열리는 생태 체험은 서정분교 학생이 아니더라도 누구나 동참할 수 있게 함으로써 서정분교가 학교의 담을 허물고 지역 공동체로서의 입지를 다질 수 있는 환경을 만들어 나갔다. 이 밖에도 차 문화 답사, 도자기 문화 답사 등 체험 활동도 정기적으로 실시했다.

지역 주민들과 학부모들이 작은 힘을 모아 폐교 위기에 놓인 서정분교를 살려냈다. 지역 공동체의 작은 힘을 바탕으로 서정분교가 갖는 작은 학교의 장점들을 살려내기 위한 실험들이 시작되었다. 위부터 시계 방향으로 입학식, 탁본 수업, 해남 바로 알기 현장 학습, 생태 체험 활동.

　　이런 활동 역시 교사, 학부모, 학생, 자원 봉사자, 지역 주민이 함께 참여하는 경험을 통해서 이 시대에 작은 학교가 왜 필요한가를 알리고 지역 여론을 형성하는 것에 초점을 맞추었다. 이와 같은 서정분교 작은 학교 살리기의 노력들은 서서히 지역 여론의 관심을 받으며 지역 사회의 힘을 받기 시작했다.

몸과 마음을 함께한다는 것

2003년 8월 여름 우리는 또다시 일(?)을 낸다. 일을 내는 것을 기꺼이 즐기며 말이다. 서정분교 작은 학교 살리기에 동참했던 사람들과 해남 생활협동조합원, 서정분교 학부모가 함께하는 '푸른 꿈을 키우는 서정분교 여름캠프'를 열게 된 것이다. 100여 명이 캠프에 참여하여 작은 학교에 대한 관심과 기대를 서로 나누었고, 충청도 거산분교의 학부모와 민들레출판사 관계자 분들을 초청하여 대안 교육에 대한 이야기도 나누었다.

아름답고 찬란했던 여름캠프는 우리가 고민했던 서정분교에 대한 문제들을 풀어내고 해결책을 모색하는 소중한 시간이 되었다. 각자 혼자서 고민만 하지 말고 그 고민을 함께 풀어 가고자 만들어진 '교육을 고민하는 공부 모임'이 여름캠프 후 해남읍에서 꾸려졌다.

우리들의 필요는 무언가를 만들어 내는 힘이 되었으며 그 과정에서 우리가 경험하는 것들은 또다시 우리들의 필요를 충족하기도 하고 필요를 만들어 내기도 했다. 『작은 학교가 아름답다』, 『키노쿠니를 말한다』 등의 책을 함께 읽는 것으로 시작한 '교육을 고민하는 공부 모임'은 2주에 한 번씩 7~10명이 참여하는 학습과 토론 모임으로 정착되었고, 이곳에서 고민을 함께 나눈 학부모들이 시간이 흐르면서 점차 서정분교로 아이들을 전학시키기 위해 움직이기 시작했다.

"여보! 굳이 이사까지 가야겠어?"

'작은 학교 살리기 서정분교 모임'에 함께 참여하고 있는 아이 엄마가 2학기부터 컴퓨터 자원 봉사를 시작한 내게 하는 말이다. 해남읍에서 차로 40분 거리에 위치한 서정분교까지의 통학 거리는 작은 학교 서정분교 살리기의 핵심적인 장애 요인으로 부각되고 있었다. 학생 수가 늘어나야 학교가 유지될 수 있는데 서정분교는 읍내와 너무 멀리 떨어져 있기에 다들 선뜻 전학을 결정하지 못하는 것이다. 서정분교에 관심이 있는 대다수 부모들이 모이면 고민하는 그 문제에 대한 답은 내게 너무나 자명해 보였다. 먼 길을 통학하든지 학교 근처로 이사하든지, 둘 중에 하나를 선택해야만 한다고 생각한 나는 아이 엄마와 많은 의견을 나누었다. 아이 엄마는 경쟁과 정복이라는 교육 현실에 대한 문제를 함께 공감하고 있었지만, 작은 학교 살리기에 이념적으로 동참해 도움을 주는 것과, 자신의 삶을 전면적으로 수정하고 변화하는 것은 또 다른 차원의 것임을 고민하고 있었다. 이런 고민은 비단 우리 부부에게만 국한된 것이 아닌 많은 부모들이 고민하던 공동의 과제이기도 했다.

"쉽지 않지만 어차피 해야 한다면 몸을 던지는 것도 필요하지 않겠어?"

우리 부부는 많은 고민 끝에 서정분교 근처로 이사하기로 결정했고, 우리 부부와 같은 결정을 내린 또 다른 가족과 함께 2004년 11월에 학교 근처 마을로 이사했다. 새롭게 들어온 20여 명의 서정분교 학부모들과 2004년 2월에 학부모 예비 모임을 가졌다.

"저는 아직도 전학을 결정하지 못했어요. 서정분교에 관심은 있지만 40분 동안 아이들을 시외버스를 타고 통학을 시킬 만큼 학교의 필요성을 느끼지 못하겠네요!"

"아이 엄마가 고집을 피워서 일단 서정분교로 보내기로 결정은 했지만 여전히 마음에 차지는 않네요!"

"저희 집 아이는 이런 시골 학교에 전학 오기 싫다고 하네요! 그래서 한 달만 다녀봐서 그때에도 다니기 싫으면 다시 전학시켜 준다고 설득했어요."

"아이를 서정분교로 보내기로 결정했지만 여전히 잘한 선택인지 고민돼요. 부모 욕심 때문에 괜히 아이들만 고생을 시키는 게 아닌가 고민이 여전히 남는 것이 사실이에요."

학부모 예비 모임은 대부분의 학부모들이 어떤 사안에 대해 쉽게 결정을 내리지 못하고, 이미 내린 결정에도 여전히 반신반의하며 고민하는 학부모들이 이야기를 나누고 공감하는 소통의 장이 되었고 이는 후에 '서정학부모회'가 만들어지는 발판이 되었다.

서로를 통해서 배우는 아이들

2004년 입학식, 전교생이 24명으로 늘었다. 방과후 특기 적성 교육은 피아노,

한문, 독서 지도, 요리, 요가, 컴퓨터, 해남 바로알기, 체험 학습, 영어, 공작, 공동체 놀이, 풍물, 생태 체험 등으로 내용이 더욱 다채롭게 진행되었고, 자원 봉사자가 대부분이 학부모로 전환되면서 학부모가 아이들과 함께 교육 현장에서 배우고 참여하는 학교의 모습을 갖춰 나가게 되었다.

"속상해 죽겠어요! 우리 영진(이 글에 나오는 아이 이름은 모두 가명)이가 아이들에게 따돌림을 받아요!"

한 달에 한 번 선생님과 전체 학부모가 모여 회의를 하는 자리에서 영진이 엄마가 울면서 하소연한다. 영진이는 어릴 때부터 귀가 들리지 않아 정상적인 아이들보다 발달이 늦어져 정서 면이나 학습 면에서 4~5세 수준이었고, 1학년 다른 아이들보다 나이가 많고 덩치가 커서 자신 맘대로 하려는 아이였다. 영진이엄마의 이야기를 들은 학부모들은 아이들에게 서로간의 따돌림과 놀림이 나쁜 것이고, 영진이는 우리와 다른 배려와 돌봄이 필요한 아이임을 이야기해 주었다. 얼마 동안의 시간이 지나고 영진이를 둘러싼 사건을 계기로 학부모들의 아이들의 대한 논의와 이해는 깊어지고 학교 내에서 따돌림과 놀림의 문제를 어떻게 해결해 갈 것인가를 함께 고민하고 실천해 나갔다. 이런 교사와 부모의 노력과 실천, 그리고 가르침은 아이들이 놀림과 따돌림의 문제를 배려와 돌봄으로 실천할 수 있도록 하여 영진이가 여느 아이들과 같이 평범한 아이로 적응할 수 있도록 했다.

"찬정이가 짱에서 쫓겨났어요!"

"무슨 소리인데?"

서정분교 토박이인 찬정이는 5,6학년이 3명인 서정분교의 짱인데, 욕을 많이 하는 아이였다. 아이들끼리 욕을 많이 하는 것은 옳지 못한 것이고 욕을 할 때는 거기에 대한 벌을 받기로 전교생 서로 간에 이야기가 된 모양이다. 점심시간에 찬정이는 욕을 했고 전교생이 모두 찬정이가 약속한 벌로 짱에서 물러날 것을 요구하였고, 찬정이는 그 약속을 지켰다는 것이다. 그 소식을 접한 학부모들은 1학년부터 6학년까지 공동체로서 서로를 보살피며 학년

간의 교류가 이루어지는 작은 학교 서정분교의 모습에 흐뭇해했다. 일일이 가르쳐 줄 수 없는 것들을 아이들은 서로서로를 통해서 스스로 배워 가고 있었던 것이다. 또한 이런 이야기를 전해들은 교사와 학부모 역시 그러한 아이들을 통해서 배우는 것이다.

그냥 이곳이 좋아

"한길아, 산하야?"

"네? 아빠!"

나의 아이들과 이야기를 한다.

"너희는 해남 송지 시골 학교에 다니고, 모기, 벌레도 많은 촌에서 사는데 예전에 도시 아파트에 살던 때가 더 좋지 않아?"

4학년 큰딸은 "아니, 아빠 난 이곳이 좋아, 학교도 재미있고, 친구도 좋고 맘대로 놀 수 있어서 좋아, 아파트는 놀이터가 있어서 좋았는데 지금 여기가 놀이터보다 더 좋아!" 하고 내 맘에 쏙 드는 대답을 한다. 3학년 둘째 아들이 "아빠 나는 그냥 이곳이 좋아!" 한다.

"여보? 내가 만일 애들을 서정분교로 보내지 않았다면 지금과 같은 아빠 모습을 할 수 있었을까? 내가 함께 배우는 부모가 되지 않았다면, 학교라는 곳은 엄마가 한두 번 들르는 곳이고, 아이들을 학교와 학원을 오가며 나와 얼굴 볼 새도 없이 지냈겠지? 그리고 교육은 엄마가 다 알아서 해야 하는 것으로 생각하는 아빠가 되었을 텐데 말이야."

'이곳으로 이사 오고 아이들과 함께한 서정분교의 시간은 어쩌면 아이들보다 내 자신에게 주어진 배움의 시간이 이었다는 생각이 들어…' 이 말만은 내뱉지 않는다. 가만히 서정분교와 함께한 시간을 떠올리면서 스스로에게 읊조린다. 서정분교…

처음에는 교육 현실에 대한 막연한 문제의식에서 출발해서 작은 학교 살리기에 동참하다가 지난 3년간 학교를 정겨운 이웃집 드나들듯 출입하고, 모든 학부모가 형님과 친구와 동생이 되면서 어쩌면 아이들보다 내가 많은 것을 배우고 더불어 사는 삶에 대한 이해를 넓힌 것이 아닌가 생각해 본다. 그것은 돌봄의 공동체임을 자연스럽게 느끼고 지나온 과정이었다.

어른들도 꿈을 꾼다

— 느티나무어린이도서관 '마을학교' 이야기

박영숙 느티나무어린이도서관 관장

"화우쩨(황새), 우지 못해요. 화우쩨, 그러므 어떠케 마르 할까요? 자, 여기 비디오루 보쎄요." "딱딱 딱딱딱… 딱딱…" 아! 황새는 저렇게 기다란 부리를 부딪쳐서 말을 하는구나. 커다란 스크린에 비춰진 황새를 보고 신기해하면서도 황새 '말소리'를 들어보려고 잔뜩 숨을 죽이던 아이들이 이내 참지 못하고 한숨을 쏟아낸다. "어떡해…!" 다음 화면에 비춰진 건 부리가 부러진 황새다. 눈썹을 온통 찌푸리고 들여다보는 아이들 모두 가여워서 어쩔 줄 모르겠다는 표정이다.

숙제도 선생님도 없고 수다 떨며 놀다 가는 학교

달마다 느티나무에서 마을학교가 열리는 시간. 오늘 이야기손님은 좀 먼 이웃에서 찾아왔다. 『부리가 부러진 황새』라는 그림책을 지은 재일교포 동화작가 김황 아저씨. 일본 오사카에서 나고 자라 딸 셋을 둔 아빠가 된 아저씨는 대학에서 생물학을 공부한 사람답게 코끼리, 호랑이, 황새 같은 동물들이 살아가는 이야기를 책에 담고 있다.

황새는 우리나라 텃새였다. 그런데 마지막 남았다던 한 마리마저 사라진

게 벌써 10년이나 되었다. 그러니 아이들이 보았을 리가 없다. 게다가 비행기를 타고 이웃 나라에서 날아온 아저씨라니. 하지만 아이들 얼굴에 낯선 느낌은 없다. 아저씨는 한국말이 서툴러 아이들이 제대로 알아듣지 못할까 봐 잔뜩 걱정을 했다고 한다. 그런데 어느새 아이들하고 오랜 친구처럼 어울리고 있다. 여느 때보다 더 들떠서 손님 맞을 채비를 한 아이들과 그새 마음이 통한 걸까. 아이들은 손가락만 한 종이황새를 다닥다닥 만들어 붙여서 펼침막까지 걸어 놓았다.

달마다 학교에 가지 않는 토요일 오후면 느티나무도서관에는 여느 때보다 더 많은 아이들이 몰려든다. 아이들 손에는 가방도 없고 교과서도 없다. 그저 오늘은 또 어떤 이야기가 펼쳐질까 잔뜩 설레는 표정뿐. 시험도 없고 숙제도 없는 학교에서 선생님이 아니라 이야기손님으로 나선 아줌마 아저씨들과 수다 떨며 어울린다.

회사 일로 유럽 여러 나라를 다닌다는 한 아저씨는 가는 곳마다 그 나라 풍경을 담은 엽서를 사두었다고 했다. 그 엽서들을 한 장 한 장 스캔하여 커다란 스크린에 비추며 보여 주었다. 엽서에 담긴 뾰족 지붕, 낮은 지붕, 바닥까지 보이도록 맑은 바다, 가슴까지 파묻히도록 눈이 쌓인 풍경… 지구본을 돌리며 어디쯤에 있는 나라인지 짚어 주는 아저씨 손가락을 따라 눈동자를 굴리는 아이들은 입이 다물어지지 않았다.

공장을 찾아다니며 아주 신기한 기계를 달아 주는 아저씨도 만났다. 음료수가 든 깡통에 덮개가 잘못 달렸거나 유통 기한이 잘못 표시된 걸 척척 골라내는 기계. 눈 깜짝할 새 수백 개 물건들이 쏟아져 나오는 공장 풍경을 쳐다보면서 스크린 속으로 빨려 들어갈 것 같았다. 아저씨가 들고 온 기계를 놓고 실험을 해 보이자 아이들은 입이 떡 벌어진다.

학교라는 이름이 붙긴 했지만 무얼 배울지는 아무도 따지지 않는다. 제대로 따라 배우지 못한다고 나무라지도 않는다. 몇 등? 점수나 등수를 매기지 않는 건 말할 나위도 없다. 그래서 오롯이 즐거운 걸까.

느티나무도서관에는
선생님이 없다.
어른들도 아저씨 아줌마,
언니 형이라고 부른다.
무얼 가르치거나
평가하는 게 아니라
아이들 스스로 알고 싶은 것,
하고 싶은 걸 맘껏
배우고 누릴 수 있도록
그저 친구가 되고 싶기
때문이다. 그래서
어른들이 아이들과 마주보며
함께 살아가는 법을
아이들에게 배운다.

아이들만 그런 것도 아니다. 틈틈이 끼어 앉은 아줌마 아저씨들도 이야기에 빠져든다. 마을학교라고 이름 붙인 날만 그런 것도 아니다. 그저 사방이 책으로 둘러싸인 놀이터처럼 보이는 도서관에서 아이들은 날마다 마주치는 사람들과 어울리며 배운다. 그래서 우리는 도서관을 '가르치지 않아서 더 큰' 배움터라고 믿는다.

어른들은 어떤 꿈을 꿀까?

우리말이 조금 서툰 김황 아저씨 말고도 마을학교에 이야기손님이 되었던 어른들 모두 긴장하는 건 다르지 않았다. 마치고 나면 하나같이 참 즐거웠지만 또 한쪽으로는 진땀을 뺐다고 덧붙인다. 오랫동안 해 온 일이지만 막상 아이들에게 설명을 해 주려니 어지간히 힘든 게 아니더라고 한다.

아인슈타인과 더불어 20세기 최고의 과학자로 꼽히는 리처드 파인만은 그 두꺼운 물리학 책을 쓰면서도 복잡한 수학 공식 같은 건 쓰지 않았다는 말을 들은 적이 있다. 정말 잘 알고 있는 이야기라면 어려운 낱말을 쓰지 않고도 설명할 수 있다는 말이다.

놀라고 궁금한 게 많아진 아이들이 질문을 쏟아 놓으면 이야기손님들은 이마에 땀이 맺힌다. 그러거나 말거나 아이들은 소리를 지르며 알고 싶은 게 끝도 없다. 마을학교를 마치고 나면 두고두고 할 말이 많아진다. 지도를 펼쳐 놓고 유럽아저씨한테 들은 나라 이름을 찾아보느라 바쁘고, 파란색만 보면 바닷가 풍경이 담긴 엽서로 보았던 그리스를 떠올린다. 읽지도 않은 안데르센 동화집을 보고 아저씨가 이 사람 살던 집을 보여 줬다며 알은체를 한다. 학교에서 시험을 봐도 유럽에 대한 문제가 나오면 다 아는 것처럼 법석을 떨겠지. 무슨 물건이든 뚜껑이나 바닥에 박힌 유통 기한을 들여다보고 할 말이 많다. "이건 글씨가 좀 지워졌잖아. 공장아저씨 있으면 골라 줬을 텐데." 겨우 한두 시간 이야기를 나눈 것뿐인데 아이들에게는 그렇게 오래도록 떠오르는 추억이 된다. 추억이 한 켜씩 쌓일 때마다 아이들이 그리는 세상도 넓어진다.

아이들이 가장 궁금해 하는 건 언제부터 왜 그런 일을 하고 싶어 했는지, 하루하루 무슨 꿈을 꾸며 살아가는지에 대한 것들이다. 그래서 마을학교에 찾아오는 이웃들은 생각이 많아진다고 한다. 내가 언제부터 이런 일을 하고 싶어 했더라. 어느새 이렇게 잘하게 되었을까. 지금은 또 무슨 꿈을 꾸고 있나. 스스로 묻고 생각하게 된다고 한다. 그러면서 아이들은 어른들하고도 친구가 될 수 있다는 걸 알게 되었다.

배운다는 건 '두려움'에서 자유로워지는 것 아닐까

느티나무도서관에는 선생님이 없다. 어른들도 아저씨 아줌마, 언니 형이라고 부른다. 무얼 가르치거나 평가하는 게 아니라 아이들 스스로 알고 싶은 것, 하고 싶은 걸 맘껏 배우고 누릴 수 있도록 그저 친구가 되고 싶기 때문이다. 그래서 어른들이 아이들과 마주보며 함께 살아가는 법을 아이들에게 배운다.

날마다 서로 다른 동아리들이 모임을 갖고 갖가지 모꼬지가 열린다. 지은이도 만나고 영화도 보고 구석에 있는 작은 방에서는 늘 전시회도 연다. 마을 축제도 열고 작은 음악회도 열지만 이름난 연주자를 초대하는 건 아니다. 누구나 하고 싶은 대로 좋아하는 활동을 누리도록 멍석을 펼쳐 놓고 함께 즐기면서 맘껏 손뼉을 쳐 주는 자리다.

아이들이 만들어 낸 결과보다는 하루하루 자라는 모습을 가까이에서 지켜보고 오랜 시간이 흐른 뒤에도 그 모습을 기억해 줄 사람들. 그 속에서 아이들은 기쁘게 배우고 기쁘게 표현한다. 평가받아야 한다는 두려움도 없고 경쟁에서 이겨야 한다는 부담이 없으니 서로 가르쳐 주고 도와줄 줄도 알고 맘껏 손뼉을 쳐줄 줄도 안다. 조금 늦된 아이들을 기다려 줄 줄도 안다. 실수를 해도 대수롭게 여기지 않고 두고두고 재미난 이야깃거리가 된다. 그러면서 정이 든다. '배워서 남 주는' 기쁨도 제 스스로 누리며 배운다.

배움이 값진 건 두려움에서 자유로워지기 때문이 아닐까. 누구나 배움을 통해 타고난 잠재력을 발휘하고 좋아하는 일을 맘껏 할 수 있게 된다. 우리 삶의 구석구석을 얽어매고 있는 힘에서 놓여날 수 있게 된다. 그런데 안타깝게도 너무 많은 아이들이 '배워야 한다'는 절대 명령에 짓눌려, 배우는 기쁨을 알기 전에 온몸으로 두려움을 익히고 있다. 부모들은 어마어마한 돈을 들이면서도 불안한 마음을 떨치지 못한다. 그저 어쩔 수 없는 일이라며, 그래도 아이들이 스스로 생각하는 힘이나 창의성까지 기르는 '요행'을 바란다. 그 틈에 아이들에게도 두려움이 옮아간다.

우리는 먼저 우리가 책을 펼치고 배우자고 했다. 아이들을 '살아남기 위한' 배움으로 밀어 넣기 전에 '삶을 행복하고 풍성하게 만드는' 배움의 기쁨을 우리 스스로 느껴 보려는 것이다. 그리고 아이들과 함께 살아가는 법을 배우려고 한다. 언제나 우리에게 큰 선생님 몫을 하는 아이들에게 말이다. 그 다음은 우리를 지켜보는 아이들이 저절로 보고 따라하며 배울 거라 믿는다.

그저 누구나 조금씩 다를 뿐이야

이야기손님들을 바짝 긴장하게 만드는 일이 또 한 가지 있다. 마을학교에서는 이렇게 해 달라고 당부하는 몇 가지 규칙이 있다. 먼저 우리는 무엇을 하든 나이, 성별, 장애, 계층, 학습 능력까지 '통합'하는 걸 원칙으로 삼는다. 아이들이 '다름'을 찾아내기에 앞서, 있는 그대로 존중하며 자연스레 어울리는 법을 배우기 바란다. 그런데 이야기손님들 말을 들어보면 그게 그리 쉽지 않은 모양이다. 누구에게 잘했다고 따로 상을 주거나 칭찬을 하지 말자고 약속을 하지만, 이야기를 풀어가다 보면 모르는 새 그런 말이 튀어나온다는 것이다. 우리가 서로 견주고 평가하고 섣불리 칭찬하는 데 얼마나 길들여져 있는

지 새삼 느끼게 된다.

장애와 비장애를 가르지도 말자고 한다. 그저 누구나 조금 늦되거나 한 군데 불편한 데가 있을 수 있는 법이니까. 남자가 어떻다거나 여자들은 원래 그렇다거나 하는 말도 쓰지 말자고 한다. 그런데 어른들은 머리로 생각은 하면서도 얼마나 몸에 배었는지 무심코 이런 말이 나와 버린다. "에이, 사나이가 그럴 수 있나." "자, 이건 여자 친구들이 좋아하겠지?" 하긴 유치원에만 가도 남자 여자 몸이 다르고 좋아하는 것도 다르게 타고난다고 배운다. 남자는 파란색, 여자는 분홍색, 성별에 따라 색깔도 가르고 해야 할 놀이도 가르게 된다.

우리 집 큰아이가 일곱 살 나던 해인가 자전거를 사 주었을 때 일이다. 자전거 가게에서 마침 아이 키에 딱 맞는 중고 자전거 한 대를 만났다. 아이는 신이 나서 자전거를 구석구석 깨끗이 닦더니 매직을 들고 나가 커다랗게 이름도 썼다. 그날 종일토록 도서관에 들어오는 사람들이 한마디씩 건넸다. "밖에 세워둔 분홍색 자전거 진짜 승철이 거예요? 엄마가 너무 무심한 거 아녜요? 남자애가 창피해서 어떻게 타고 다니라고. 승철아, 네가 고르지 그랬어." 신발이든 옷이든 분홍색 빨간색이라도 좋아라하며 물려받던 아이가 그때부터 남자 색, 여자 색을 가려 묻는 통에 한참이나 실랑이를 해야 했다. 다행히 아이는 5학년이 된 지금도 이웃에서 얻은 빨간색 신주머니를 아무렇지도 않게 들고 다닌다.

자꾸 하고 싶은 게 많아져요!

한 해 두 해 지내면서 가장 기쁘고 뿌듯한 일이 '자꾸 하고 싶은 게 많아진다'는 말을 듣게 된다는 것이다. 많은 사람들이 요즘 아이들에게 가장 안타까운 게 도무지 '하고 싶은 게 없다'는 것이라고 하소연을 하는 걸 떠올리면 신기한 일이 아닐 수 없다. 무기력증. 자기가 무얼 하고 싶은지 무얼 잘할 수 있는

지 스스로 생각해 볼 기회도 없고 마음대로 해 볼 기회도 없었기 때문이다.

아이들은 누구나 호기심과 동기를 타고난다. 갓난아기도 손발을 움직여 무언가 바깥세상에 있는 걸 달라지게 할 수 있다는 걸 알게 되면 그것에 호기심을 나타내고 하고 싶어 한다. 아이들이 자꾸 하고 싶은 게 많아지는 건 함께 누리면서 얻는 기쁨을 알게 되었기 때문이다.

"너네 유럽 황새랑 우리나라 황새가 어디가 다른지 알아?" "황새가 어떻게 울게?" 아이들은 그렇게 배운다. 배운 걸 나누고 싶어 한다. 우리가 아이들을 굳이 가르치고 키우려고 들지 않아도 된다는 걸, 그저 함께 살아가면 된다는 걸 아이들은 그렇게 쉽게 가르쳐 주고 있다.

이달 마을학교 제목은 '얘들아 노~올자!'. '해피 봉'이라는 딴이름을 가진 아저씨가 이야기손님으로 기다리고 있다. 결혼한 지 얼마 안 되어 아직 아빠가 되진 않았지만 아이들하고 노는 걸 아주 좋아하고 가장 잘한다는 아저씨. 잠시도 가만있지 않고 반짝거리는 눈동자를 굴리며 웃는 얼굴이 개구쟁이들을 그대로 닮았다. 무얼 배울지 물어보는 사람은 아무도 없다. 극단에서 연극도 하고 뮤지컬도 하고 포스터나 홍보물 디자인도 하는 재주꾼이라고 하니 얼마나 많은 이야기를 들려줄지 잔뜩 기대가 되기는 한다. 부모들도 그저 얼마나 신나게 하루를 보낼지 함께 설레며 기다린다.

가을이 지나 눈이 내릴 쯤엔, 해가 바뀌어 아이들 키가 한 뼘씩 더 자랄 때쯤엔 또 어떤 이웃이 찾아와 아이들을 만날까. 무슨 일을 하는 사람을 만나든 아이들은 한바탕 깔깔대고 어울리며 잊지 못할 토요일을 보낼 것이다. 그리고 우리 마을에 아주 친한 친구가 하나 더 생겼다고 믿게 될 것이다. 나이는 스무 서른 살쯤이나 차이가 나지만 언제든 마주치면 반갑게 웃음을 나누고 궁금한 게 생기면 달려갈 수 있는 친구. 그렇게 온 마을이 배움터가 되어 가고 있다.

어린이마을학교, 주민자치센터에 자리 잡다

이현주 전 양천구의원

나는 2002년 6월 지방선거에서 여성민우회가 추천한 시민 후보로 출마해 양천구의원이 되었다. 당선은 됐으나 오랜 직장 생활 경력만 있을 뿐, 지역에서 활동한 경험이 짧았기 때문에 무엇보다 주민들과 다양한 접촉점을 만드는 것이 당시 최대 숙제였다. 물론 당선 뒤에는 정기적으로 주민들과 의정 활동에서 얻은 정보를 나누는 것은 물론 대화하겠다는 약속을 한 터였다. 그리하여 월 1회 '목동 마을 만들기 포럼'이 시작되었다. 우리 지역과 관련된 문제들에 대해 주민들에게도 알리는 것이 일차 목표요, 그 결과 주민들의 참여를 이끌어 내는 것이 이차 목표였다. 그리하여 포럼은 2년 반 가까이 진행되었다. 월 1회씩 모두 25회.

그리 길지 않은 기간이라 평가를 내리기에는 섣부른 감이 있지만, 일단 출발은 성공적이었다. 구의원이 이런 일을 하기도 하다니… 하며 관심을 받았다. 처음에는, 그리고 당장 나에게 무슨 피해가 생길까 염려되는 주제를 다루는 날에는 주민들이 많이 참석했다.

하지만 우리가 공동으로 해결해 가야 할 문제라든가, 발등에 떨어진 문제가 아니면 주민들의 관심을 받기가 어려웠다. 매번 400장 정도의 전단지를 만들어 각 아파트 입구 게시판에 붙였지만 많이 참석했을 때가 40여 명, 적을 때는 10여 명. 매번 주제를 잡고, 때로는 강사도 부르고 하는 일은 얼마든지 할 수 있었으나, 주민들의 자발적인 참여를 이끌어 내기는 힘들었다. 강제성을 띨 수는 없는 노릇이었다.

구의원 3년째가 되자 차기 선거를 노려서인지 이 모임에 대한 경계가 만만치 않아졌다. 주민들의 반대가 있다며 주제에 따라서는 모임 홍보물 붙이는 것 자체가 불가능하기도 했다. 때로는 아파트 동대표회장이, 때로는 아파트 관리소장이 주민들의 알 권리를 막는데, 어처구니없는 일인 것 같지만 엄연한 현실이었다. 이 모임을 알리는 것 자체가 사전 선거 운동이 될 수도 있다며 말도 안 되는 해석을 내린 지역선관위 때문에도 이 모임을 계속하기가 힘들어졌다. 마지막 포럼이 열렸던 건 2005년 1월 27일 '에니어그램으로 나와 세상 보기'를 주제로 한 것이었다.

어린이마을학교, 주민자치센터에 자리 잡다

그러던 중 2005년 3월부터 한 달에 한 번 넷째 토요일에 학교 안 가는, 노는 토요일(이하 '놀토')이 시작된다는 소식이 있었다. 주민자치센터가 놀토를 위한 프로그램을 만들었으면 좋겠다는 생각을 전부터 하고 있던 터라 주민자치위원회 회의에서 구체적으로 제안을 하게 되었다. 아마 2월에 열린 회의였던 것 같다. 3월에 준비 기간을 거쳐 4월부터 시작하기로 의결되었다. 많은 분들이 좋은 아이디어라며 반기는 분위기였다.

구의원이 갖는 반관반민(半官半民)의 처지를 잘 활용할 수 있었기 때문이었다고 본다(공무원들은 구의원을 '민'이라고 보는 반면 주민들은 '관'에 가깝다고 보는 것 같다). 구의원이 제안하니까 공무원들은 웬만하면 반대하지 않고, 주민들은 구의원이 앞장서 주니 편하게 생각하는 모습이었다.

물론 이때도 판지를 거는 사람이 없었던 것은 아니다. 바로 그 전해 7월부터 시작된 공무원 토요휴무제 때문이었다. 그럼 누군가 직원이 한 명 나와야 할 텐데 괜찮겠느냐며. 그냥 주민자치위원들이 나와서 책임지고 진행하면 되지 않느냐는 의견도 있었지만, 그렇게는 절대 안 된다고 한다. 민간인은 책임질 수 없다는 의견이 대세였다. 하지만 동장이 한 달에 한 번이니 직원들이 돌아가면서 나오기로 하자고 함으로써 그 문제는 해결됐다.

그리고 주민자치위원 중에서 초등학생을 둔 비교적 젊은 위원과 희망자들로 '어린이마을학교 준비위원회'가 구성되었다. 이 준비위원회가 구성될 수 있었던 것도 몇 년 전부터 하던 독서 모임이 모태가 되었다.

어린이마을학교 모태가 된 독서 모임

2003년 1월 15일 시작된 주 1회 독서 모임은 가장 간단히 지역 주민들과 만날 수 있는 통로라 생각하여 시작되었다. 특별히 다른 준비가 필요치 않은 일이고 함께 책 읽는 거야 얼마든지 가능하리라 생각했다. 동네일을 하다 보니 긴박하게 돌아가는 일들이 자주 터져 매주 책 한 권씩을 읽고 모이는 데 어려움도 있었다. 읽는 책의 성향이 맞지 않거나 여러 사정으로 멤버가 바뀌는 우여곡절을 겪기도 했으나 이제는 거의 10명의 구성원이 안정적으로 운영되고 있다.

처음 구의원이 되었을 때 주민자치센터의 주민자치위원회는 '주민 자치'와는 거리가 먼 사람들로만 구성돼 있었다(구의원은 조례상 주민자치위원회 상임 고문으로 돼 있다). 왜 예산 써 가며 이런 조직이 있는지 이해할 수 없었다. 주민자치위원회 활성화를 위한 이런저런 제안을 해 보았지만 받아들여지지 않을 뿐더러 어쩌다 모범 주민자치센터 견학 등을 다녀와도 우리와는 관계없는 일이 돼 버렸다. 놀러 가고 먹으러 가는 데는 관심이 많았지만.

그러다 2004년 중반 주민자치위원들 임기가 끝나 다시 구성하게 되었을 때 동장은 특별한 하자가 없는 기존의 주민자치위원을 교체하기 부담스러워 했다. 그냥 몇 사람 더 충원하자고 했다. 나는 충원 방법으로 '주민자치위

아이들은 학교에서 배울 수 없는 것을
마을학교에서 배우고, 부모들은
마을학교가 즐겁고 행복한 공간이어서
기꺼이 참여하게 된다면 그야말로
행복한 마을학교가 될 수 있지 않을까.
위부터 시계 방향으로 마을학교
워크숍, 안양천사랑모임의 도움을 받아
탐조 활동을 하는 어린이들, 동화읽는
어른모임이 진행한 마을학교 프로그램.

원 공개 모집'을 제안했다. 다행히 동장이 이를 받아들였다. 주민자치센터 게
시판과 인터넷 홈페이지에 '공모' 공고를 냈다. 물론 신청자는 별로 없었다
(주민의 자발성 수준이 이 정도다). 이때 2년 가까이 호흡을 맞춰온 독서 모임 회
원 몇 사람이 신청을 했다. 그들이 바로 주민자치위원이 될 수 있었다. 공개
모집으로 들어간 주민자치위원들이 바로 어린이마을학교를 함께 만드는 주
요 인물들이 되었다.

학교 안 가는 토요일에는 어린이마을학교에서 놀자

어린이마을학교 준비위원회에 속한 주민자치위원들이 처음에는 주 2회씩

만나 어떻게 아이들을 모을까, 프로그램 내용은 어떤 것으로 할까, 강사는 누가 할까, 어떤 모습의 학교를 만들까 하는 고민들을 시작했다.

뚜렷한 대책 없이 시작한 '학교 안 가는 토요일'에 가정에서 돌봄을 받기 어려운 아이들을 우선적으로 받아들이는 게 좋겠다고 했다. 그리하여 관내에 있는 초등학교 몇 군데를 방문해 교장 선생님을 만나 취지를 전하고 아이들에게 '어린이마을학교'를 홍보해 주고 맞벌이 가정의 아이들을 추천해 달라고 요청했다. 초등학교 교장 선생님들의 반응은 참 다양했다. 안전을 보장받을 수 없기 때문에 추천하지 못한다는 분부터 참 좋은 일을 한다고 격려해 주는 분까지.

우선은 초등학생을 수강생으로 받아들이고, 중고생의 신청을 받아 초등학생들을 돌보는 자원 봉사를 시키기로 했다. 물론 3시간의 자원 봉사 확인서를 내주었다. 요즘은 모든 아이들이 형제자매가 많지 않으니 동네에 있는 동생들을 보살피게 하는 것이 단순히 자원 봉사 거리로서만이 아니라 동생들과 정을 나누는 기회도 될 수 있다고 보았다. 그리고 중고생만 보면 이들도 불안하지만, 동생들을 돌보는 이들의 모습은 얼마나 믿음직스러운지 모른다. 아이들도 선생님보다 언니나 형 말을 더 잘 듣는다. 물론 자원 봉사 활동 내용이 너무 단조로운 게 흠이라면 흠이었다. 이들의 역할에 대한 고민도 함께 필요했다.

준비위원회는 모여 먼저 우리끼리 어린이마을학교 교장부터 정했다. 그리고 나머지는 함께 고민했고, 프로그램이 짜이면 사람과 장소를 섭외하는 것도 함께했다. 구의원이라는 위치가 그것을 쉽게 해 준 면이 있었다. 프로그램은 기본적으로 우리 지역 내에서 할 수 있는 것으로 했다. 걸어서 갈 수 있는 거리로 하여 멀리 가지 않고 가까이에서 체험할 거리와 견학할 곳을 찾았다.

먼저 경제 교육과 은행 방문 체험을 병행했다. 문제는 은행도 토요일에 쉰다는 것이었다. 하지만 위원 중에서 은행 지점장으로 퇴직한 분이 계셔서 자원봉사자 지원까지 받을 수 있었다. 가까이에 있는 공원의 나무와 풀에 대해 배우는 생태 교육 프로그램을 진행하는 날은 너무 많은 아이들이 몰려 문제였다. 많은 아이들을 데리고 진행하다 보니 내용 전달에 어려움을 겪었다는 평가였다. 지역에서 활동하고 있는 '동화읽는어른모임' 회원들이 하루 프로그램을 맡아 진행해 주기도 했다. 장애인복지관 지역복지팀에서 장애 체험 활동을 하게도 해 주었다. 동네에 있는 한국문화콘텐츠진흥원과 CBS를 묶어 견학하기도 하고, '안양천사랑모임'에서 활동하시는 선생님들이 안양천 탐조 활동을 함께해 주셨다.

2005년 말 구청의 주민자치센터 프로그램 평가 결과 어린이마을학교가 최우수상을 받았고, 이 같은 성과를 챙기려는 사람들이 생겨났다. 그렇게 하는 것도 다 좋은데 그러다 보면 내용보다 형식에 더 치우치게 된다. 겉으로 그럴 듯하게 보이느라.

주5일제와 놀토 충돌! 하지만 이 둘은 만나야 한다

금융 기관, 공무원의 주5일제 근무가 시작되면서 우리 사회에는 전반적으로 주5일제가 정착되는 중이다. 금요일 오후면 이미 주말 분위기가 난다. 그래서 놀토 프로그램 때 지역 기관들을 방문하려고 섭외하다 보니 곳곳에서 주5일제와 놀토가 충돌하는 모습을 보인다. 놀토는 벌써 2년째로 작년 월 1회에서 올해는 월 2회로 점차 확대 운영되고 있으나 마을은 이들을 받아들일 준비가 되어 있지 못한 것이 현실임을 확인할 수 있었다. 하지만 확대되는 주5일제에 따라 지역에도 쉬는 학부모들이 많아지는 만큼 이들과 함께 놀토를 만들어 가는 것은 중요한 마을의 과제가 아닐까 싶다.

주5일제와 놀토는 서로 만나야 하는 것이다. 아이들은 학교에서 배울 수 없는 것을 마을학교에서 놀면서 배우고, 부모들은 마을학교가 즐겁고 행복한 공간이어서 기꺼이 참여하게 된다면 그야말로 행복한 마을학교가 될 수 있지 않을까 생각한다.

이런 생각을 현실로 만들기 위해 김찬호 선생과 '마을학교 워크숍'을 열었는데, 어린이마을학교 강사를 더 많이 양성하려는 계획은 아직 생각만큼 큰 성과를 내지는 못했다. 하지만 마을학교의 뜻에 동의하는 사람들이 이미 있고, 좀 더 많은 이들을 끌어내기만 한다면 불가능한 일은 아니라고 믿는다.

큰 꿈을 꾸게 하는 작은 마을학교

지난 1년 반 동안 이처럼 작은 어린이마을학교를 꾸려본 경험은 놀랍게도 큰 꿈을 꾸게 해 주었다. 지역에서 우리가 해야 할 일들이 많이 있다는 것도 알게 되었고, 함께 일할 만한 사람들이 있음을 확인할 수 있었으니 이들과 함께 꿈을 현실로 만들어 가고 싶다는 생각을 하게 된 것은 큰 소득이라 할 수 있다.

되돌아보면 그거 뭐 별것도 아닌데… 어디다 내놓기도 쑥스러운 것 아닌가 하는 생각이 드는 게 사실이다. 하지만 그런 작은 경험 덕분에 어린이마을학교에 그칠 것이 아니라 정말 아이들을 잘 키우고, 행복하게 사는 데 꼭 필요한 다양한 프로그램을 진행할 수 있는 마을학교를 주민들이 직접 만들어 갈 수 있지 않을까 하는 생각까지 하게 되었다는 것이 성과라면 성과랄 수 있겠다. 작은 독서모임 회원들이 주민자치위원회에 참여하여 작은 변화를 만들어 냈고, 그 작은 변화를 만들어 낸 경험을 가지고 더 큰 꿈을 꾸고 있는 우리 모습이 뿌듯하다.

어린이마을학교 지금까지 겨우 운영해온 어린이마을학교를 업그레이드해 갈 일이 남아 있다.

청소년자원봉사학교 청소년들의 시간 때우기식 자원 봉사, 이제는 질적인 자원 봉사를 위한 본격적인 노력이 필요하다. 청소년들의 수준에 맞고 꼭 필요한 '청소년을 위한 자치학교' 같은 것도 시도해 볼 만하다.

우리마을예산학교 주민들의 아직 큰 관심을 기울이고 있지는 않지만, 주민들이 그 내용을 알게 된다면 주민 자치 활동 수준을 높이는 데도 크게 기여할 것으로 생각된다.

어머니·아버지학교 부모가 가장 좋은 교사라는 말이 있듯, 부모가 달라지면 아이들은 저절로 달라진다고 한다. 어떤 상황에서도 배우며 성장해 가는 부모는 아이들까지 그렇게 바꾸게 될 것이다. 마을에 꼭 필요한 학교다.

이밖에도 '우리마을 생태학교', '장애·비장애인이 함께하는 장애 없는 학교' 등과 같이 준비되는 만큼 그 영역을 확대해 나갈 수 있을 것이라는 상상의 나래를 펴 본다.

교사, 가르치는 사람에서 안내하는 사람으로

박복선 하자센터

돌이켜보면, 내가 교사였을 때 아이들 개개인의 성장에 관심을 기울였던 적은 별로 없었던 것 같다. 학생 수가 많아서 세심하게 관심을 기울일 수 없었다는 뜻이 아니다. 해직 기간을 전후하여 8년 넘게 국어를 가르쳤지만 '국어를 잘 가르친다'는 것과 '아이들이 성장한다'는 것이 어떤 관계에 있는지에 깊은 관심을 기울인 적이 없었다.

부끄럽게도 그저 문학 작품을 잘 해설하거나 문법을 조리 있게 설명할 수 있으면 그리고 아이들을 재미있게 할 수 있는 기술을 갖추고 있으면 좋은 국어 교사라고 생각했다. 해직 기간 중에 교과위원회와 국어교사모임 등에서 일을 하면서 과거에 해 오던 국어 교육의 한계를 넘어서기 위한 고민을 많이 했고 복직한 후에는 그것들을 실험해 보기도 했다. 그러나 이때도 내가 하는 국어 수업이 아이들의 성장과 어떤 관계를 맺고 있는지에 대한 고민은 별로 하지 않았다. 그저 '수업을 잘하는 것'에만 온 힘을 기울였다(물론 수업을 잘한다는 것이 무엇인지에 대해서는 묻지 않았다).

물론 수업을 하다 보면 이런저런 이유로 눈에 들어오는 아이들이 있게 마련이고, 이들에게는 아무래도 지속적인 관심을 기울이게 되는데, 그러다 보면 이들의 성장 과정이 보일 때도 없지 않았다. 그러나 그것도 거기까지였다.

개개인의 '언어적 성장'을 위한 학습을 설계할 여지는 거의 없었다(내가 아는 교사 중에는 놀랍게도 이런 일을 하는 분이 있지만 그것은 정말 예외적인 경우라고 해야 할 것이다). 내가 게을러서가 아니라 학교 교육이 그렇게 되어 있기 때문이었다. 배워야 할 것은 '이미' 거기 있다. 그것을 '어떻게' 가르칠 것인가만 교사의 몫으로 남아 있을 뿐이다.

배워야 할 것이 정해져 있지 않은 학교

프로젝트 학습을 중심으로 하는 하자작업장학교(이하 '하자')에는 누구나 당연히 배워야 할 어떤 것이 정해져 있지 않다. 물론 참고해야 할 '지도'가 없는 것은 아니지만 그 지도는 큰 산맥과 강만 나와 있는 백지와도 같은 것이어서 거기에 길을 내는 것은 교사와 학생의 몫이다. 그렇기 때문에 하자에서 교사가 해야 할 일과 요구되는 능력은 일반 학교 교사의 그것과 아주 다르다. 일반 학교에서 교사는 교과를 가르치는 사람이고, 교사에게 필요한 것은 전공에 대한 깊은 이해와 그것을 수업 상황에서 적절한 방식으로 풀어내는 능력이다. 그러나 하자에서 교사는 학습자가 학습을 잘할 수 있도록 조언하는 사람이고, 교사에게 필요한 것은 학습자의 요구와 학습 단계를 정확하게 파악하고 학습자가 자기에게 적합한 프로젝트를 하도록 이끌 수 있는 능력이다.

하자센터는 초기에 두 가지 학습 원리와 학습 시스템을 실험해 왔다. 도제식 학습을 주로 한 작업장 시스템과 프로젝트와 어드바이저 교사를 중심으로 한 작업장학교 시스템이 그것이다. 이 실험은 새로운 교사상을 세우는 실험이기도 했다. 하자센터장인 조한이 이 실험에서 발견한 교사의 모습은 이런 것이다.

하자에는 다양한 일을 하는 판돌들이 있고, 또 제각각 다양한 방식으로 아이들을 만나고 있다. (중략) 히옥스는 '언어'와 '자세'가 '반듯한' 사람을 길러 내는 것에 무한한 즐거움을 느끼는 타고난 '보모/교육자'이다. 여기서 반듯한 사람이란 차 한 잔을 마셔도 반듯하게 마실 줄 알고, 작은 친절에도 고마움을 표시할 줄 알며, 서로 눈을 바로 보고 이야기할 줄 알고, 자기 생각을 반듯하게 표현할 줄 아는 사람이다. 싫을 때 상대방을 크게 노엽게 만들지 않으면서 "노" 하고 말할 수 있고, 연애를 해도 그냥 '해 버리지' 않으며, 속수무책으로 쏟아지는 정보 홍수 속에 마구 떠밀리거나 휩쓸려 버리지 않는, 그래서 자신이 원하는 삶의 방식을 스스로 만들어 가는 그런 사람이다. 놀랍게도 히옥스와 놀기로 작정한 아이들은 몇 달만 같이 놀면 반듯한 모습을 갖게 된다. 수가 많지는 않지만 — 히옥스는 아무나 문하생으로 받아들이지 않는다 — 콜레지오 아이들은 멋진 자기 홈페이지를 관리하면서 자신의 삶을 기획해 가기 시작한다.

하자의 아트 디렉터인 활민 씨는 매우 다른 유형의 판돌이다. 그는 전형적인 장인 스타일로 히옥스처럼 아이들의 일상을 섬세하게 챙기지는 않는다. 활민 씨가 아이들을 보살피는 것은 주로 작업을 통해서다. "모든 것은 디자인이다"라는 철학을 가진 그는 작업장에서 고양이처럼 눈만 붙이면서 거의 살다시피 한다. 그는 포스터 디자인부터 신년 노트 만들기까지 늘 흥미진진한 작업을 벌이는데, 관심 있는 아이들은 그의 곁에서 구경만 해도 디자인이 무엇인지를 알게 된다. 그가 진행하는 수업은 아이들에게 비슷한 성격의 과제를 반복하게 함으로써 디자인 공정 자체를 몸에 익히게 하는 방식이다. 장인 스타일인 활민 씨에게 디자인 교육의 핵심은 바로 이런 '기본기'를 익히게 하는 것이다. 그러면서 그는 전시회 구경을 가거나 시장을 보러 갈 때 아이들을 한두 명 데리고 다닌다. 또 마침 글자 디자인을 잘하는 아이가 보이면 한글날 글자체 콘테스트에 나가 보게 하고, 가끔 아이에게 적절한 일감을 주기도 하면서 배울 '결심'을 한 아이들에게 투자를 한다. (중략) 이 판이한 스타일의 두 '담임 교사'에게는 공통점이 있다. 두 사람 모두 많은 전문 자문가들과 다른 판돌들을 포함한 지원 부대를 가지고 있다는 점이다. 이들은 수시로 또 즐겁게 크고 작은 기획을 해내고, 네트워크를 통해 자원들을 끌어들여서 일을 멋있게 성사시킨다. 종종 '도사'처럼 보이는 이 두 판돌은 내게 새로운 시대의 교사의 모습이 어떤 것인지를 상상하게 해 주는 사람들이다.[1]

이런 언급을 통하여 알 수 있는 것은 '보모형'이든 '장인형'이든 또 다른 무엇이든 하자에는 다양한 스타일의 교사가 때로는 아주 대조적인 성격의 스타일의 교사가 공존할 수 있다는 것이다. 물론 어느 쪽이어도 좋지만 자기 스타일에 대해서는 일정한 '급수'에 도달해야 한다. 이런 공존이 가능하기 위해서는 '아이들은 다 다르고, 학습의 길은 다양하다'는 지혜를 서로 받아들여야 한다. 그래서 누구나 '자기가 잘할 수 있는 것'을 신나게 해야 하고 '잘 보이는 아이'를 보아야 한다. 물론 이것은 교사들의 자율적 공간이 아주 넓다는 것을 전제로 한다. 그러나 이러한 자율이 '자기 멋대로' 하는 것을 의미하는 것은 아니다. 하자 사람들이 폭넓게 합의하고 있는 '공통점' 예컨대, 여기서는 네트워크 능력과 기획력 같은 것은 있으며 교사들은 그것을 갖추어야 한다.2)

교사는 좋은 학습자여야 한다

초기에 비해 지금은 교사에 대한 기대가 조금 변하고 있다. 학생 수와 교사 수가 늘면서 전보다 합의해야 할 사안과 절차가 계속 늘어났다. 경험이 쌓이고 매뉴얼이 만들어지면서 굳이 '도사급'이 아니어도 교사를 할 수 있겠다는 생각을 하게 되었다. 물론 현실적으로 도사급의 교사를 구하는 것은 아주 어려운 일이다. 도사급의 교사가 자기 영역을 가지고 자기 색깔이 뚜렷한 공간을 만들어 내는 것도 좋지만 다수의 교사가 팀을 이루어 경험과 지혜를 나누면서 함께 성장하는 공간이 되는 것이 장기적으로는 더 좋은 것이다. 또 초기에는 작업에 대한 절실함을 가지고 있던 아이들이 많이 왔지만 지금은 관계에 대한 절실함을 가지고 있는 아이들이 많이 들어오기 때문에 이전보다는 아이들과 정서적 연대를 맺을 수 있는 능력이 전보다는 중요하게 이야기되고 있다.

그러나 하자에서 초기에서부터 지금까지 그리고 앞으로도 변함없이 교사들에게 필요한 덕목으로 요구하는 것은 '교사는 무엇보다 좋은 학습자여야 한다'는 것이다. 하자작업장학교는 아이들만 배우는 곳이 아니라 교사들도 배워야 하는 곳이다. 교사들이 자기 주도적 학습의 모델을 보여 주는 것이야 말로 살아 있는 교육일 것이다. 하자에서 교사는 교사라는 일을 통하여 자기 주도적 학습을 할 수 있어야 하고, 이를 통하여 훌륭한 교사가 되어 가는 것이다. 이때 필요한 것은 적극적으로 기획하고 실행하되 실패와 실수를 두려워하지 않는 자세다.

> 우리는 스스로의 경험을 통해 배우는 능력을 신뢰하는 대신 이른바 전문가의 충고에 조건반사적으로 기대게끔 교육받았다. 다루기 힘든 문제를 창조적으로 해결하는 데는 실수만큼 좋은 안내자가 없는데, 우리는 실수를 범하는 위험을 견디지 못하는 것이다.[3]

스스로 경험을 통해 배우는 것, '실수를 범하는 위험을 견디'는 자세야말로 자기 주도적 학습을 이끄는 교사들이 지녀야 할 가장 중요한 덕목일 것이다. 자기 주도적 학습을 통해 기르려고 하는 것은 해박한 지식이 아니라 배움에 대한 적극적인 자세이기 때문이다.

고유의 빛깔을 살려내는 공동체

2005년 현재 하자작업장학교에는 학생 48명(주니어 39명, 시니어 9명)과 교사 5명(교감 1명, 주니어 담임 4명)이 있다.[4] 담임 1명과 학생 10명이 각각 작은 공동체를 이루고 있다. 교사와 학생의 만남에 아무런 선택이 없는 일반 학교와는 달리 작업장학교에서의 반편성은 상호 선택에 의한다. 담임들은 전체 모임에서 다음 학기에 무엇을 하고 싶은지, 어떤 부류의 학생들과 파트너가 되고 싶은지 프리젠테이션을 한다. 학생들은 이미 알고 있는 담임들에 대한 정보와 다음 학기 구상에 대한 프리젠테이션을 보고 담임 신청을 한다. 담임들은 대체로 이것을 존중하지만, 관계 맺기가 어렵다고 생각하는 경우, 다른 담임과 더 잘 맞을 것 같다고 생각하는 경우, 집단 역학으로 볼 때 좋은 조합이 아니라고 판단하는 경우에는 다른 담임을 선택하도록 권고한다. 예컨대, 어떤 담임이 이번 학기에 학교 공연단을 꾸리는 데 중점을 두고 있다면 그와 공연단 멤버들이 반을 하나 만들 수 있고, 자기 관리가 잘 안 되는 죽돌들은 엄격하면서도 꼼꼼하게 스케줄과 프로젝트를 챙겨 주는 담임과 반을 만들 수 있다.5)

하자에서는 누구에게나 좋은 프로젝트, 누구에게나 좋은 학습 방법은 없다고 믿는다. 마찬가지로 누구에게나 좋은 담임은 없다고 믿는다. 중요한 것은 궁합이고 조합 혹은 배치다. '자기가 잘 볼 수 있는 아이'를 선택해야 하는 것은 아주 중요한 일이다. 이런 원칙을 가지고 반을 편성하기 때문에 그것은 나름대로 자기 색깔을 갖게 되고, 작은 공동체로서의 역할을 할 수 있다.

변 하짱과 동구가 오늘은 고민을 나누는 주인공이면 좋겠다.

하짱 돈이 문제다. 이번 달 빚이 20만 원이다. 소액금융 등등으로 빌렸다. 이번 달에 뭐 특별히 한 것은 없는데 돈이 많이 나갔다. 한 달에 월급이 45만 원인데 담배, 밥값, 옷값 등이 나가고 술값 나가고…

변 사탕은 돈을 얼마나 쓰나?

사탕 많으면 4만 원.

변 태랑은?

태랑 용돈 10만 원에 자판기 수입 10만 원 정도. 그래서 20~30만 원 정도 쓴다.

동구 나는 돈이 너무 많다. 한 달에 담배 두 갑. 자판기 캔 2개 정도. 교통비 3~4만 원. 거의 6~7만 원 쓴다. 지금 거의 100만 원 모았다.

하짱 택시비, 군것질, 담배, 오락실, 맥도날드, 피자, 앨범, 아이스크림, 음료수, 속옷, 우산, 필름, 옷, 씨디피 고치고… (중략)

변 동구야, 하짱이 어떻게 해야 할까?

동구 나한테 돈을 맡겨.

하짱 그냥 확 적금을 들까?

변 그게 좋겠다. 세금우대 저축 같은 것으로 하나 찾아서 들어라. 동구는 요즘 어떤 고민이나 신경 쓰는 것이 있나?

동구 요즘 몸이 안 좋다. 예전 같지 않다. 밤에 늦게 자고 노리단 하니까 힘들다. 하루하루 일정을 감당 못하는 것 같다. 코피 한번 쏟고.

하짱 나도 그렇다.

동구 요새는 거의 매일 아침에 코피가 난다. 집에서도 아는데 별로 신경을 안 쓴다. 노리단 사람들은 다 안다. (중략)

변 동구의 계획은?

동구 내가 좀 딴 짓을 많이 한다. 일찍 가면 10시인데 1시 정도에 잔다. 아침에는 10시까지 오고 있고

태랑 나도 가끔 아침에 코피를 쏟을 때가 있었는데, 그게 몸의 사이클이 바뀌면서 일어나는 증상인 것 같다.

동구 요즘에 악기 한 세트를 만드는 중이라 정말 시간도 없고 힘들다. 며칠 전이 최악이었는데, 화장실에 있을 때 핸드폰 소리를 들었다. 혹시 하자에서 오라는 문자일까 봐 정말 싫었다.

변 동구는 좀 쉬어야 하는 게 아닐까?

동구 그래야 할 것 같다.[6]

이것은 변이 담임을 맡고 있는 반의 미팅 풍경을 기록한 것이다. 반 미팅은 보통 일주일에 한 번 함께 모여 프로젝트 진행과 일상생활을 점검하면서 문제점을 드러내고 해결책을 찾아보는 방식으로 진행된다. 그러나 같은 담임 반에 속해 있어도 다 다른 길을 가고 있기 때문에 그것이 아주 밀도 높은 작업으로 연결되지는 않는다.

이런 예에서 볼 수 있는 것과 같이 담임은 기본적으로 자신이 맡은 아이들의 삶과 학습 과정을 지켜보면서 적절한 조언(advise)을 해 주는 역할을 한다. 그래서 하자작업장학교에서는 담임을 '어드바이저'(advisor)라고 부르기도 한다.[7] 물론 담임은 어드바이저 역할만 하는 것은 아니다. 때에 따라서는 상담자가 되어야 하고, 직접 프로젝트를 진행할 때는 프로젝트 매니저가 되어야 하고, 공문을 처리하는 행정가가 되어야 하고, 펀드레이징을 위한 기획서를 쓰는 경영자가 되어야 한다. 이런 역할이 실질적으로 분리되는 것도 아니다.

그러나 하자작업장학교에서 담임이 해야 할 가장 중요한 일은 역시 '학습계약서 작성 → 점검 → 평가 → 학습계약서 작성' 사이클을 이끌어 가는 어드바이저 역할일 것이다.

이전에 하자에서는 교사를 '길잡이'라는 은유로 이해했다. 자기 주도적 학습을 이끄는 사람이란 뜻이다. 최근에는 이것과 함께 '열 명의 아이를 돌보는 어머니'라는 은유를 새로 쓰고 있다. 이것은 넓게는 '돌봄 사회로의 전환'이라는 시대적 요청에 의한 것이고, 좁게는 페미니즘 교육학의 수용에 의한 것이다.8) 물론 하자는 '돌봄'이라는 말을 쓰기 전에 이미 각자의 방식대로 그것을 구현해 왔다. 예컨대, 담임 1명이 아이들 10여 명을 돌보면서 학습을 설계하는 작은 공동체 같은 것. 그러나 그 언어를 가짐으로써 자신을 더 깊이 그리고 전과는 다르게 성찰할 수 있게 될 것이다. 아직 그러한 작업이 본격적으로 이루어지지는 않았다. 그러나 '어머니'라는 은유는 '교육 혹은 학습' 너머로 돌리는 힘이 있는 것 같다. 하자의 실험이 혁신적이지만 그것 역시 교육이나 학습의 관점에서 벗어나지 못하고 있는 것이다. 그런 점에서 우리 이야기의 출발선을 다시 정해야 할지도 모른다.

주

1) 조한혜정, 2000, 『학교를 찾는 아이, 아이를 찾는 사회』, 또하나의문화, 287-289쪽.

2) 하자의 학습 원리라고 할 수 있는 것은 '경험을 통해 배운다'(learning by doing), '문제 해결과 소통을 통해 배운다'(learning by problem solving & communication), '네트워크를 통한 학습' 등이다.

3) 크리스 메르코글리아노, 2005, 『살아 있는 학교 어떻게 만들까』, 조응주 옮김, 민들레, 15쪽.

4) 비상근 교장(조한)과 학교 운영과 프로젝트 기획 및 진행을 돕는 하자센터의 스태프들을 제외한 수치다. 하자작업장학교 운영은 하자센터의 빅 프로젝트의 하나로, 센터가 직간접으로 운영을 지원하고 있다. 시니어 담임은 현재 기획부에 있는 스태프가 겸임하고 있으며, 인턴 1명이 사무 행정을 돕고 있다.

5) 이런 시도가 늘 성공적인 것은 물론 아니다. 어떤 담임들도 자신 있게 맡겠다고 나서기 어려운 죽돌이 있는가 하면, 어떤 담임도 선택하지 않겠다는 죽돌도 가끔 있다. 또 경우에 따라 특정한 담임에게 신청이 몰리는 때도 있다. 그러나 담임 회의에서 조정한 안은 대체로 무리 없이 수용된다.

6) 이것은 '변'이 담임을 하고 있는 반의 미팅 기록을 조금 간추린 것이다. 자세한 내용은 하자 작업장학교 홈페이지 프로젝트 게시판에서 확인할 수 있다. 하짱과 동구는 재활용상상놀이단 단원으로 공연 수당과 워크숍 강사비로 일정한 수입을 올리고 있다. 태랑이 말하는 자판기 수입 은 하자센터 내 음료 자판기 관리 아르바이트에 의한 것이다.

7) 하자작업장학교에서는 자치회의 멤버들을 중심으로 담임이라는 이름을 바꾸어 보려고 했 다. '교사'와 '학생'이라는 말이 새로운 학습 관계를 나타내기에는 적절하지 않기 때문에 '판돌' 과 '죽돌'이라는 이름을 만들어 쓰는 것과 같은 맥락에서다. 그러나 아직 적당한 이름을 찾지 못 했기 때문에 담임이라는 이름을 널리 쓰고 있다. 그리고 하자작업장학교가 벤치마킹한 메트스 쿨의 예를 따라 어드바이저라고 부르기도 한다.

교사를 나타내는 영어 단어를 보면 대단히 분화된 의미 체계를 이루고 있다. teacher, tutor, counsellor, advisor, mentor, facilitator, master, instructor, project manager, coach 등이 모두 '무언가를 가르치는 사람'의 의미로 쓰일 수 있다. 우리말이 상대적으로 분화된 체계를 이루지 못한 것은 그만큼 교육의 스펙트럼이 좁고, 교사의 역할을 단선적으로 파악하고 있기 때문일 것이다.

8) 이에 대해서는 이 책에 실린 조한혜정의 "토건국가에서 돌봄 사회로"(13-41쪽) 참조. 돌봄 의 교육학에 대한 개괄적 논의는, 심성보, 『전환시대의 교육사상』(1995 학지사)의 5장 참조. 돌 봄이라는 언어로 교육을 재조명한 부분은 이 책에 실린 나딩스의 글, "학교에서 가르치지 않는 것들(102-117쪽)", "돌봄의 전통(118-120쪽)", 『배려교육론』(2002, 다른우리) 참조.

노리단: 일, 놀이, 학습이 어우러지는 공동체

김종휘 노리단 단장

노리단은 하자센터 부설 예술단이다. 2002년에 하자 사람들 몇몇이 경남 산청의 간디학교에 가서 일주일을 지냈다. 그곳에서 호주의 생태주의 순회 공연단 허법(Hubbub) 사람들을 만났고 노리단에 대한 최초의 영감을 얻었다. 그리고 2004년 3월부터 4개월 동안 허법-하자 프로젝트를 통해 6월12일 노리단을 창단했다. 얼마 전에는 2주년 생일잔치를 열었다. 시간 참 잘 간다. 그로부터 어느새 2년 3개월이 지났다.

10명으로 출발한 노리단은 그새 40여 명의 서로 다른 단원들이 북적대는 희한한 마을이 되었다. 노리단은 스스로를 공연 회사라고, 평생 학교라고, 손작업장이라고 부른다. 이런 특성을 아우르면 그냥 작은 마을이다. 노리단은 모든 단원이 배우이자 교사이고 장인의 삶을 순환하며 살아갈 수 있기를 바라면서 그 수단과 전략을 탐구하는 공동체다. 그런 모습에 가까이 갈수록 매력적인 마을이 될 것이라고 꿈꾸면서.

노리단의 단원이 될까 하는 사람들은 먼저 망설이게 된다고 한다. 노리단이 '올인'을 요구하기 때문이다. 하자작업장학교 아이들의 말을 빌리면 노리단이 워낙에 '빡세게' 돌아가기 때문에 좀 겁도 먹고 주저하게 되는 모양이다. 프로냐 아마추어냐 여자냐 남자냐 나이가 많은가 적은가 등을 노리단은

187

노리단(http://noridan.haja.net)은 모든 단원이 배우이자 교사이고 장인의 삶을 순환하며 살아갈 수 있기를 바라면서 그 수단과 전략을 탐구하는 공동체다.

따지지 않는다. 대신 노리단은 인생의 터닝이나 점핑을 원한다면 '올인'하라고 단 하나를 요청한다. 그래도 물론 한 발만 걸치는 사람은 꼭 생긴다.

'돌봄'이라는 키워드로 노리단을 볼 때 이렇게 이야기할 수 있을 것 같다. 노리단은 어린이, 청소년, 청년, 중년의 단원들이 나이뿐 아니라 수많은 차이를 드러내면서 촘촘한 팀워크를 발휘하는 기술을 체득하는 동네다. 이런 발상은 애초에는 노리단 공연의 변별성을 만들기 위해 프로와 아마추어의 이분법을 버리고 '세상 누구나 노리단을 통해 섬바디(somebody, 대단한 사람)가 될 수 있다'는 콘셉트 방향을 잡으면서 비롯되었다.

그런데 그렇게 하다 보니 노리단 안에서 단원들끼리 수없이 갈등하고 수없이 화해하는 과정이 강도와 속도 면에서 다른 조직이나 공동체보다 곱절로 강하고 빠르게 일어난다는 사실을 발견했다. 자연히 소통과 협력의 새로운 방식을 끊임없이 찾게 되고 수정하는 일을 지속해야 했다. 그 과정, 그 경험, 그 방식을 '노리단의 돌봄 문화'라고 말해도 될 것 같다. 여전히 진행 중이고 계속 바뀌기 때문에 단정하긴 어렵지만 몇 가지 사례를 들어볼까 한다.

사건, 사고를 통해 배우다

새로운 어린이 단원이 들어오자 기존의 어린이 단원들 또래 그룹에서는 텃세 비슷한 관계의 문제가 발생했다. 누가 누구의 휴대폰을 감춰 놓고 모두가 가세해서 휴대폰을 잃어버린 아이에게 모른 척하는 사건이었다. 열 살 안팎의 아이들 사이에서 벌어진 이 스릴 넘치는 세상 어른들 흉내 내기 사건은 하루 만에 어른 단원에게 알려졌다. 노리단 팀장 회의가 소집되었다. 이 일을 계기로 더 많은 단원들이 아이들 각각과 그 가족에 대해 더 많은 정보를 공유하게 되었다.

아이들 각각의 이야기 맥락이 전부 다를 것이므로 아이들 말을 듣고 사건을 재구성(가해자/피해자 구도)하려고 하지 말자, 아이들에게 공동체 생활에서 하면 안 되는 문제가 무엇인지 정확히 알리자, 아이들 각각에게 자신이 느끼는 속상함을 꺼내 놓는 비밀글을 쓰게 하자, 사건에 참여한 아이들에게는 휴식과 각성의 계기로 '일주일 휴가' 같은 하자센터 출입 금지 기간을 주자, 그때 하자센터 밖에서 어른 단원이 아이들과 일대일로 만나서 소풍을 다녀오자 등이 한 축이었다.

다른 한 축은 어린이 단원들의 부모님을 모두 초대한 회의였다. 팀장들은 가족별로 부모와 일대일 미팅도 동시에 가졌다. 역시 많은 정보와 이야기가 오갔다. 그 과정에서 한 아이는 대안적 길찾기의 일환으로 일반 초등학교로 전학 가게 되었고, 또 한 아이는 또래들 사이의 역학 관계 속에서 숨 막혀 하던 답답함을 풀게 되었고, 또 한 아이는 노리단 활동을 장기적으로 생각하다가 그 기간을 줄이는 계기가 되었다. 이 모든 계기는 학부모 전체 회의에서 서로를 격려하고 축하하는 분위기에서 이루어졌다.

이 일을 겪고 일주일 만에 다시 하자센터에 나온 어린이 단원들은 훨씬 성숙해졌고 평화는 생각보다 빨리 찾아왔다. 전학 간 아이는 가끔 노리단 게시판에 글을 남기고, 단원들은 더 자주 놀러 오라고 화답한다. 어린이 단원 부모들 사이에서는 가족마다 자녀의 돌봄 방식과 문화가 얼마나 다른지 생생하게 지켜보는 경험이 되었다. 이 사건의 전 과정은 기록으로 남았고 모든 단원과 어린이 단원 학부모들에게 회람되었다.

자기 고용과 경험·책임에 따른 분배

노리단에서는 '자기 고용'이라는 말을 쓴다. 단원들은 팀워크로 움직여서 공연 개런티를 벌고 워크숍 수강료를 벌고 악기 주문 제작비를 번다. 그리고 이돈을 단원들 사이에서 분배하는데 단원들마다 받아 가는 액수에서 차이가많이 난다. 모든 팀장(현재는 모두 5명)과 단원이 테이블을 만들어서 1년에 한번 계약서를 쓴다. 단원의 자기 평가 테이블은 6개월마다 한 번씩 이루어진다. 분배되는 돈은 1년 한 번 있는 계약 테이블에서 이뤄진다.

어느 단원은 연봉을 2,400만 원 정도 받는다. 어느 단원은 준단원 단계에있으면서 월 30만 원 가량을 받는다. 연봉으로 셈하면 360만 원이다. 그 사이에 자잘하게 다른 액수가 포진해 있다. 노리단은 그 차이를 오직 경험과 책임에서만 찾으려고 노력한다. 아울러 노리단에서 우리는 돈이 아니라 공동체속에서 개인의 자존감과 협력의 자신감을 얻는다는 점을 환기하는 일과 더불어 '돈은 필요한 사람이 그에 맞게 가져가면 된다'는 이상적 원칙을 놓치지않으려고 하고 있다.

그럼에도 돈 문제 앞에서 단원 누구나 살짝 민감해질 수밖에 없다. 여기에는 복잡한 시선이 교차한다. 어느 청소년 단원은 월 30만 원을 받는데 본인은 저평가 받는다고 느끼고 부모는 집에서 주는 용돈보다 액수가 크기 때문에 고민한다. 어느 20대 중후반의 단원은 직장을 그만두고 '올인'해서 활동을 너무 잘 하는데 월 100만 원을 받는다. 많이 부족할 텐데 그 단원은 받는 돈에 대해 이제까지 걱정 없다고 해서 팀장들을 긴장시킨다.

노리단이 택하는 방식은 전 단원이 분배받는 돈의 액수를 모두에게 공개하는 것이다. 많이 받는 단원은 덜 받는 단원을 더 의식하게 되는 구조라고 할 수 있다. 덜 받는 단원은 많이 받는 단원의 그 경험과 책임이 무엇인지 배우려고 하고 자신도 그 수준에 올라서려고 노력하게 되는 구조다. 그럼에도 종종 돈이 자신의 모든 걸 평가하는 것처럼 느끼는 순간들을 피해 갈 수는 없다. 노리단 안에서 돈이 아닌 다른 교환 가치를 끊임없이 발견하고 강화하고 공유하는 것, 이것이 노리단 돌봄의 기초를 이루는 키워드다.

겉모습 돌봄은 내면 돌봄과 직결된다

노리단 단원은 신입 단원 과정(오디션→합숙→한 달의 적응 기간)을 거치면서 곧장 무대에 선다. 무대에서는 서너 가지의 무대복(주로 각종 작업복이고 타일랜드 패션이라고 부르는 옷이 더 있다)을 입기 때문에 단원 사이에 패션의 구분이 안 된다. 그러나 무대를 내려와서 사복으로 갈아입으면 패션의 차이가 금세 드러난다. 노리단은 무대 위와 무대 아래에서 같은 수준의 정체성이 유지되기를 바라기 때문에 단원 각각의 패션(머리끝에서 발끝까지)은 언제나 노리단 일상의 화젯거리가 되어 있다.

노리단은 좀 한가할 때면 일주일 중 하루를 택해서 전 단원의 사복 컬렉션과 품평회를 연다. 단원끼리 자신이 안 입는 좋은 옷을 선물하기도 한다. 최근에는 합숙에 들어온 한 신입 단원의 패션이 꽤나 심각한 수준(노리단 기준으로)이어서 전 단원의 즉흥 사복 패션쇼를 열고 자발적 배심원을 꾸렸다. 그 신입 단원의 경우 배심원을 하겠다는 단원들이 꽤 있었다. 배심원들은 그 단원의 코디네이터가 되어 많은 아이디어를 쏟아냈다. 그 이야기를 들은 신입 단원은 "제 패션이 그 정도로 후졌어요?" 하면서 머쓱해 했다.

합숙이 끝나고 팀장들은 그 신입 단원의 머발(머리끝에서 발끝까지) 프로젝트를 진행하기 시작했다. 출발은 팀장 몇몇이 1~2만 원씩 투자해서 미용실이나 이발소 이용 비용을 주고 헤어스타일을 바꾸는 것이었다. 그 신입 단원은 헤어 패션을 바꾸고 등장했다. 그 다음에는 팀장들이 각자 갖고 있는 구제 옷과 신발 등을 수집해서 그 신입 단원에게 가장 어울리는 패션을 코디하는 것이다. 이런 외모 바꾸기 작업은 거의 동시에 표정 바꾸기와 같이 진행되고 궁극적으로는 자신의 정체성을 매력적으로 바꾸는 계기가 된다.

이런 겉모습 돌봄은 사실 내면 돌봄과 직결된다. 덕분에 칭찬이든 경계심이든 노리단 단원을 한데 모아 놓고 공연을 하면, 말을 하기 전까지는 종종 한국 사람들이 아니라는 이야기를 듣게 된다. 아시아 각국 청(소)년들의 연합체라고 보는 분도 계셨다. 표정이 풍부하고 패션이 다양하고 몸짓이 자유롭게 살아 있는 것. 노리단 단원들은 서로 농담처럼 이야기한다. 무표정과 무색무취의 패션이 한국 사람들의 부정적 공통점이라면, 노리단은 한국 사람으로 안 보여야 된다고.

'썸씽'과 언니·형님들의 밀착 수비

노리단은 공연하랴 워크숍 진행하랴 악기 만들랴 단원들끼리 같이 생활하는 시간이 압도적으로 많다 보니 당연하게도 내부에서 '썸씽'이 생긴다. '썸씽' 중에서도 이성과 동성에 대한 호기심과 사랑과 질투의 감정이 명멸하는 것은 나이와 성의 차이를 불문하고 자연스러운 일이다. 문제는 규율과 규칙을 자꾸 만드는 것보다 단순하게 큰 이상과 원칙을 세우고 나면 사례마다 사건마다 논의하고 대처하면서 이성·동성 관계에 대한 노리단의 문화를 어떤 수준에서 만들고 유지하느냐에 달려 있다.

한번은 이런 일이 있었다. 이성에게 지나치게 집착하거나 스킨십을 자주

시도하는 청소년 단원이 있었다. 알고 보니 젠더 감수성에 대한 교양이 부족했던 데다가 주로 또래 이성과의 신체 접촉을 통해 외로움을 달래는 성장 과정의 특수성이 더해진 경우였다. 좀 지켜보다가 문제가 커지겠다 싶거나 커지고 나서 팀장들이 한데 모인다. 그 청소년 단원이 남성인 관계로 노리단 내부의 형님들 서넛이 모여서 밀착 수비가 진행되기 시작했다. 틈을 안 주는 것이기도 하면서 진짜 멋진 남성이 무엇인지 알려 주는 과정이다.

여성 청소년 단원의 경우 암암리에 언니들의 밀착 수비가 진행된다. 이런 방식은 조금은 덜 공개적으로 가끔은 비밀리에 이루어진다. 이런 관계망 안에서는 충고의 정도가 강해지고 개입의 수위가 높아진다. 따끔하게 야단을 치기도 하고 서로 내밀한 약속을 맺어 두고서 공개적인 장소에서는 서로 눈짓만으로도 칭찬과 경고의 사인을 주고받게 된다. 이런 일이 잦아지면 노리단 형님들과 언니들의 정서 노동이 그만큼 많아지고 지속되는 셈이라서 팀장들끼리 모이면 신세 한탄을 하기도 한다.

이런 고충을 발전적으로 해결하기 위해서 올드 팀장들의 사모임이 있다. VBSC(부에나 비스타 소셜 클럽 → 부어라 비어따 소셜 클럽)라고 부르는데, 사적으로는 서로를 위로하는 술자리로 시작되었고 공적으로는 팀장들의 개인 전망과 노리단 공동체의 전망을 일치시키기 위한 논의 테이블로 운영된다. 요즘에는 언니들이 더 주도하기 때문에 뒷풀이도 술이 아니라 차를 마시거나 찜질방에 같이 가거나 수목원에 가는 것으로 문화가 바뀌고 있다.

올해 연말이면 민들레출판사에서 노리단 단행본 두 권이 나올 예정이다. 한 권은 『노리단 스토리』(가제)이고 다른 한 권은 『노리단 엑스파일』(가제)이다. 앞의 책은 노리단의 철학과 교육 원리와 사례를 담을 예정이고, 뒤의 책에는 하자의 노리단을 노리단으로 가능하게 만들었던 시대 읽기의 지침들을 담을 예정이다. 돌봄이라는 관점에서 참고하면 다른 읽기가 될 수 있을 것 같다.

나이키와 손톱, 메트스쿨 교사의 성장기

최영환 메트스쿨 교사

몇 년 전 나는 샌프란시스코의 한 중학교에서 교생 실습을 하고 있었다. 내가 교사가 되려고 한 것은 어려서부터 경험한 여러 문제들, 즉 인종주의나 차별 같은 사회 문제에 대해 학생들에게 이야기해 주고 함께 논의해 보고 싶었기 때문이다.

교생 실습에 한창이던 어느 날 소풍을 가게 됐고, 나는 앞서 걸어가던 한 교사와 학생의 이야기를 들으며 그들의 뒤를 따라갔다. 그들의 대화는 나이키 신발에 관한 것이었다. 그 두 사람이 나이키 신발에 대해 이야기한다는 것을 알았을 때, 곧바로 내 머릿속에 떠오른 생각은 그 신발을 만들기 위해 저임금 노동자가 어떻게 착취당하고 억압당하는지 젊은이들에게 이야기해 주어야겠다는 것이었다. 그런데 가만히 듣고 있자니 그 두 사람은 신발의 스타일이나 색깔, 가격 같은 것들에 대해서만 이야기하고 있었다. 나는 실망을 금치 못했고, 그 교사가 못마땅하게 여겨졌다. 학생들을 지나치게 소비 중심적으로 몰아가는 미국 사회에 대해 비판적인 시각을 견지하지 않고, 그저 시시껄렁한 이야기나 들려주고 있다는 생각 때문이었다.

그리고 나서 5년 뒤인 1995년, 나는 지금의 메트스쿨에서 인턴십 과정으로 교사 생활을 시작했다. 나는 아이들한테 브레이크 댄스도 배우고, 베개 싸

움이나 농구도 함께하며 정말 즐거운 시간을 보냈다. 그런데도 여학생들과는 친하게 지내기가 정말 어려웠는데, 한번은 한 여학생이 주말 동안 장식용 손톱을 길게 붙이고 월요일에 등교했다. 컴퓨터 수업이 있었는데, 그 여학생은 긴 손톱을 붙인 터라 타이핑도 제대로 못해 끙끙거리고 있었다. 나는 그 여학생의 모습을 보며 혀를 끌끌 찼다. 저렇게 쓸데없는 데 돈과 시간을 투자하느라 학교에 와서는 공부도 제대로 못하는구나, 하고 말이다. 그래서 그 아이를 불러 이야기했다. "너 손톱은 왜 붙였니? 그것 때문에 타이핑도 못하잖아."

그런데 나중에 발견한 사실은 내가 그 여학생뿐만 아니라 우리 반 전체 여학생들한테서 그다지 존경을 받지 못했다는 것이다. 내가 학생들과의 관계에서 어려웠던 이유는 내 판단 기준과 가치에 따라 아이들을 판단할 뿐, 정작 아이들이 중요하게 생각하고 또 관심을 보이는 것에 주의를 기울이지 않았기 때문이다.

여학생들 중 일부는 교장 선생님에게 나와 관계를 맺는 것이 힘들다고 털어놓았고, 나 역시 교장 선생님께 어떻게 하면 여학생들과 좋은 관계를 유지할 수 있을지, 조언을 구했다. 교장 선생님의 조언은 아이들과 영화도 보고, 저녁도 먹고, 쇼핑도 하며 시간을 함께 보내라는 것이었다. 나는 조언을 따랐고, 그 과정을 통해 아이들이 무엇을 중요하게 여기고 있는지, 그들이 누구인지, 더 깊이 생각할 수 있게 되었다.

다시 나이키 운동화 이야기로 돌아가 보면, 나는 당시 그 교사에 대해 잘못된 판단을 내린 것이었다. 나는 그 교사가 잘못된 게 아니라는 것을 6년이 지난 다음에야 깨달은 셈이다. 그 교사는 자신의 판단을 개입하지 않은 상태에서, 대화를 통해 아이들이 무엇을 좋아하는지 발견하고 있었던 것이다.

그 뒤로 나는 서로를 존경하는 법, 다른 가치를 인정하게 되는 법을 배우게 되었다. 결국 아이들은 그런 유대감이 사회를 어떻게 변화시켜 낼 수 있는지에 대해서까지 관심을 가지게 되었던 것이다.

모범생이 되어라

나는 고등학교 시절 상당한 모범생이었다. 항상 반듯했고, 항상 최고 점수를 받았다. 누군가 나보다 더 좋은 점수를 받는다는 것은 그가 가장 뛰어난 장학생이 된다는 것을 의미했다. 내가 왜 우수한 학생이 되었는지 생각해 보면 난 항상 숙제를 잘했고, 늘 수업 들을 준비가 잘 되어 있었으며, 선생님이 지시하는 것은 그대로 시행한 학생이었기 때문이었던 듯하다.

그런데 뉴욕 시에 있는 학교에서 처음 교편을 잡았을 때, 나는 우수한 학생이 된다는 게 무엇을 의미하는지에 대해 다시 생각하지 않을 수 없었다. 첫 학기가 끝났을 때, 50%에 이르는 학생들이 숙제를 해 오지 않아 교육 과정을 따라오는 데 실패했다. 그래서 나는 정말 궁금해졌다. 그 50%의 아이들은 바보라서 제대로 교육 과정을 따라오지 못한 것일까? 성공한 50%의 아이들은 똑똑한 것일까? 우수하다는 것은 진정 무엇을 의미하는 것일까?

교육 과정을 따라오지 못한 학생 중에는 스티븐이라는 아이도 있었는데, 이 친구는 항상 수업을 방해하며 끊임없이 질문하곤 했다. "제가 왜 그것을 배워야 하죠?" "그건 어떤 의미가 있는 거죠?" "지금 선생님이 가르치는 것은 저한테 어떤 변화를 가져다주나요?"

처음에 나는 그 녀석이 내 수업을 방해하고 있으며 나를 존경하지 않는다고 생각했다. 하지만 생각해 보니, 그 아이는 아주 중요한 질문을 던지고 있는 것이었다. 그래서 나는 수업이 끝난 뒤 그 아이와 이야기를 나누어 보았고, 그가 정말로 그 질문들에 대한 답을 찾고 있다는 사실을 알게 되었다. 그 아이는 학교가 어떤 곳인지 정확하게 간파하고 있었다. 학교는 명령에 따르는 곳이라는 게 그 아이의 생각이었다. 그런데 자신은 그렇게 하고 싶지 않았고, 스스로 생각하고 행동하고 싶어 했다. 그 아이가 바라는 것은 정말로 그 질문에 대한 답을 구하는 것이었다.

그래서 나는 좀 더 창의적이고 활동적인 방식으로 수업 방법을 바꾸어 보

교육에서 위기를
받아들인다는 것이
무엇인가를 완벽하게
해낸다는 것을 의미하지는
않는다. 중요한 것은
시도하고 당혹감을 나누는
것이며, 계속해서 배우고
위기를 받아들이며 다른
사람들을 신뢰하는 것이다.
메트스쿨 사진 제공.

았다. 그랬더니 스티븐은 그 수업의 의미를 금세 이해했고, 그 수업 방식이
자신을 '생각하게' 한다는 것도 알아냈다. 그러자 스티븐은 수업 태도를 완전
히 바꾸었고, 결국 자신의 온 마음을 쏟아 수업에 참여하는 방식도 알게 되었
다. 마치 내가 어릴 때 이러저러한 방법으로 스마트한 학생이 되겠다고 생각
하고 행동했던 것처럼, 스티븐도 자신만의 방식을 가지게 된 것이다. 사실 그
는 그때까지 수업에서 배우는 것들의 '앞뒤'를 알고 싶어 했던 것이었는데,
그것들을 설명하지 않았으니 반발심만 키웠던 것이다. 내 생각에 스티븐은
어린 시절의 나보다도 훨씬 우수한 학생이다. 하지만 그는 그해 낙제하고 말
았다. 그래서 어쩌면, 이 학생은 우수하고 저 학생은 우수하지 않다는 낙인은
참으로 옳지 않은 판단일지도 모른다고 생각했다.

학생들의 거짓말

이제까지 가르친 아이들 중에 여러분에게 거짓말을 한 아이가 있는가? "없다"고 답하는 분이 있다면 그는 분명 둘 중 하나일 것이다. 정말로 좋은 교사거나, 학생들을 면밀하게 살피지 않은 교사거나. 이렇게 단정적으로 말하는 것이 불편하게 들릴 이들도 있겠지만, 사실 그것은 내가 맞닥뜨렸던 상황이다.

같은 학생들을 4년 동안 가르칠 때의 장점은 1년 동안 가르쳐서는 알 수 없는 것들을 알게 된다는 것이다. 4년을 함께 지내고 졸업을 할 때가 되면 아이들은 이전에 교사에게 한 거짓말까지도 이야기하게 된다. '조이'라는 학생은 졸업할 무렵이 되어 이렇게 털어놓았다. "선생님, 제가 전에 도서관에 간다고 했던 거 기억하세요? 사실 그때 그냥 집에 갔는데, 거짓말한 거예요." 키에데라는 학생도 체육관에 찾아가서 수행해야 하는 프로젝트를 진행하며 보고서까지 작성했지만, 사실 한번도 체육관에 간 적이 없다고 털어놓았다. 야단을 치기엔 이미 너무 늦어 버린 일이었지만, 그래도 나는 쉽사리 화를 가라앉힐 수 없었다. 왜 그렇게 화가 났는지 생각해 보면 그 사건이 교사로서의 실패를 드러낸다고 생각했기 때문이었다. 아이들을 면밀히 관찰해 어떤 거짓말을 하는지 알아내고 그것을 시정하도록 조치하는 게 교사의 역할이라고 생각했는데, 나는 그러지 못한 셈이니까 말이다.

그런데 신기하게도 이 아이들은 열정과 의욕이 넘치고, 지혜로웠으며, 서로를 신뢰하고 존중했다. 그렇게 거짓말을 일삼았던 아이들이 이런 덕목을 갖추고 있다는 것은 참으로 이해가 안 되는 일이었다. 그래서 곰곰이 생각해 보니 나는 살아가면서 거짓말을 한 적이 없나? 나는 어릴 때 부모님에게 거짓말을 하지 않았나? 이런 물음들이 떠올랐다.

여기서 중요한 것은 거짓말하는 아이들에게 화를 낼 것인가 화를 내지 않을 것인가 하는 게 아니라, 아이들의 거짓말을 통해 우리가 무엇을 배울 수 있는가 하는 것이다. 그들은 왜 계속 거짓말을 하는 것일까? 또 거짓말은 그들 자신과 주변 사람들에게 어떤 영향을 미칠까? 나는 여기서 묻고 싶다. 우리는 모두 거짓말을 해 보았다. 그렇다면 왜 거짓말을 했을까? 나는 교사로 일할 때, 교장 선생님께 아프다는 핑계를 대고 병가를 낸 적이 있다. 하지만 사실은 주말에 이어 더 오래 쉬고 싶었기 때문이었다. 아마 우리 모두가 그런 식으로 거짓말을 할 것이다. 진실을 이야기하는 것보다 거짓말을 하는 것이 훨씬 쉬우며 다른 사람들이 자신에 대한 존경심을 버리지 않도록 하면서 원하는 것을 얻을 수 있는 유용한 방법이 될 것이기 때문이다. 무엇을 하고 싶다는 욕구와 욕망은 있지만, 정직해지는 것은 두려운 것이다. 그래서 아이들은 아프다거나 동생을 돌봐야 한다는 이유로 학교를 빠진 뒤에, 비디오 게임을 하게 되는 것이다.

따라서 진실을 말해야 한다고 가르칠 때, 그것의 효과에 대해 명확하게 이야기해 줄 필요가 있다. 진실을 말함으로써 자신의 욕망에 솔직해질 수 있고, 그 감정을 자신이 소유할 수 있게 된다고 말이다. 즉, 학생들이 "어제 결석한 건, 친구들이랑 술을 너무 많이 마셨기 때문이에요" 하고 말할 수 있게 가르쳐야 한다는 이야기다. 학생들이 그렇게 말할 수 있도록 가르친다면, 그 아이는 당신을 두려움 없이 신뢰할 것이고, 당신에게 어떤 이야기라도 들려줄 것이다.

그리고 당신에게 진실을 이야기한다는 것은 그 아이들이 당신에게 도움을 요청하고 있다는 뜻이기도 하다. 아이들이 스스로 걸어와 "당신의 도움이 필요합니다" 하고 이야기하는 것은 정말 어려운 일이다. 그래서 대신 "술 마시느라 학교에 못 왔다"고 이야기하며 도움을 요청하는 것이다. 처벌을 생각하지 않고 정직하게 말하도록 가르치는 것은 자신의 감정을 그대로 수용하도록 가르치는 것이고, 그 감정을 표출함으로써 도움이 절실할 경우 어른들에게 그것을 요청할 수 있도록 하는 것이다. 따라서 누군가가 진실을 이야기한다면, 당신은 교사로서 반드시 그 아이를 어떻게 도울 수 있을지 생각해야 할 것이다.

학생들에게 "안 돼"라고 말하는 것

미국의 공교육은 공장에서 명령에 잘 복종하는 젊은이들을 양산하기 위한 체제다. 공교육의 구조를 생각해 보라. 벨이 울린다. 그러면 다른 교실로 이동해야 하고, 지도와 감독을 받으며 일정 시간 동안 꼼짝 않고 앉아 있어야 한다. 공교육에서 아이들을 가르치기 힘든 또 한 가지 이유는 학생 수가 너무 많다는 것이다. 교사는 보통 하루에 200~300명의 아이들을 만나게 되는데, 그러한 구조에서라면 어떤 교사라도 학생들을 제대로 발견하기 어려울뿐더러, 그 아이들에게 어떤 특별한 일이 일어나도 쉽게 알아챌 수 없다. 예를 들어, 아이들의 가족 가운데 누군가가 사망했다고 하더라고 학교는 이를 알기 어렵고, 따라서 그 아이를 도울 수도 없기 때문이다.

내가 공립학교에서 대안학교로 옮겨간 것도 바로 그런 이유 때문이다. 나는 학생들 개개인에 대해 자세히 알고 싶었고, 그 아이들의 가족들한테 어떤 일이 일어나고 있는지 자세히 알고 싶었다. 그래서 대안학교로 옮긴 뒤 학생들 한 명 한 명에 대해 잘 알게 된 것은 나에게 커다란 행복이었다. 하지만 문제는 대안학교에 근무하게 되었을 때 내가 별로 준비되어 있지 않았다는 것이었다. 그 학생들이 누구인지, 그 학생들을 위해 무엇을 해야 하는지 잘 모른 채 아이들과 만나게 된 것이다.

나를 상당한 어려움에 빠지게 했던 도밍고라는 학생이 있었다. 한번은 그 아이가 쓴 일기를 보게 되었다. 매우 우울해하고 있었고, 자신을 못생겼다고 생각하는 탓에 여러 가지 어려움을 겪고 있었다. 그러던 어느 날 밤, 그 아이는 새벽 두 시에 나에게 전화해 자살 충동을 느낀다고 고백했다. 그 이야기를 듣고 내가 제일 먼저 한 일은, 가족 중에 누군가를 깨우게 해 도밍고가 혼자 있지 않도록 하는 것이었다. 그런 일을 겪고 나자 나는 도밍고가 너무 걱정돼, 그가 어려움을 이겨 낼 수 있도록 정신적으로, 또 심리적으로 지원해 주려고 노력했다. 그 학생에게 일종의 동정심을 느끼게 된 것이다.

그래서 나는 그 아이가 여자 친구를 만나기 전에 이발소에 들러야 하니 일찍 보내 줄 수 없겠냐고 요청했을 때, 그것을 허락해 주었다. 도밍고가 스스로 못생겼다고 생각한다는 사실을 알고 있었고, 그래서 이발소에 가고 싶어하는 마음을 이해했기 때문이다. 이와 비슷한 상황에서 나는 여러 번 이 아이에게 관대하게 대했다. 그저 그가 딱하게 생각되었기 때문이다. 그런데 이 아이에 대한 나의 동정심은 결국 그가 스스로 희생자라고 느끼도록 만들었다. 그는 자꾸만 자신에게 예외를 두어 달라고 요청했고, 결국 그것이 더 좋지 않은 결과를 가져왔다. 지금도 나는 도밍고와 이야기를 나누는데, 그 아이는 여전히 이 사회가 자신을 희생자로 만들었다고 생각하고 있다.

결국 그 상황에서 내가 해야 했던 일은, 도밍고의 처지와 상황을 동정하는 것이 아니라 좀 더 깊은 사랑으로 그가 자신의 상황을 다르게 변화시키고 발전시키도록 독려하는 것이었다. '네 상황이 어렵다는 것은 알지만 네 삶을 바꾸어 나가려면 이렇게 예외적인 요청을 반복해서는 안 돼'라고 말이다.

교사는 때로로 "안 돼"라고 이야기해야 한다. 이것은 매우 혼란스러운 일이지만, 아이들이 계속해서 새로운 상황에 도전할 수 있도록 하기 위해 매우 필요한 일이다. 물론 "안 돼"라고 말하는 것이 모든 대화의 종결이 되어서는 안 될 것이다. 왜 안 되는지에 대해서도 설명해 주어야만 한다. 젊은 친구들이 어려움을 겪는 것은 '경계'가 어디인지 잘 알지 못하기 때문이다. 어떤 행동을 어디까지 밀어붙여야 하고 어디에서는 멈추어야 하는지, 그들은 잘 알지 못한다. 따라서 어디가 넘지 말아야 하는 선인지를 가르쳐 주는 것이 무엇보다도 중요하고, 거기에서 멈추어야 하는 이유를 설명해 주는 것이 그 다음으로 중요한 일이다.

개인적인 이야기를 하자면, 나는 소위 모범생이었고 밖에 나가 아이들과 어울려 노는 것을 별로 좋아하지 않았다. 사실 아이들을 만나 노는 것에 대한 두려움이 있었는데, 아버지께서 그 사실을 아시고는 "공부는 이제 그만하고, 나가 놀면서 친구를 사귀어라" 말씀하셨다. 아버지의 말씀 덕분에 밖에 나가 노는 것도 배우고 친구도 사귈 수 있어서 결과적으로는 좋았지만, 그 당시에는 왜 밖에 나가 놀아야 하는지에 대해 어떤 설명도 듣지 못하고 그저 따라야 했던 것이 나에겐 큰 어려움이었다. 따라서 어른들의 역할은 무엇은 되고 무엇은 안 되는지를 알려 주는 데서 끝나는 것이 아니라, 왜 그런지에 대해 설명해 주고 지원해 주는 것까지 이어져야 한다.

또 하나 고려해야 할 것은 '경계'가 뚜렷하지 않고 항상 변하기 마련이라는 점이다. 그래서 어른들은 때로 실수를 하게 되고, 아이들은 그 실수에 대해 반발할 수 있다. 그래서 경계를 정할 때 중요한 것은 아이들과 '협상'하며 함께 정하는 것이다. 우리 아버지는 중학생 때 미국으로 왔지만, 그럼에도 매우 한국적인 분이었는데. 아버지의 지시에 제가 "왜 그렇게 해야 해요?" 물을 때마다 아버지는 말씀하셨다. "내가 그렇게 하라고 얘기했으니까!" 우리 부모님 세대가 우리를 가르쳤던 방식은 우리가 아이들을 가르칠 때 그대로 나타나곤 한다. 그러나 이렇게 말해 버리는 것은 아이들의 생각을 중단시키는 일이다.

이것은 우리가 맞닥뜨리고 있는 사회의 변화와도 밀접한 관련이 있다. 이제 사회는 명령에 잘 따르는 사람이 아니라 창의적인 아이들을 원하고 있고, 이것이 더 효과적인 변화이기도 하다. 따라서 결국 중요한 것은 설명과 설득을 통해 아이들의 마음을 움직이는 것이다. 당신은 어떻게 하고 있는가?

위기를 받아들이기

교사로서 내가 해야 하는 일은 아이들로 하여금 하기 싫은 일도 하게끔 하는 것이다. 교사들도 대부분 마찬가지일 것이다. 여기에 내가 아이들에게 하나 더 요구하는 것은, 개인적인 위기를 놓치지 말라는 것이다. 아이들이 너무 조용하면 이야기를 끄집어내고, 춤추는 것을 두려워하면 춤을 추도록 시키고, 새로운 것을 두려워하면 그것에 도전하게끔 한다. 내 경험에 따르자면, 아이들은 이런 도전을 통해 4년 동안 엄청난 변화를 보여 주었다.

평소에 아주 조용했던 여학생이 있었는데, 첫 발표 시간에 교실 밖으로 도망쳐 버릴 정도로 내성적인 친구였다. 나는 '저 학생은 발표하는 상황을 힘들어하니까 혼자 두어야지'하고 마음먹는 대신, 두려움을 극복하고 발표하는 상황을 편하게 받아들일 수 있도록 끊임없이 발표를 시키고 옆에서 도와주었다. 사람들 앞에 서는 것이 두려워 교실을 뛰쳐나가기까지 했던 여학생은 고학년이 되자 연극 대본을 쓰고, 연기 지도를 하고, 연출까지 담당하게 되었다. 삶을 변화시키고 싶고 성장하길 원한다면, 아이들은 어떻게든 자기 앞의 위기를 극복해야 한다.

그것은 나에게도 해당되는 말이다. 나는 역사를 전공했지만 뉴욕에서 근무했던 학교에서는 영어 교과를 담당해 영시까지 가르쳐야 했다. 나는 9학년 아이들이 영시를 쓰고 마지막에는 발표까지 할 수 있도록 지도해야 했는데, 그 아이들이 쓴 작품은 정말 뛰어난 것들이었다. 하지만 그중에서도 발표를 두려워하는 아이들이 있었고, 나는 그 아이들에게 "네가 쓴 것은 정말 대단하다"고 독려해야 했다. 결국 모든 아이들이 자신이 쓴 시를 성공적으로 발표했고, 그해 유일하게 시를 발표하지 않은 사람은 나 하나였다. 생각해 보면, 나 역시 시를 쓰고 발표하는 것에 두려움을 느끼고 있었던 것이다. 그래서 나도 그 '위기'를 받아들이기로 하고, 시를 써 발표했다. 그러고 나서 깨달은 것은 '어려워 보이는 일도 해 보니 되더라' 하는 사실이었다. 나는 이것이 진정한 성장이라고 생각한다.

할 수 없을 것 같은 일을 해냈을 때, 우리는 내가 누구인지를 진정 깨닫게 된다. 그래서 나는 기회가 될 때마다 '위기'를 받아들이곤 한다. 어떤 때는 아이들에게 새로 나온 춤을 배우고, 못하는 노래도 하고, 한복을 입고 출근하기도 한다. 그러면 학생들은 신기해하고, 나는 한복에 대해 설명해야 하는 새로운 '위기'를 맞게 된다. 어떤 경우에는 아이들에게 일기를 발표해 보라고도 하는데, 개인적인 기록이긴 하지만 해 볼 만한 가치가 있는 것 같다. 개인적인 경험을 나누고 서로 지원해 줄 수도 있기 때문이다. 물론, 위기를 받아들인다는 것이 무엇인가를 완벽하게 해낸다는 것을 의미하지는 않는다. 중요한 것은 시도하고 당혹감을 나누는 것이며, 계속해서 배우고 위기를 받아들이며 다른 사람들을 신뢰하는 것이다.

4년 동안의 포옹

메트스쿨에서 아이들을 가르치기 시작한 첫 해, 학생 둘이 심하게 싸우는 사건이 있었다. 먼저 맞은 한 학생이 다른 학생을 되받아치려는 순간, 교사들이 달려들어 싸움을 말리게 되었다. 맞기만 하고 되받아치지는 못한 아이는 분노를 주체하지 못한 나머지, 맨주먹으로 벽에 구멍을 내고 창문까지 때려 심한 상처를 입었다. 결국 그 학생은 귀가 조치를 당하고 말았다. 나는 두 학생이 싸웠다는 사실 때문에 기분이 몹시 상했지만, 그 아이는 또 얼마나 속이 상할까 싶어 가만히 껴안아 주었다.

4년 후 졸업할 때가 되자, 그 아이가 이렇게 말했다. "선생님, 그때가 저에게 얼마나 중요한 순간이었는지 아세요? 그때의 포옹 덕분에 학교와 선생님이 저를 얼마나 사랑하는지 알게 됐어요."

그 이야기를 듣자 매우 기묘한 감정이 들었다. 나는 까맣게 잊고 있었던 일을 그 아이는 4년 동안이나 기억하고 있었기 때문이었다. 나는 순간적으로 그 아이를 껴안았던 것이고, 어쩌면 그 아이를 안아 주지 않았을 수도 있었다. 순간의 판단과 행동이 아이들에게 굉장한 영향을 미칠 수도 있다는 것을 알게 되었다.

이처럼 어떤 순간, 갑작스런 충동을 느끼거나 판단을 내리게 되는 경우가 있다. 이것은 아주 짧은 순간이다. 그 순간 나는 내 직감을 믿고 그 중요한 순간이 그저 흘러가 버리지 않도록 한다. 아이들의 마음이 열려 있는 그 순간을 놓치지 않아야 한다. 젊은 친구들이나 학생들은 자신들의 문제를 공유하고 싶어 하고, 절박하게 도움의 손길을 구한다. 마약이나 알코올 중독, 거식증이나 폭식증 등은 이들이 자신들의 감정을 표현하는 여러 방식이다. 부디 그들이 마음의 문을 열고 도움을 갈구하는 그 순간을 놓치지 않길 바란다.

※ 이 글은 2006년 7월 26일 서울시대안교육센터 초청 특별 강연 「교사의 성장을 고민한다」를 정리한 것이다.

메트스쿨

메트스쿨(http://www.themetschool.org)은 미국 로드아일랜드 주 프로비던스 시에 있는 독특한 공립학교다. 이곳은 다른 대안학교들과는 다르게 공교육의 장에서 대안적인 교육을 하는 학교다. 메트스쿨의 모태는 빅픽처컴퍼니(BIG PICTURE COMPANY http://www.bigpicture.org)라는 1995년에 설립된 비영리단체(NPO)다. 시내의 학교에서 한 블록 떨어진 곳에 사무실이 있는 이 단체는 학교 운영의 아이디어 뱅크 같은 역할을 하고 있었다. 현재 메트스쿨의 공동 관리자(Co-director)를 맡고 있는 엘리엇 워셔는 20여 년 동안 공립학교 교사로 재직했으며 직접 고안한 직업 교육 과정으로 교육혁신상을 수상하기도 했던 사람이다.

미국의 교육 개혁에 촉매 역할을 하고자 하는 빅픽처컴퍼니는 '교육은 모든 사람들이 할 일이다'(Education is everyone's business)를 모토로 활동하고 있다. 구체적인 목표로 내걸고 있는 것은 두 가지인데, 그중 하나는 실제 사회와 분리되지 않으면서 학생 한 사람 한 사람에게 맞는 학교 모델을 만들어 미국 공교육을 개혁하는 것, 다른 한 목표는 공립학교 내부에서 새로운 교육 모델을 확산하기 위해 교사와 교육 행정가들을 훈련하는 것이다.

큰 그림을 가진 작은 학교

빅픽처컴퍼니에서 학교 청사진을 그려서 시교육위원회와 협의하여 만든 메트스쿨은 일반 공립학교와는 상당히 다른 방식으로 운영되고 있다. 교사를 채용을 비롯해 학교 운영에 관한 모든 권한이 학교에 있다. 학생들은 그 지역에서 원하는 아이들 누구나 올 수 있지만 학교의 규모가 작기 때문에 신청자가 넘칠 때는 추첨으로 뽑는다. 한 교사가 담임을 맡는 아이들 수는 15명을 넘지 않으며, 한 학년 정원이 30명을 넘지 않는다. 한 학교의 규모가 학생 120명(미국 고등학교는 4학년제), 교사 8명을 넘지 않는 작은 규모를 원칙으로 하고 있다. 메트스쿨은 큰 학교 하나를 만들 돈으로 작은 학교를 6개 만들기로 하고 현재 2개 학교를 만들었다고 한다. 메트스쿨은 새로운 교육 비전을 제공하는 대안 공간의 의미를 넘어, 그 새로운 비전을 본격적으로 '복제 재생산'하려는 구도 속에서 만들어진 학교다.

개별 학습과 인턴 제도

메트스쿨의 학생들은 다른 학교보다 적은 양의 주제를 다루지만 심도 있게 공부한다. 다른 학교에서처럼 나이가 같은 학생들끼리 공부하는 것이 아니라 학교 안팎에서 어른들과 협력하여 공부해 나간다. 학생들은 시험을 보는 대신 자신이 배운 것에 대해 프리젠테이션을 하고, A, B, C 같은 학점으로 평가를 받는 것이 아니라 교사가 아주 상세하게 쓴 평가서를 받는다. 교사와 부모, 학생, 인턴십 멘토로 이루어진 개별 학생의 학습 계획팀은 매 분기마다 학생의 발전 정도를 평가하고 다음 분기의 학습 계획을 함께 세운다.

메트스쿨의 가장 큰 특성 가운데 하나는 인턴 제도를 잘 운영하고 있다는 점이다. 일종의 현장 학습 같은 것으로, 학생들은 화·목요일은 학교로 나오지 않고 저마다 인턴으로 일하는 현장으로 출근한다. 아이들이 나가는 현장은 백여 군데에 이른다. 광고회사, 방송국, 동물원, 애완동물 가게, 디자인 업체, 병원, 고아원, 출판사, 이벤트 기획사… 곳곳에서 아이들은 일을 하면서 배운다. 학생들은 졸업 때까지 적어도 세 군데 이상 인턴 경험을 하는 것을 원칙으로 한다. 교과서가 아니라 실제 세계에서 배워야 한다는 빅픽처컴퍼니의 교육 철학을 구현하고 있는 제도인 셈이다.

학생들은 인턴을 하며 현장의 전문가인 멘토(mentor)로부터 배우는데 멘토들은 학생들에게 가르친 내용을 꼼꼼히 기록해서 학교에 전달한다. 아이들이 인턴 활동을 하는 화·목요일에는 교사도 아이들이 있는 현장을 돈다. 하루에 보통 너덧 군데를 돈다고 한다. 아이들이 어떻게 지내는지 현장을 직접 보고 현장 전문 교사들과도 많은 이야기를 나눈다. 담임교사와 현장교사, 학부모의 관계가 매우 긴밀한 것이 메트스쿨의 가장 큰 장점인 셈이다. 이는 무엇보다 메트스쿨이 작은 규모이기 때문에 가능한 것이다.

* 이 글은 현병호가 쓴 "큰 그림을 그리는 사람들 — 메츠하이스쿨"(『민들레』 15호)을 이보라가 줄인 것이다.

꿈틀이, 직업 체험 현장에 가다

양지은 꿈틀학교 교사

나는 "세상을 보물 삼고 사람을 희망 삼는다"는 제목을 수업에 붙여 보곤 한다. 정말로 세상이 보물이 되고, 사람이 희망이 되는 즐거운 수업이 직업 체험 수업이다. 그렇다면, 교사인 내게는 무엇이 보물이고, 무엇이 희망이 되었을까?

꿈틀학교에서는

내가 일하고 있는 꿈틀학교(http://www.imyschool.com)는 2002년 5월 대학로에 문을 연 도시형(대도시에 위치), 비인가(학력 인정 안 됨), 비기숙형(살고 있는 곳에서 통학) 학교다. 학교를 떠난 아이들을 담아내기 위해 일반 시민들이 뜻을 모아 만들었으며, 이 속에서 아이들이 자기 존중감을 회복하고, 건강함을 되찾고, 사회로 진출을 준비할 수 있도록 지원하는 것을 주요 목표로 하고 있다. '꿈틀'은 내 안의 꿈틀거림을 발견하는 자기 이해 단계로부터 꿈틀거리며 자신감을 회복하는 단계를 거쳐, 자신의 꿈의 틀을 마련하여 미래에 대한 계획을 가지고 설계하는 단계에 이르도록 도와주고, 이를 통해 건강한 사회인으로서 자신의 꿈을 트게 하도록 하자는 교육 목표를 담고 있다.

꿈틀학교는 17~19세의 학교에 다니지 않는 청소년들을 대상으로 하는 20명 규모의 작은 학교다. 꿈틀학교의 교육 과정은 2년 4학기제(연령 구분 없이 학년제)로 운영되고 있다. 과목은 크게 기초·감성·진로·자치 교과로 나누어지는데, 그중 진로 교과는 직업 특강/직업 체험/개인 프로젝트/팀 프로젝트/인턴십으로 구분되며, 자기 탐색, 정보 탐색, 다양한 체험에 이어 현장 실습까지 체계적으로 구성하여 자신에게 필요한 길 찾기를 스스로 할 수 있도록 하고, 졸업 후에도 관심 분야로 진출할 수 있도록 꾸준히 지원하고 있다.

이중에서 직업 체험 수업은 진로와 관련하여 자기 길을 찾고 싶은 꿈틀학교 아이들의 욕구를 현장과 연결해 현실화하는 첫 단계라고 할 수 있다. 준비 상태, 관심 정도, 기초 학습 수준 등은 개인마다 차이가 있지만, 자신이 좋아하는 것을 발견하고 현실을 알아 가면서 아이들은 방향을 가늠하고 스스로 준비해 보게 된다. 아이들은 자신의 현재 상황에서 무엇이 필요한지 계획을 세우고 포기하고 실망하고 다시 계획 세우는 일을 되풀이한다.

성장하는 시기에 있는 아이들에게 우선 필요한 것은 직업, 진로에 대한 정확한 의미를 이해하고 막연한 관심을 현실로 구체화하는 과정이다. 따라서 현장을 방문하여 직·간접으로 한 직업을 이해하고, 실제 일하는 사람들을 만나 이야기를 나누고, 일하는 모습을 봄으로써 좀 더 현실적이고 구체적인 일의 내용과 그에 필요한 조건 및 자격을 알고, 삶의 태도를 배우는 것이 직업 체험 수업의 목표가 된다.

관심 있는 분야에 관한 정보를 얻는 것, 일에 필요한 준비 과정과 절차를 알게 되는 것, 사람과 세상을 만나는 넓이와 깊이를 더하는 것, 다양한 분야를 접하며 각자 내적인 동기를 부여받는 것, 일에 대한 현실감과 진지함을 높이는 것, 더불어 삶을 사는 진지함과 열정을 배우고, 내 안에 모델로 삼고 싶은 사람을 만들고, 무엇을 하면서 어떤 모습으로 살아야 할지 돌아보는 것이 직업 체험 수업의 기본 취지다.

직업 체험 수업은 진로를 확정하기 이전의 탐색 단계에 있는 아이들에게는 현재까지 알고 있던 것을 넘어 다양한 자원 속에서 진로를 탐색할 수 있는 풍부한 기회를 제공해 준다. 진로를 명확히 정한 아이들에게도 아직은 십대 후반 자기 안에 있는 최대한의 능력을 발견하고 드러낼 수 있는 시기이므로, 나의 관심 영역을 뛰어넘어 넓은 세상에 대한 접근은 자신이 원하는 삶을 더욱 풍요롭게 해 주는 자원이자 힘을 얻는 원천이 될 수 있다.

수업을 마친 후 아이들은 어느 정도 관심 영역의 방향을 발견하게 될 것이고, 그것을 위해 필요한 기초적인 지식과 기술을 배우는 단계를 거치며 현장 실습을 위한 준비를 하고, 세상과 삶에 대한 안목을 넓히는 동시에 지속적인 자기 길 찾기를 하게 될 것이다. 다음에 나오는 글은 꿈틀학교의 직업 체험 수업을 통해 내가 교사로서 느끼고 성찰한 경험을 기록한 것이다.

가장 큰 보물이자 희망인 아이들에게

너희들을 통해, 너희들과 함께하는 직업 체험 수업을 통해 나는 알지 못했던 세상을 만나고, 매력적인 사람들을 만나고, 새로운 일을 만난다. 안 듣는 척하면서도 귀를 기울이는 너희들을 보면서 나도 열린 사람이 된다. 귀가 열리고, 마음이 열린다. 자기가 좋아하는 일을 만나면, 반할 만한 사람을 만나면 너희들 눈빛은 어느새 반짝거린다.

나도 그런 사람들 중 한 명이 되고 싶어서 부러운 맘으로 너희를 바라보게 된다. 이렇게 세상 속에서 너희들과 지내다 보면 내 일만 하다가 쉽게 빠져버릴 수 있는 나만의 늪에서 한 발짝 떨어져 보게도 되고, 다양한 삶을 추구하는 너희들 하나하나를 더 넓은 마음으로 받아들이게 되고 길 찾기를 어떻게 하면 더 잘할 수 있을지, 관심 분야들이 있는데 과연 어디를 어떻게 찾아가서 무엇을 하는 게 가장 좋을지 매일매일 고민하게 되고, TV를 보거나 신문을 보면서도 눈에 띄는 사람들은 곧바로 내 자료 탐색 대상이 되곤 한다.

가끔 너희들이 질문을 하지 않고 침묵을 지키면 내가 질문을 던질 때가 있다. 그럼 너희는 나에게 못마땅한 표정으로 묻는다.

"뭘 그리 꼬치꼬치 캐물어요?"

나는 대답한다.

"궁금하니까…"

난 호기심이 많은 사람이다. 궁금한 걸 알고 싶고, 그 사람 삶에 가까이 다가가고 싶고, 그렇게 배우고 싶다. 그리고 이런 내 모습이 너희들에게 되돌아갈 거라고 믿기 때문에 더 열심히 준비하고, 질문하고, 생각한다.

수업을 하다보면 너희들 모습에 "뭐 이래?" 황당할 때도 많다. 분명히 자기가 관심 있는 분야라서 가 보고 싶다고 했는데 질문할 때도 이야기를 들을 때도 의욕 하나 없는 얼굴로 앉아 있고, 적어온 질문을 끝낸 후 그 다음엔 나는 더 할 일이 없다, 뭘 바라냐는 눈빛으로 쳐다보고, 밤새 뭘 했는지 딱 중앙에 앉아 수업 시간 내내 정신없이 잠자고, 화가 났더라도 이유가 다른 곳에 있으면 참아 보면 좋겠는데 계속 짜증내고, 인터뷰를 준비해 오지 않거나, 아예 결석을 해 버리기도 하고, 그럴 땐 참으로 민망하고 안타깝고 그렇다.

언제 어디서든지 너희들이 최선을 다하고 진심으로 시간을 보낼 줄 아는 사람이면 좋겠다. 자신에게 주어진 소중한 기회를 충분히 사용할 줄 아는 사람이면 좋겠다. 우리가 방문하는 곳에서 만났던 사람들 기억하고 있지? 자기 일을 소중히 여기는 사람들, 자기 삶에 진심으로 최선을 다하는 사람들, 후회 없이 그 길을 평생 동안 걸어가고자 하는 사람들, 너희들과 만나 작게라도 도움이 되고 싶어 노력하는 사람들, 자신의 젊은 날을 돌아보며 따뜻한 눈빛으로 우리를 맞아 주는 사람들. 간혹 무성의하고 딱딱한 태도로 우리를 만나 주는 사람도 있지만 친절한 사람들에게서도, 무관심한 사람들에게서도 우리는 그 일들이 쉽지 않다는 걸 배웠다. 세상이 그리 만만치 않은 것도 알았고 하지만, 꼭 해 보고 싶다는 욕심이 생기기도 했다.

학교 밖에서 접한 많은 것들 중에 누구에게서든지 배울 수 있는 부분을 찾아내고 나와 다른 사람들에게 귀 기울이고 그렇게 다시 나 자신을 돌아볼 수

직업 체험 수업은 진로를 확정하기 이전의 탐색 단계에 있는 아이들에게 현재까지 알고 있던 것을 넘어 다양한 자원 속에서 진로를 탐색할 수 있는 풍부한 기회를 제공해 준다. 꿈틀학교 사진 제공.

있는 시간이었을 거라 생각한다. 이 모든 과정을 통해 성장한 너희들이 또다시 새로운 단계를 맞고, 당당히 맞서서 앞으로 나아갈 수 있기를 바란다.

그러고 보니 내게 주어진 과제도 참 많다. 너희들이 가는 그 길을 함께하면서 이제까지 들은 이야기들, 경험들이 온전하게 자기 것이 되고 각자가 원하는 길로 한 걸음씩 나아갈 수 있도록 부지런히 새로운 일을 찾고 또 다른 사람과 일터를 만날 준비를 해야겠다. 너희가 보여 주는 변화와 성장, 어려움과 혼란이 무엇인지 잘 살피면서 삶 속에서 잘 정리되도록 하는 방법도 더 생각해 봐야겠다. 더 의미 있는 '세상 알기' 수업 기대합시다.

지금은 직업 체험 수업 현장 연결 중!

선뜻 전화기로 손이 가지 않을 때가 있다. 같은 말을 수십 번씩 반복하는 이 일을 아이들이 정말 활기차게 잘할 것인가에 대한 자신감 없이 하게 될 때마다 책상 위에 머리 박고 망설일 때도 많다. 그래도 해야 하는 일이다. 그래도 이 수업이 추구하는 취지가 있다. 포기할 수 없다. 다섯 군데의 전화번호를 써놓고 일일이 전화를 한다. 담당자가 없으면 반드시 메모를 남겨서 다시 전화를 건다. 핸드폰 알람을 10분 뒤, 30분 뒤로 맞춰 놓고 꼭 확인한다. 이왕 하는 거 정확히 해야 한다.

거절? 익숙해졌지만 유쾌한 일은 아니다. 온종일 거절당할 때면 기운이 빠진다. 몇 주 이후까지의 계획이 확정되지 않으면 불안하고 급해진다. 인맥을 활용하면 쉽다고? 인맥으로 인한 연결은 전체의 20%도 되지 않는다. 물론, 아는 사람에게 전화하는 것도 쉽지 않다. '다 그렇지 뭐' 하고 스스로 위로한다.

가끔 예상보다 적극적인 반응을 보이는 곳이 있다. 직접 방문해서 설명을 해라, 그런 일은 전화로 의논하기 어렵다고 한다. 좋기도 하면서, 때로는 적극적인 호응이 더 불안하고 부담스럽다. 그만큼 원하는 것이 있고 기대치가 높기 때문이다. 자신들이 제공하는 만큼 얻어지는 것이 없다고 실망하게 되기 때문이다. 그렇다고 안 할 수는 없다. 우리가 누군데? 대신, 상황에 대해서 충분히 설명을 하고 양해를 구한다. 우리 수업의 장점이자 단점, 모두 다 관심 있는 영역이 아니어도 다함께 방문한다는 것, 세상을 알고 삶을 배우자는 취지가 우선이라는 것!

실제 방문 후에 현장 측에서 부정적인 평가를 해 준다고 하더라도 아이들은 그 모든 경우를 통해 배우고 느낀다. 소중한 자원 하나를 잃게 되더라도 현실적인 사회를 접촉할 수 있는 기회로 삼는다.

앗? 오늘은 단 한번의 전화로 허락을 받았다. 언론을 통해 너무 많이 알려진 유명한 사람이라 방문이 가능할까 싶어 한참을 망설인 끝에 전화했는데 사장이 자리에 없고 바빠서 여러 번 메모를 남겨야 했지만 사장과 직접 통화하자마자 방문을 허락받았다.

이렇게 고마울 수가! 역시 세상엔 우리에게 열려 있는 곳도 많다. 열심히 수업 취지를 설명한다. 상대방이 알았다, 이해했다고 선뜻 말하면 자료를 보내는 것 외에 더 긴 통화는 어렵다. 방문 전에 계속 의논을 요청해 오는 경우가 있는데 그만큼 더 많은 이야기를 나누게 되고 더 알찬 수업을 준비하게 된다. 하지만, 현장 상황은 제각각이고 담당자들은 늘 바쁘다. 충분히 이해하고 최선을 다해 준비해 주는 대로 따르게 된다.

아, 교사의 소심함… 더 강력하게 요청하고 잘 준비되도록 해야 하는데 일단 상세한 자료를 발송한 후에는 일정을 확인하는 것 외에 질문을 잘 준비하는 것, 더 많은 정보를 확인해 보는 것 외에 할 수 있는 일은 별로 없다. 뭐야, 이렇게 밖에 못하는 거야?

나를 성찰하고, 다시 앞날을 희망한다

사회적으로 대안학교가 무엇인지 모르는 사람들도 많고, 정규학교도 아니라는 곳에서 방문하겠다고 제안했을 때 프로그램을 마련해 줄 만한 장치가 있는 경우는 드물다. 그만큼 연결하기가 쉽지 않고, 한곳에 열 번 넘게 연락을 해야 할 때도 많이 있다. 사정상 미루고 미루다가 결국은 거절당할 때도 있다. 하지만, 관심 가져 주고, 수업 취지에 동의하고, 자신의 과거를 떠올리며 기꺼이 도움을 주고 싶어 하는 사례도 많다. 우리 사회에 이렇게 함께 해 주려는 자원들도 많이 있다는 것에 즐거움과 자부심을 느끼게 된다. 이젠, 어떤 곳이든 연결해서 갈 수 있다는 자신감도 생겼다.

또 마음에 훨씬 여유가 생겼고, 현장에서 부정적인 평가를 해 주더라도 기꺼이 받아들이면서 한편으로는 그래도 아이들에게 도움이 되는 과정이라고 생각해 달라며 설득할 수도 있게 되었고, 현장에서 보고 듣는 것들을 내 삶에 반영해서 나 스스로 건강한 사람이 되고자 노력하게 되었고, 아이들을 한 명한 명 주의 깊이 보려고도 했고, 현장에도 매번 최대한 감사의 뜻을 전하고 좋은 관계를 유지하기 위해 예전보다 부지런히 노력했다.

무엇보다 수업하면서 만나는 사람들의 한마디 한마디는 내게 한 권의 직업 사전이 되었다. 실제 도움이 되는 정보도 알게 되지만, 삶의 원칙이 되는 이야기들도 많이 듣는데 가끔은 아이들보다 훨씬 많이 감동하고, 내 삶에 영향을 받곤 한다. '인내'를 최고 덕목으로 꼽으며 현실을 정확히 볼 것을 말씀해 주신 분도 계셨고, 기본적인 마음가짐을 강조한 분도 계셨고, 장사하면서 배운 돈의 가치를 솔직하게 이야기해 준 분도 있었다. '선택'의 문제를 냉정하게 바라보라고 조언해 주신 분, "체력이 남아 있는 한 칼자루를 놓지 않겠다"고 말씀하시어 모두를 감동시킨 분, 자신감과 열정을 충분히 보여 준 분들도 계셨다.

여러분들 싫은 소리 들으면 어떻게 하는가? 열 번은 참아야 한다. 인내가 가장 중요하다. 지금은 성질을 부릴 때가 아니다. 내가 투자하면 그만큼 언젠가는 돌아오게 되어 있다. 내가 잘하면 주변 사람이 더 생기기 마련이고, 내가 잘못하면 언젠가 뒤통수 맞을 일이 생긴다. — 각시와 신랑

무엇보다 요리를 사랑하는 마음, 요리를 하고 싶은 마음이 있어야 한다. 체력과 인내심도 필수적이다. 끈기 없이는 아무 일도 할 수 없다. 생각만큼 쉬운 일은 없다. 계속 공부하고 노력해야 한다. — 푸드앤컬처 코리아

돈에 대해 어떻게 생각하냐구? 돈은 평생 살면서 필요한 것이다. 하지만 돈을 보고 일하면 성공 못한다. 수익만 생각하면 '돈'만 쫓아가게 되고 그러다 보면 그것이 다시 부메랑이 되어 나를 치게 된다. 돈 때문에 발목 잡히는 일이 생긴다. 그게 내가 장사하면서 배운 돈의 가치다. — 가방가게 쿠키

하고 싶은 일을 선택하면, 그걸 선택한 만큼 포기해야 하는 부분도 생각해야 한다.

다른 것들을 동시에 가지고 싶으면 할 수 없다. 내 삶의 즐거움을 어디에서 찾을 것인지 선택해야 한다. 얼마나 그것을 원하느냐, 얼마나 그것을 좋아하느냐가 가장 중요하다. ─극단 작은신화

체력이 남아 있는 한 칼자루를 놓지 않을 것이다… 이곳을 찾아오는 손님을 만족시키고 다시 찾아오게 만들 자신이 있다. 그건 진심이면 된다. 진심으로 음식을 만들고 진심으로 손님을 대하면 그렇게 될 수 있다. ─스시효

어떤 직업이든 마찬가지겠지만 화려할수록 힘든 일이 많다. 자기가 그 일을 왜 하고 싶은지 생각 많이 하고, 공부해 보는 것이 필요하다. 지금 나이에는 독립하려는 노력도 필요하다. 그래야만 내가 원하는 일을 스스로 할 수 있게 된다. 그리고, 내가 좋아하는 일을 열심히 하다 보면 언젠가는 주변에서 인정해 줄 거라 믿어라. 꿈을 가지고 조금씩 노력하다 보면 또 다른 꿈이 보일 것이다. ─이레인스피드

내가 지금 연극배우라고, 연극을 한다고 당당히 이야기할 수 있는 건 열정 때문인 것 같다. 연기에 대한 열정, 무대에 섰을 때의 열정… 그것이 지금 연극을 하는 이유이기도 하다. ─점프 공연

이런 배움, 세상과 만나는 즐거움과 어려움 속에서 오히려 교사의 어깨가 무거워짐은 어쩌면 당연한 결과다. 부족하다는 것도 알게 되고, 실수한 부분도 보이고, 게을렀던 면도 보이고, 극복해야 할 문제들이 눈앞에 펼쳐진다. 그러고 보면 결국 앞으로의 과제로 던져진 것이 훨씬 많아진 셈이다. 교사의 역할은 준비하고, 진행하고, 마무리하는 것에 그치지 않는다. 한 학기를 지내며 성장 보고서를 쓰기까지 자신을 돌아본 아이들에게 그 성장과 배움이 지속될 수 있도록 새로운 기회를 제공해야 하고, 아이들이 주인이 되어 좀 더 성숙한 모습을 세상을 만날 준비가 되도록 도와야 한다. 교사 자신의 성찰은 곧 아이들의 성찰이 되고, 아이들의 성찰은 또다시 교사의 성찰이 되어서 한 단계 발전한 수업을 이루는 원동력이 될 수 있도록 부지런히 내면을 가꾸어

야 한다.

교사가 노력하는 만큼 좋은 수업이 되는 것이 사실이다. 현장 탓으로 돌리기보다는 교사가 가능하게 만들 수 있는 일이 많다는 것을 알고 움직여야 한다. 아이들에게 힘이 있다는 것을 믿고 기대하는 일을 게을리 하지 말아야 한다. 이를 위해 한 가지 놓치지 말아야 할 것은 직업 체험 수업으로서만이 아니라, 모든 교과 과정 속에서 개개인이 풍부한 가치를 고민하고, 자신을 탐색하고, 즐거움을 찾고, 좋아하는 일을 찾도록 하는 것이다. 이 과정들이 전체적으로 통합이 되어서 각자 길 찾기가 되고, 내적으로 외적으로 내면과 경험과 삶이 동시에 축적되는 일이 있어야 그만큼 역동적이고 다양한 성장이 가능하게 될 것이다. 배움이 배움을 낳고, 세상이 배움을, 사람이 희망을 낳는 과정 속에 있으니, 이제 다시 세상과 사람을 새롭게 만날 준비를 해야 할 때다.

꿈틀학교 진효의 성장기

처음 학교에 들어올 땐 진효에게 가수가 되고 싶다는 막연한 꿈이 있었고, 직업 체험 시간에 어디를 방문할 때면 아~ 이게 해 보고 싶다, 저것도 해 보고 싶다는 호기심이 많은 진효였다. 좀 더 준비가 필요하겠다는 생각으로 3학기를 보냈고, 2003년 여름이 되면서부터 인턴을 위한 준비를 하기 시작했다. 담임으로서 진효를 지켜보고, 주변에서도 진효가 지내는 것을 보아오면서… 수줍음도 많지만 에너지가 넘치고 활동적이고 움직이는 것을 좋아하고 남들한테 인정받는 것을 좋아하는 진효가 뮤지컬 배우가 되면 좋겠다는 생각을 했는데, 2002년 8월 처음으로 뮤지컬 공연을 본 후 그 매력에 푹 빠져든 진효는 뮤지컬 배우의 꿈을 갖게 되었다.

희망하는 진로는 있지만 그것을 위해서 노력하는 부분은 전혀 없었던 시간들이 지나고, 꿈틀학교 연극 교사는 그 사실을 알고는 진효를 주목했고, 공연을 올리면서 인턴으로 함께 참여해 볼 것을 권했다. 이보다 더 좋은 기회는 없었다. 연극 교사는 진효에게 무대감독보조라는 역할을 통해 뚜렷하게 할 일을 주고 책임감을 심어 주려고 했다. 공연이 이루어지는 과정에 함께하면서 배우들도 보고, 연습하는 과정에 참여도 해 보고, 스태프로서 필요한 수많은 기본적인 일들을 직접 땀 흘려 해 보는 것을 매우 좋은 기회일 것이라 생각한 진효는 주저하지 않고 인턴을 시작하게 되었다.

진효는 인턴을 하면서 노력하는 모습을 보였다. 가끔 문제를 일으키는 경우도 있었지만, 매일매일 저녁마다 가는 인턴임에도 불구하고 주변의 유혹들을 이겨 내며 성실하게 참여했다. 인턴이 끝난 후 평가를 하는 자리에서는, 그동안의 부담스러움이나 어려움을 이야기해 주기도 했고, 자신이 과연 해낼 수 있을지 자신이 없어지고 용기보다는 아직까지는 그냥 편히 지내고 즐기고 놀고 싶은 마음이 많다고 솔직하게 말해 주었다. 그러나, 꿈틀축제를 준비하거나 수업을 하면서 진효의 모습에는 변화가 보였다. 자신감도 생겼고, 책임감이 무엇인지도 알게 되었고, 어떻게 사람들과 지내야 하는 것인지도 조금은 알게 된 것 같아 보였다.

아직 혼란을 겪는 시기이고, 확신이나 스스로 해낼 수 있다는 자신감이 부족하여 인턴 생활을 계속하는 것에 부정적인 태도를 보이던 진효가 다시 용기를 냈다. 인터넷에서 극단 정보를 찾고, 무조건 전화를 해서 부탁을 드려 보던 차에, 호의적으로 이해하고 받아들여 주는 극단을 연결하게 되었고, 성실히 참여하면 졸업 이후 3월부터 계속해서 극단에서 인턴으로 있을 수 있는 기회가 생겼다. 연출가가 보기에 끼가 숨어 있는 진효를 지켜보면서 적당한 일거리를 주겠다고 했는데, 배역을 맡든 막내 스태프로서 일하든 모든 과정을 각오하고 다시 시작했기 때문에 진효가 어떤 목표와 마음으로 성실히 임하느냐가 앞길을 결정하게 될 것이라 기대가 되었다.

그러나 1월 중순이 되면서 진효의 소극적인 태도와 극단의 요구 사이에 마찰이 생겼다. 연락이 오면 가고 아니면 말고, 일이 있으면 빠지고 하는 방식은 극단 쪽에서 볼 때 열심히 하겠다고 찾아왔던 처음의 모습과 달랐고, 공연 막바지 연습과 분위기를 흐트러뜨린다는 것이었다. 예민한 연출가와 적절히 대응해 주지 못한 멘토의 역할, 자신이 하고 싶은 일에 수동적이고 소홀했던 진효의 태도로 인해 결국 인턴을 중단하기로 결정이 됐다.

이제 어떻게 정리할 것인가를 의논했다. 1월 초부터 왠지 자신없어 하며 그만두고 싶다는 의사를 비치던 진효였다. 실제로 자신의 존재를 인정받지 못하고 냉정하게 그만두게 되니 더욱 고민하는 모습이었다. 하고 싶은 일이 무엇인가에 대해 다시 생각해 보기로 했다.

고민고민 끝에 뮤지컬 배우에도 미련은 있지만 또 다른 극단을 찾기보다는 어린이집 교사를 한번 해 보고 싶다고 했다. 머리 아프게 생각하고 또 생각해 본 결과라고 했다. 그렇다면, 2월 한 달 동안 어린이집에서 인턴을 해 보고, 그 다음에 다시 무엇을 할 것인지 방향을 정해 보자고 했다. 멘토가 중요하기 때문에 사회복지사를 별도로 두고 있는 어린이집을 섭외하여 4주 동안 매일 오전 9시부터 오후 6시까지 새로운 인턴십을 실시하기로 정했다.

지각, 결석과 소극적인 태도가 걸림돌이 되기는 했으나 예상보다 즐겁게 인턴을 했다. 워낙 에너지 많고 사람들 앞에서 인정받고 사랑받는 걸 좋아하는 진효인지라 과연 잘 맞을까, 너무 소극적으로 결정한 일은 아닐까 염려했는데, 진효는 자신이 좋아하는 일이라는 결론을 선뜻 내렸다. 그래도 혹시? 아직은? 이라고 가끔 질문을 던지지만 어느새 꽤 확고하게 자기 방향을 정하고 있었다.

그렇게 꿈틀학교를 졸업했고, 졸업과 더불어 개인 시간을 갖게 된 후 스스로 자원봉사를 지속해 가기는 역부족. 아르바이트와 약간은 불안한 일상생활이 이어졌다. 무조건 검정고시를 치겠다며 학원을 다니다가, 햄버거 가게, 버터구이 옥수수, 주유소 알바에… 속으로는 그동안 쌓아온 것들이 무너지면 어떻게 하나 걱정도 되었지만 스스로 할 수 있어야 한다는 생각에 몇 개월 동안 지켜봤다.

그해 겨울, 졸업여행 프로젝트에 합류할 수 있다는 이야기에 호기심 덩어리 진효가 모든 걸 제치고 참여하게 되었다. 스스로 번 돈으로 회비를 내고 드디어 열아홉이 된 새해, 필리핀으로 자원 봉사 여행을 떠났다. 새로운 나라 새로운 환경에서도 역시 활달하고 그곳 아이들과도 잘 어울리고 졸업생으로서 의젓함, 성실함, 뭔가 성숙함을 느끼게 해 준 시간이었다.

열아홉 살이 되었다. 아직 검정고시의 벽을 넘지 못한 채로 그 다음 구체적인 준비를 하기 어려운 여건이다. 고졸 학력이 있어야 보육교사 양성과정을 가거나 대학 진학을 준비하거나 할 텐데 전 과목 합격을 하지 못했기 때문에 현실적인 벽에 부딪혔다. 그래도 무엇을 해 볼 것인가 고민을 계속했고, 졸업생이지만 학교에서 지원해 줄 수 있는 것으로 두 번째 개인 프로젝트를 해 보기로 했다. 일 년 전 어린이집 인턴을 할 때 이것저것 손으로 하는 것이 많이 필요하다는 걸 알았고, 무언가 어린이집 교사를 하면서 도움이 될 만한 것으로, 그리고 진효가 좋아하는 것으로 종이접기에 도전해 보기로 했다. 종이접기? 너 진짜 이런 거 좋아해? 종이접기도 배우고 싶고, 토피어리도 배우고 싶고, 인형 만들기도 배우고 싶고…

이때부터 변화된 진효 모습이 확연히 눈에 띄게 보이기 시작했다. 개인적인 이유로 결석, 지각하는 일 없이 스스로 알아서 하고, 정해진 시간까지 계획서도 제출하고, 일지 기록도 성실하게 하고, 누가 뭐라 할 필요가 전혀 없을 만큼 스스로 동기화되고, 목표가 분명한 모습을 보였다. 종이접기 강사를 따라 초등학교 방과후교실 보조강사도 하며, 5개월 과정 후 초급 자격증을 땄고, 사범과정까지 자격증을 따겠다는 계획을 갖게 되었다.

정말 좋아하는 일일까? 지난번 어린이집 인턴 때보다 훨씬 성장한 진효와 다시 한번 어린이집에서 인턴십을 해 보고 진로를 결정하기로 했다. 지난번과는 조금 다른 방식으로 운영되는 곳에서 한 달 동안, 그러니까 네 번째(마지막) 인턴십을 시작하게 되었다. 어린이집의 적극적인 배려로 관찰자보다는 보조교사의 역할을 할 수 있었고 발도로프 어린이집이라 무얼 만들기를 좋아하는 진효에게 잘 맞아떨어졌다. 5주간의 공식 인턴을 마치고, 진효는 이후 한 달 동안 자원 봉사를 하고, 스무 살이 되던 해 이젠 검정고시를 합격하고, 유아교육과에 진학하기 위한 시험공부에 돌입했다. 현재 열공중!!!

마음을 이어 주는 소통

— 비폭력 대화

이민식 마음사랑 대표

비폭력 대화(NVC: Nonviolent Communication)는 1960년대 미국의 임상심리학자인 마셜 로젠버그 박사가 정부의 지원을 받아 진행한 대화와 갈등 중재에 관한 프로젝트를 계기로 체계화되었다. 그 후 로젠버그 박사는 임상 현장을 떠나 비폭력 대화를 보급하는 일에 전념했고 1984년 비폭력대화센터(Center for Nonviolent Communication)를 설립했다. 이후 지금에 이르기까지 전 세계 30여 개 국가에서 다양한 분야의 사람들이 비폭력 대화를 공유하고 있고, 이를 보급하는 프로그램과 모임을 통해 점점 더 많은 사람들에게 알려지고 있다.

우리나라에서도 2003년부터 이화여자대학교 평생교육원에 비폭력 대화를 교육하는 과정이 개설되어 미국의 비폭력대화센터 공인 트레이너인 캐서린 한 선생이 비폭력 대화를 소개하고 있다. 나도 그 무렵부터 CHANGE 프로그램이라는 명칭으로 자기 치유와 비폭력 의사소통에 대한 교육 및 연습 프로그램을 진행해 오고 있다.

내가 비폭력 대화를 처음 한 것은 2002년이었다. 그때 미국의 어느 대학에 교수로 있던 대학 동창한테서 NVC에 대한 이야기를 듣게 되었다. 그 친구의 소개로 마셜 박사와 오랫동안 함께 일해 온 캐서린 선생을 알게 되었고 자료를 접하면서 NVC에 강하게 마음이 끌렸다. 마침 한국에 NVC를 소개하고 싶어 하던 캐서린 선생과 나는 뜻이 맞아 서로 도움을 주고받으며 비폭력 대화를 우리나라에 소개하기 시작했고 지금은 여러 사람이 이 내용에 관심을 갖고 나누는 일을 하고 있다.

국내에도 마셜 박사의 『비폭력 대화』(2004, 바오출판사, 캐서린 한 역)가 번역되어 나와 있으니 좀 더 자세한 내용에 관심 있는 분들은 그 책을 읽어 볼 것을 권한다. 이 글에서는 그동안 비폭력 대화를 실천하고 교육하면서 내 나름대로 이해한 내용을 중심으로 NVC의 핵심 원리와 방법을 간략하게 소개하려고 한다.

NVC의 정신

NVC는 서로의 욕구를 동등하게 수용하며 함께 더불어 살아가는 의식과 태도, 그리고 이를 구체적으로 실천하는 방법을 익히는 것을 지향한다. 그렇게 할 수 있을 때 우리 모두가 서로 조화를 이루고 개개인의 삶이 풍요로워질 것으로 보는 것이다. 얼핏 들으면 다 좋은 말이지만 현실과는 너무 동떨어져 보일 수도 있다. 그리고 그 실천이 쉽지만도 않다. 나 역시 NVC 자체가 이런 것을 확실하게 담보하는 보증수표라고 생각하지는 않는다. 이 세상에서 모든 것을 해결해 주는 완벽한 수단이란 것이 과연 존재할 수 있겠는가?

그래도 나는 많은 사람들이 가능하다면 앞에서 언급한 삶을 누리고 싶어 한다고 믿는다. 그리고 NVC는 바로 그런 삶으로 나가는 데 도움이 되는 매우 중요한 관점을 일깨우고 유지해 준다고 생각한다. 그 관점이란 바로 **우리는 모두 저마다 삶을 좀 더 행복하게 누리고 더 잘 유지하기 위해 애쓰며 살아가고 있다**는 것이다.

너무도 평범한 내용일지 모른다. 그렇지만 매 순간 사람들의 행위나 말, 생각과 느낌이 궁극적으로 각자의 삶을 더 풍요롭게 누리려는 동기에서 비롯됨을 꼭 기억하는 것이 무엇보다 중요하다. 이 평범하지만 깊은 통찰이야말로 우리 자신과 관계를 바라보는 대안적인 관점과 방식을 지속하는 데 중요한 자양분이 된다고 믿는다. 우리가 이런 관점을 유지할 수 있을 때, 그 결과가 성공적이냐 아니냐를 떠나서 그 과정은 즐겁고 힘이 나는 과정이 될 것이다. 적어도 내 경우는 그렇다.

NVC에 담겨 있는 의사소통의 실제적인 방법은 두 가지로 요약될 수 있다. 하나는 '무엇에 초점을 맞춰 소통할 것인가?' 또 다른 하나는 '어떻게 할 것인가?'다.

무엇에 초점을 맞출 것인가?

우리는 서로 의사소통을 하는 과정에서 여러 메시지들을 주고받지만, 가만히 보면 결국 다음 두 종류의 정보를 기대하며 이를 제대로 주고받을 때 명료함을 느낀다.

1. 무슨 일이 벌어지고 있는지 알려 주는 정보: (자기 자신 혹은 상대)가 어떤 마음 상태인지, 어떤 경험을 하는지 이해하도록 돕는 내용.

2. 어떤 해법과 수단으로 대처할지를 알려 주는 정보: 상대 혹은 자신에게 필요한 것을 해주도록 영향을 주는 메시지. 어떻게 대처하고 행동할지에 대한 내용.

인간은 자신이 관계하는 대상을 명확하게 알고 싶어 하고 그에 대해 어떻게 대처할지가 분명하기를 바란다. 이런 것들이 모호하면 불안을 느낀다. 그래서 이런 모호함을 해결하기 위해 모호하거나 빠진 부분에 대해서는 의문을 갖고 상상이나 추측을 통해 메우려고 하며, 이 과정에서 불필요한 오해와 편견, 소외와 단절이 초래될 수 있다. 그리고 이것은 때로 적대적이고 폭력적인 행위로 이어지기도 한다. 그래서 의사소통에서 가장 기본적인 것은 명료하게 정보를 주고받는 것이다. 그리고 그 내용은 바로 위에 언급한 두 가지 측면에 관한 것이다.

NVC에서는 무슨 일이 벌어지는지 알려 주는 정보를 주고받기 위해서는 자극 **관찰**, **느낌**, **욕구**의 세 요소를, 어떤 해법과 수단을 요구하는지를 알려 주는 요소로는 **요청**을, 그래서 모두 네 요소에 초점을 맞추어 메시지를 주고받도록 권한다.

1. 어떤 자극이 나 자신이나 상대에게 영향을 주었는지, 자극 자체를 감각하고 관찰한 내용(**관찰**). 주로 보고 들은 것 그대로를 묘사한 것. 물론 다른 감각적 경험, 냄새, 맛, 촉각 등도 해당될 수 있다.

2. 그 자극에 대해 정서적으로 신체적으로 경험한 **느낌**. 기쁘다, 편안하다, 홀가분하다, 시원하다, 신난다, 슬프다, 화가 난다, 짜증난다, 걱정된다, 두렵다, 서운하다 등. 혹은 배고프다, 목마르다, 피곤하다, 기운이 넘친다 등.

3. 자극에 대해 **어떤 특정한 느낌이 일어나게 된 원인**. 즉, 그 사람의 **욕구와 필요, 가치**. 우리가 접한 어떤 자극이 우리 자신의 필요 또는 욕구, 가치를 충족시켜 주고 조화를 이루게 되면 긍정적인 평가와 판단, 긍정적이고 유쾌한 느낌을 경험하게 된다. 반대로 그 자극이 우리의 욕구 혹은 가치와 조화를 이루지 못하거나 방해를 하게 되면 부정적인 평가와 판단, 부정적이고 불쾌한 느낌을 경험하게 된다. 자극과 우리의 욕구가 의미 있는 관련이 없으면 그냥 무덤덤한 느낌과 특별히 평가적인 입장을 갖지 않게 된다.

주어진 자극이 촉발 요인의 하나이긴 하지만 우리의 경험이 일어나는 원인은 우리 자신의 욕구라고 볼 수 있다. 이런 욕구에는 음식, 물, 수면 같은 생물학적인 것에서부터 안전, 사랑, 존중, 배려, 자율성, 유대감, 의미, 자기 초월, 영성 등 다양한 가치들을 망라한다. 이 모든 것은 우리가 좀 더 행복하고 풍요로운 삶을 누리는 데 필요하고 가치 있게 여기는 것들이라고 볼 수 있다.

4. 삶이 더 나아지고 만족스러우려면 **어떤 일들이 이루어졌으면 하는지 구체적인 수단과 해법**을 **요청**하기. 욕구는 우리의 몸과 마음에서 필요로 하는 어떤 상태 혹은 가치를 의미하기에 대개 분명하게 관찰하기 어렵다. 그래서 우리의 필요와 욕구를 충족하려면 구체적으로 관찰할 수 있는 행위와 수

단이 동원되어야 한다. 요청은 바로 이런 수단과 해법을 부탁하는 것이다. 예를 들어, '유대'라는 욕구를 충족할 수 있는 구체적인 방법으로 '함께 차를 마시며 수다 떨기' 또는 '메신저로 채팅하기', '같이 술 마시고 노래방 가기', '바둑 두기' 등 여러 방법을 사용할 수 있다. 사람에 따라 선호하는 게 다를 수 있다. 유대 관계를 잘 맺으려는 욕구를 충족하기 위해 이런 여러 방법 중에 적절한 방법을 구체적으로 제안하는 것이 요청이다.

어떻게 할 것인가?

앞에서 언급한 네 가지 요소를 잘 찾아 거기에 초점을 맞춰 자신을 표현하고 상대의 이야기를 듣는 것이 기본적인 대화의 모델이다. 여기에 이런 내용을 주고받을 때 어떤 식으로 하면 좋을지 기억해 둘 지침을 소개하겠다.

1. 도덕적 판단, 진단, 해석, 당위성, 낙인찍기, 비교 등 판단과 평가적인 언급을 뺀다. 비폭력 대화 모델에서 관찰, 느낌, 욕구, 요청을 표현할 때 가장 유의할 점은 판단하거나 평가하는 관념을 섞지 않도록 하는 것이다. 특히 자극을 묘사하거나 느낌을 표현할 때 평가와 판단의 개념이 섞이기 쉽다.

2. 자신의 느낌을 상대의 책임으로 돌리거나 방어적인 태도로 표현하는 대신 자신에게서 비롯된 것으로, 자신의 욕구와 가치에 관련된 것으로 표현한다. "너 왜 이렇게 질문이 많니? 너 때문에 짜증나!" 이는 자신의 느낌을 상대의 탓으로 보는 관점이다. 이를 자신의 욕구에서 비롯된 것으로 나타내면, 이렇게 할 수 있을 것이다. "네가 나에게 질문하는 것을 듣고 있을 때, 부담되고 짜증이 났어. 내가 다른 생각할 일에 더 집중하고 싶기 때문이야." 이 두 표현에는 근본적인 차이가 있음을 알 수 있다.

3. 강요 대신 요청한다. 강요와 요청의 차이는 말하는 사람의 마음가짐에 달렸다. 표현을 얼마나 부드럽게 하느냐 강압적으로 하느냐에 달린 것이 아니다. 강요는 상대의 선택권과 욕구를 존중하기보다는 어떻게든 내가 원하

는 방향으로 상대를 움직이려는 마음에서 하는 것이다. 요청은 내가 상대에게 제안을 하지만 그것을 들어주고 아니고는 상대에게 달려 있음을 인정하고 상대의 선택을 전적으로 존중하고 수용하는 것이다. 효과적으로 요청하려면 위해서는 상대가 실천할 수 있는 내용을 구체적이고 명확하게 긍정문을 사용해 권유하거나 의사를 묻는 형식으로 한다. 지금까지 설명한 것을 중심으로 몇 가지 예를 들어 비교해 보겠다.

> "당신은 정말 무심하고 성의가 없는 사람이야.

이것은 평가적이고 판단적인 표현이다. 이것을 비폭력 대화의 모델에 맞춰 표현하는 데 형식만 취하고 실제로는 판단하고 평가하는 내용들이 섞인 채로 하게 되면 이렇게 될 수 있다.

> 당신이 내가 보낸 편지를 무시하고 답장을 할 생각도 하지 않는 것을 보고 (관찰을 언급한다고 하였지만 '무시한다'는 판단과 '답장을 할 생각도 하지 않는다'는 심리 상태를 진단하는 표현을 함), 정말 무심하고 성의가 없다고 느꼈어 (이는 느낌을 표현한 것 같지만 실제로는 상대가 무심하고 성의 없다는 판단과 평가를 표현한 것이다). 나는 당신이 좀 더 성의 있게 나를 대해 주기를 바라(욕구를 표현했지만, 그 전에 관찰과 느낌의 표현이 전부 판단과 평가를 언급한 것이라 역시 여기서도 상대가 성의 없다고 비판하는 맥락으로 전달된다). 다음부터는 그런 식으로 무성의한 태도는 보이지 말아 줘(요청하는 것처럼 했지만 사실 이것은 요청이 아니라 계속해서 상대가 무성의했다는 판단을 강조하는 것이다. 그리고 '――하지 말아 줘' 같이 긍정문이 아닌 부정문, 즉 금지를 표현하는 것은 효과적인 요청이 되기 어렵다).

같은 내용을 최대한 NVC의 모델과 원리에 맞게 표현한 것을 보자.

내가 편지를 보냈는데 답장이 오지 않아서(관찰), 정말 섭섭했어(느낌). 당신에게 관심 받고 싶고 또 당신 마음은 어떤지 알고 싶었어(욕구/필요). 그러니 내가 편지에 쓴 내용을 보고 어떤 느낌이 들었는지 말해 주겠어?(요청)

앞에서 표현한 것과 비교했을 때 느낌이 어떤가? 아마 표현이 더 구체적이어서 말하는 사람이 어떤 의미를 전하려고 하는지 좀 더 명확하게 이해가 될 것이다. 그리고 전자에 비해 듣는 사람이 덜 불편할 것이다.

NVC의 모델에 맞추어 표현하는 것이 사실 생각보다 쉽지는 않다. 이것이 제대로 되려면 많은 연습과 시행착오가 필요하다. 자극을 있는 그대로 수용하며 관찰을 하는 연습, 자신의 내면의 느낌과 욕구를 잘 자각하고 언어로 표현하는 것 등이 모두 자기 마음을 잘 챙기며 수용적으로 바라보는 연습을 요구한다. 그리고 각자의 욕구를 충족할 수 있는 구체적이고 실현 가능한 수단과 행위를 요청하기 위해서는 지혜롭고 창의적인 해법을 도출하는 과정도 필요하다. 이 모든 것이 부단한 노력과 연습을 통해 가능한 것이기 때문에 단지 글과 책으로만 이해해서 하기가 쉽지 않다. 그래서 내가 구성한 프로그램과 같이 여러 형태의 워크숍이나 교육 프로그램, 연습 집단의 형태를 통해 이를 배우고 연습하는 것이 실제적인 도움이 될 수 있다. 표현의 예를 좀 더 들어 보겠다.

애들아. 너희가 집에서 레슬링을 하며 노는 것을 보면(관찰), 엄마는 불안하고 걱정이 돼(느낌). 너희가 안전하게 놀았으면 좋겠거든(욕구). 그러니까 레슬링처럼 몸으로 하는 놀이 대신 다른 놀이를 하면 어떻겠니?(요청)

자기, 나는 자기가 약속 시간에 30분 늦게 오는 것을 기다리면서(관찰), 지루하고 짜증이 났어(느낌). 자기를 좀 더 빨리 보고 싶고 내 시간도 소중하게 여겼으면 해(욕구). 그러니까 다음부터는 약속한 시간에 정확하게 나와 주면 좋겠어. 부탁이야(요청).

사장님, 저에게 "회사보다 개인적인 일만 신경 쓴다"고 하신 말씀을 듣고(관찰), 저는 무척 서운했습니다(느낌). 제 나름대로 회사 일에 최선을 다하고 있다는 것을 알아주셨으면 하는 마음도 있고 또 사장님이 저의 어떤 점에 실망을 하셨는지 구체적으로 알고 싶기도 합니다(욕구). 자세히 말씀해 주시면 좋겠습니다(요청).

앞에서 NVC의 모델에 맞추어 표현하는 예를 들었다. 대화에서는 표현하는 것뿐 아니라 듣기도 매우 중요하다. NVC에서는 공감적 경청을 강조한다. 공감적 경청은 상대의 판단이나 평가, 또 그 밖의 어떤 표현이든 그것은 그 사람의 욕구를 나타내는 것으로 듣는다. 즉 상대의 표현을 들을 때 그 사람의 표현 자체보다 그 이면에 있는 관찰, 느낌, 욕구, 요청의 네 가지 요소를 염두에 두고 듣는 것이다. 특히 상대의 느낌과 욕구에 주의를 기울이고 이를 확인해 가며 공감하는 태도로 듣는 것이 공감적 경청의 핵심이다.

"당신은 위선자야"라는 상대의 말에 대해 '뭐 이런 사람이 다 있어? 자기가 뭔데 나보고 위선자라고 함부로 말을 하는 거야'라고 마음속으로 반응하면 이는 상대의 말을 평가적이고 판단적으로 듣는 것이다.

이 표현에 공감적으로 반응한다면, '이 사람이 나에게 실망하고 섭섭했나 보다(상대의 느낌), 진실한 모습을 보고 싶었나 보다.' 이렇게 마음속으로 짐작하며 공감하는 것이다.

실제 대화를 하면서는 이렇게 마음속으로 공감한 것을 상대에게 확인하면서 경청하는 것이 공감적 경청이다. 이제 공감적 경청과 비폭력 대화 모델의 표현을 섞어서 대화하는 예를 짧게 살펴보자. B가 비폭력 대화를 하는 사람이다.

A 넌 허풍쟁이야!

B 나한테 뭐 실망한 것이 있니?(상대의 느낌)

A 그래!

B 내가 좀 더 솔직하기를 바랐구나?(상대의 욕구, 상대의 느낌과 욕구를 확인하면서 공감적 경청을 한다)

A 그럼, 그걸 말이라고 하니?

B 그런데, 네가 나보고 허풍쟁이라고 말하는 것을 듣고(관찰), 나는 많이 혼란스러워(느낌).

A 왜?

B 네가 그렇게 나에게 평가하는 말을 하는 것보다 구체적으로 내 행동의 어떤 점에 대해 실망했는지 알고 싶고, 또 그런 내 모습을 보고 네가 정말 원했던 것이 무엇인지 자세히 알고 싶어(이해하려는 욕구). 그러니까 좀 구체적으로 다시 말해 주겠니?(요청)

A 네가 지난번에 나에게 이번 시험은 걱정 말라고 했잖아. 네가 정리한 노트를 보면 문제 없을 거라고 그랬잖아. 그런데, 그 노트만 믿고 공부했는데 시험을 망쳤어. 네 노트 말고 다른 내용이 시험에 잔뜩 났잖아. 어떻게 할래. 니가 책임질 거야?

B 너 많이 화가 났고 속상했겠구나… 시험도 잘 보고 싶었고 무엇보다 나를 믿었는데 결과가 이래서 원망스럽겠다(공감 반응. 상대의 느낌과 욕구, 특히 성취와 신뢰의 욕구가 충족되지 않은 것에 대해 알아줌).

A 그래, 진짜 나는 너를 믿었어. 그런데 결과가 이러니까 어이도 없고… 네가 큰소리만 안 쳤어도… 그런데 뭐 결국은 너를 믿은 것도 나니까 네 탓만 할 수도 없지만…

230

관점과 의식의 변화

짧은 지면에 NVC의 핵심적인 원리를 풀어놓기가 쉽지 않다. 이 정도의 내용을 소개하는 것으로 그치는 것이 아쉽다. 내가 강조하고 싶은 것은 NVC는 단순한 대화 기법이나 처세술 같은 것이 아니라는 점이다. 대화를 매개로 하지만, 실제로 강조하는 것은 관점과 의식의 변화다. 사실 세상에는 여러 가지 화술과 처세의 기술, 리더십을 기르는 기법들에 대한 안내서와 교육 프로그램들이 있다. 그런 프로그램들 대부분이 목표로 하는 바는 타인을 효과적으로 잘 설득하고 통제하고, 자신의 능력과 가치를 높여 경쟁에서 승리하고 더 많은 영향력과 힘을 구사할 수 있게 되는 것이다.

'나'라는 존재의 영향력을 키워 내가 원하는 것들을 쉽게 얻을 수 있으면서도 상대가 나에게 호감을 갖고 저항하지 않도록 하는 기술… 이런 것이 가능하다면 얼마나 좋겠는가? NVC를 배우려는 사람들 중에는 이런 기대를 하는 이들이 종종 있다. 그런데 NVC는 이런 기술을 가르치는 것과는 매우 거리가 멀다. 오히려 그런 관점과 기술을 비우는 것에 더 초점이 맞춰져 있다.

워크숍에서 내게서 NVC를 소개받은 분들이 생활에서 일어난 변화를 얘기해 주곤 한다. 체계적으로 자료 수집을 하지 않은 것이라 내 주관이 개입되어 있을 것이다. 그래도 실제로 이를 접한 분들의 반응이 어떤 것인지 소개하고 싶다.

첫째, 격한 감정이 많이 줄어든다. 특히 격한 분노와 적대적인 마음이 눈에 띄게 줄어든다고 한다. 나도 NVC를 연습하며 같은 경험을 했다. 상대를 평가하고 판단하는 데서 오는 불필요한 감정의 소모에서 눈에 띄게 해방되는 경험을 한다. 예전과 같이 분노와 적대적인 마음으로 상대와 싸움을 하게 되더라도 그 후에 그런 감정이 빠르게 줄어들고 평정을 쉽게 되찾는다는 얘기를 많이 들었다.

둘째, 스스로 자기 마음속의 갈등과 상처를 수용하고 그 상태에서 놓여나는 것이 쉬워진다. 이는 아마 내 프로그램에서 그런 부분을 좀 더 강조하기 때문일 수도 있다. 그런데 의사소통 자체의 변화보다 자기 치유 경험이 더 도움이 되었다는 것은 주목할 만한 점이다. 진정으로 남과 소통이 잘 되려면 먼저 자기 내면의 갈등과 상처가 잘 다루어지는 것이 중요하기 때문이다.

셋째, 다른 사람의 말이나 행동을 잘 이해하게 된다. 다른 말로 바꾸면 더 확실히 공감하면서 이해할 수 있게 된다. 이것은 NVC에서 핵심적인 요소로 공감적 이해에 대한 개념과 방법을 강조하는 것에서 비롯된 효과인 것 같다.

넷째, 용기가 생기고 자신이 어떻게 할지 무엇이 변화되어야 할지 알게 된다. 타인과 상호 작용을 하거나 갈등에 처한 상황에 균열이 생겼을 때 무엇을 어떻게 변화해야 할지 모르다가 NVC를 접하면서 새로운 지도가 생겼다는 의미다. 나는 이 점이 아주 중요하다고 생각한다. 이런 인식을 한다는 것은 정체되지 않고 건설적인 해법을 찾아가는 의지와 방향성이 생길 수 있다는 희망적인 얘기다.

물론 아직까지 아쉬운 점도 있다. 무엇보다 어색하다는 점이다. 우리가 쓰는 일상적인 어법과 차이가 있어서 말하는 이나 듣는 이 모두 어색해서 사용하기가 곤란하다는 것이다. 나도 이 점에 동의한다. 배울 때는 괜찮은 것 같은데 우리말의 자연스러운 어법이 아닌 형식이라서 실생활에서는 사용이 어려운 점이 있다. 그래서 배우고 나서 오랫동안 실천하는 것이 어려울 수 있다. 또한 실천하기가 쉽지 않다는 것이다. 많은 이들이 조금 하다가 안 되어서 그만두었다는 얘기를 한다. 자꾸 잊어버리고, 또 간단한 것 같은데 생각해서 하려면 잘 안 된다는 것이다. 이상하지 않다. 태권도에 대해 들었다고 해서 바로 태권도를 능숙하게 하기 어려운 것과 마찬가지다. 오랜 연습과 내면화가 필요하다. 그런 과정을 좀 더 잘 이어갈 수 있는 방법과 장치가 필요하다.

NVC 모델에 맞추어 대화를 하는 것이 근본적인 해법은 아닐 것이다. 그것은 형식이고 방법일 뿐이다. 더 중요한 것은 NVC 모델의 요소를 통해 나와 타인의 마음에 일어난 것을 바라보고 상호 작용하는 의식이 확립되는 것이다. 내적인 의식의 변화 없이 NVC 모델에 맞추어 대화하는 것은 큰 의미가 없다. 심지어는 NVC를 해야 되는데 왜 안 하니? 하며 오히려 매우 폭력적이 되기도 한다.

위의 두 가지 아쉬운 점에 대해 나는 고민을 많이 하고 해법을 찾고 있다. 앞으로의 과제다. 내가 워크숍 중에 자주 강조하는 것이 있다. NVC를 배워서 대화에 바로 써먹으려고 하지 말라는 것이다. 나는 참가자들에게 마음속으로 혼자 연습하는 방법을 소개하고 이것을 최소한 6개월 이상 1년 정도 체계적으로 훈련하라고 권한다. 그렇게 내면화하는 작업을 먼저 하면 대화는 NVC 형식을 신경 쓰지 않아도 저절로 될 것이다.

연결의 끈을 생각하는 삶

우리가 겪는 불행은 대부분 소외와 단절이라는 현상과 관련이 있다. 자기 마음과 단절되고 다른 사람들과 관계에서 소외와 단절을 경험할 때 우리는 삶의 의미를 잃는다. 무자비하고 냉혹한 마음과 폭력적인 언행은 소외와 단절을 경험할 때 일어난다. 그 대상이 타인이 될 수도 있고 자기 자신이 되기도 한다.

나는 매 순간 '연결성'을 잘 자각하며 사는 것이야 말로 삶을 온전하고 풍요롭게 누리는 데 가장 중요하다고 생각한다. 물론 동서고금에 전해 내려오는 여러 심오한 수행 방법들이 알려져 있다. 거기에는 어떤 보편적인 원리가 있지만 일반인들이 쉽게 익히고 실천하기 어려운 측면들도 있다. 그런데, NVC는 바로 그 '연결성'을 일깨우는 삶을 실현할 수 있도록 구체적이고 쉽게 안내해 준다.

우리는 시간과 공간을 초월한 연결성 속에서 살고 있다. '나'라는 개체가 있기까지 먼 과거의 시간에서부터 지금까지 진화와 유전의 역사로 이어진

수많은 조상들이 있었을 것이다. 지금 이 순간에도 우리 각자가 생존해 가는 데 수없이 많은 사람들과 지구상의 자연이 서로 필요한 것을 주고받으며 살고 있다. 우리가 이 지면에서 글과 눈으로 만나기까지 얼마나 많은 연결의 끈들이 있었을 것인가를 상상해 보라.

시공을 초월하는 길고 방대한 연결의 끈을 생각하면서 한 개인의 존재를 초월하는 의식을 갖고 살아갈 수 있으면 우리 자신은 물론 세상의 여러 존재들에게 강한 유대감을 느낄 수 있을 것이다. 각자의 행동이 다르고 나에게 만족스럽지 못한 모습이더라도 그 모든 것이 나름대로 행복하고 만족스럽게 살려고 애쓰는 과정에서 비롯된 것으로 바라보자. 그리고 우리 모두가 그런 동기를 갖고 살면서 좋아하기도 하고 갈등하기도 한다는 사실을 기억하자. NVC 모델로 나와 타인을 바라보고 소통하는 것이 익숙해지면 사람들 간의 갈등이나 소외와 단절을 좀 더 쉽게 극복할 수 있을 것이고 구체적으로 상생과 조화를 이루는 실천에 좀 더 가까워질 것으로 믿는다.

멘토들의 훈련, 관계 맺기와 듣기 연습

손선숙 서울시대안교육센터 돌봄 프로젝트 기획자

가을이 다가오고 있네요. 서울시대안교육센터 돌봄 프로젝트 기획자 시옷입니다. '돌봄 프로젝트'는 십대의 성장과 더불어 자신의 성장에 관심이 있는 사람들의 모임입니다. 가을 학기 돌봄 프로젝트는 하자작업장학교의 길찾기 과정과 주니어 과정에 있는 친구들과 함께 '스토리퀼트 모임'을 하려고 합니다.

1990년대 영화 「아메리칸 퀼트」를 아시는지요? 그 영화에서 '스토리퀼트' 아이디어를 얻었습니다. 영화 안에는 두 종류의 스토리퀼트가 나옵니다. 하나는 할머니 여럿이 한 할머니의 손녀딸 약혼 선물로 함께 퀼트를 하나 만드는 것인데, 한 주제를 놓고 할머니들이 한 장면씩 퀼트를 만들어 이어 붙이는 공동 작품입니다. 퀼트의 주제는 '사람이 머무는 곳'이었습니다. 서로 다른 사랑과 삶을 겪은 할머니들이 자기 이야기를 상징화한 장면을 이어 붙여 만든 퀼트 이불이 주인공 위노나 라이더의 사랑과 삶에 대한 고민으로 스며드는 것을 볼 수 있었죠. 또 다른 스토리퀼트는 한 사람의 이야기를 퀼트로 만드는 것인데, 영화에서 퀼트장 흑인 할머니의 고조할머니가 만든 작품이 나옵니다. 그 옛날 노예 해방 시절에 터벅터벅 자기 삶을 찾아가던 흑인 처녀가 까마귀의 인도로 밭을 갈고 있던 흑인 청년을 만나 결혼하게 된 이야기를 우아한 단순함으로 표현한 작품입니다.

스토리퀼트 해요!

우리는 한 주제로 퀼트를 함께 만들어 본 적이 있습니다. 하자센터 3층에 있는 대안교육센터 사무실에 가면 볼 수 있습니다. 모두 여덟 장면으로 구성된 이 작품은 '가족을 넘어선 가족, 하자 마을 이야기'를 담은 것으로 4명의 돌봄 프로젝트 성원들이 화요일마다 만나 수다를 떨며 약 두 달 반 동안 작업해 완성했습니다.

이제 우리 스토리퀼트 식구들을 소개할게요. 조용하고 모든 종류의 바느질에 능한, 웃을 때 어린아이가 되는 퀼트장 느티나무, 대안교육센터의 교재 기획자로 왔다가 어쩌다 우리 팀에 엮인, 심한 입덧의 고난을 통과하고 2학기 모임에 다행히도 참여할 수 있게 된 둥글, 퀼트보다는 책과 영화, 이야기 듣는 것에 더 관심이 많은 알파, 여러 사람의 가슴속에 숨어 있는 이야기 풍경에 관심이 많은 시옷, 이렇게 네 사람이 퀼트를 해 왔습니다.

하자작업장학교 담임인 스밀라가 가을 학기에는 우리가 만드는 퀼트 사이사이에 숨어 있는 이야기의 조각 그림들을 찾아보는 공부를 곁들여 우리의 퀼트를 더욱 풍부하게 하고 싶다고 나섰습니다.

자기만의 이야기가방

이제 길찾기 친구들과 주니어 친구들 가운데 함께 서로의 이야기를 나누며 퀼트를 할 마음들을 모아 보려 합니다. 가을 학기에는 '자기만의 이야기가방'을 만들어 보려 해요. 자기만의 이야기가방은 자기 이야기가 담긴 가방을 퀼트로 만들어 보는 것이지요.

퀼트책을 여러 권 샀는데 다양하고 예쁜 가방 디자인들이 있더군요. 가방 디자인은 책에서 가져올 수도 있고, 조금 다른 크기나 비율로 응용할 수 있다고 봅니다. 가방 안에 여러 도안이나 상징물, 만화로 이야기 수를 놓을 수도 있고요. 다양한 방법으로 자기만의 가방을 만드는 것이지요. 복잡한 패치워크가 아닐 수도 있고 단순한 퀼팅에 장식이나 상징으로 예쁜 단추를 여러 개 달아 표현할 수도 있다고 봐요. 도안, 마름질, 바느질법, 재봉틀 사용법 등 모든 것은 주로 퀼트장 느티나무가 도와줄 것입니다.

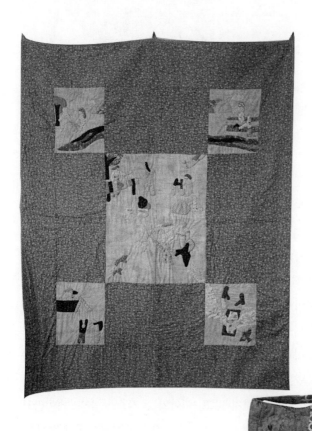

돌봄 프로젝트 팀이 만든 퀼트 작품.
위는 「가족을 넘어선 가족, 하자 마을 이야기」,
아래는 자기만의 이야기가방.

서울시대안교육센터 돌봄 프로젝트 팀이 진행하는 스토리퀼트 모임.

이야기 듣는 시간

각자의 스토리퀼트를 진행하면서 중간에 삼십 분쯤 이야기 듣는 시간(Story Listening Time)을 넣으려고 합니다. 누군가 한 사람이 자신이 스토리텔링을 하겠다고 말하면, 그 다음 시간 그 사람이 10~20분쯤 자신이 준비한 이야기를 하고 다른 사람들은 퀼트를 하면서 조용히 듣는 시간입니다. 이야기가 끝나면 이야깃꾼은 자신이 준비한 음악(그 이야기와 함께 들려주고 싶은 음악)을 들려줍니다. 음악이 끝나면, 다른 사람들은 이전의 상태로 돌아가 하던 이야기를 계속하며 퀼트를 합니다. 단, 그날의 스토리텔링에 대해서는 아무 말도 하지 않습니다. 그저 듣기만 합니다.

'이야기하기'(스토리텔링)라 하지 않고 '이야기 듣기'(스토리리스닝)이라고 한 것은, 우리가 사람이나 사물의 목소리를 잘 듣지 못하는 탓에 체험을 더 깊이 하지 못하는 문화에 젖어 있는 것 같아서 붙인 이름입니다. 우린 지금 도처에 이야기가 난무하는 시대에 살고 있죠. 어릴 때부터 동화책, 만화책, 텔레비전 만화의 미로 속을 헤매다가, 매달 개봉되는 국내외 영화, 소설, 인터넷 공간에 떠도는 수많은 이야기와 함께 부유하며 살고 있거든요. 어떤 때는 현기

238

증이 나지요. 그런 이야기들을 우리는 그저 오락으로 대하게 되면서, 어쩌면 우리는 우리의 진정한 이야기들을 묻어 버리게 된 것 같아요. 그리고 내 이야기를 꺼낼 수 없는 공기 속에 살고 있거나 이야기의 미로 안에 갇혀 있기에, 사실 나와 만나는 이야기 출구를 찾지 못하고 있는 예도 많은 것 같아요.

음, 이렇게 이야기를 하다 보면 자기 고백을 해야 되나 하는 사람들도 있을 텐데 그건 아니에요. 어떤 이야기도 좋거든요. 어디선가 읽은 이야기, 본 이야기, 들은 이야기… 물론 자기가 경험한 이야기, 생각한 이야기도 좋아요. 자기가 경험한 이야기를 그대로 드러내고 싶지 않으면, 팩션(faction)이라는 것도 있잖아요. 경험을 바탕으로 꾸며 낸 이야기를 삼인칭으로 하는 것도 가능하다는 것이죠. 단, '자기 안에 계속 남아 있는' 이야기여야 한다는 것. 그리고 스토리텔링은 하고 싶은 이야기가 있는 사람부터 시작하고, 하고 싶지 않은 사람은 하지 않습니다. 이야깃꾼이 없는 날은 하지 않고 그냥 퀼트만 합니다.

이야기를 잘 듣는다는 것은

어떤 한 사람 안에 계속 남아 있는 이야기를 잘 듣는다는 것은 어떤 것일까요? 보통 우리는 누군가 이야기를 할 때, 속으로 계속 생각을 하며, 이 얘기는 이렇다는 거겠지, 저 얘기는 저런 거야 하며 듣습니다. 모두가 이런 식의 듣기에 젖어 있기에 진정 '한 사람 안에 있는 울림'을 듣지 못하게 되지요. 일단은 각자 너무 겉으로 바쁘든, 아님 자기 생각으로 너무 바쁘거나 갇혀 있어 참으로 한 사람의 존재를 깊이 느껴볼 여유가 없는 것 같아요. 꽃 한 송이를 들여다보는 것처럼 한 사람의 이야기를 내 생각과 판단을 내려놓고 들어보면 어떨까요? 독특한 색감과 모습을 들여다보고, 그 향기를 깊이 들이마셔 보고, 또 겉모습을 넘어서 그 꽃이 함께 있는 공간 안에 나와 함께 공명하는 전체 풍경을 온몸으로 느껴 보는 것처럼 말입니다.

그래서 그저 이야기를 들으며, 그가 틀어 주는 음악을 들으며 퀼트를 하고, 그에 대해 아무 언급도 하지 않고 그저 한 사람을 느낀 것으로 만족하는 시간을 가져 보려 합니다. 마치 그림 한 점을 보는 시간처럼요. 스토리퀼트의 삽화 같은 이야기 듣는 시간, 이런 향유의 시간을 경험하는 것은, 우리가 다음에 어떤 종류의 작업을 하든 더 깊이 있고 진정성이 깃든 작업을 할 수 있도록, 우리의 성장을 돕는 통로가 되리라고 봅니다.

"삶의 조각 그림을 함께 맞추는 스토리퀼트에 여러분을 초대합니다."

스토리퀼트 프로그램

1주 각자 소개를 하며 이 모임에 제안하고 싶은 것을 한 가지씩 말하며 모임을 구성한다.

2주 퀼트책을 함께 보며 무엇을 만들지 고민하고 도안을 한다. 각자 '자기만의 이야기가방'을 만들 것인가, 공동 작품을 만들 것인가?

3주 함께 시장에 나가 이런저런 재료의 질감과 색감을 고민하여 자기 재료를 구입한다.

4주 스토리퀼트 첫 시간. 천을 도안대로 잘라낸 후 바느질을 배우는 시간.

5주 스토리퀼트 둘째 시간. 퀼트를 계속한다.

6주 스토리퀼트 셋째 시간. 스토리리스닝 시작.

7주 가을이 가기 전 강촌 자전거길로 소풍 가는 날.

8주 스토리퀼트 일곱째 시간까지 스토리리스닝 시간이 있으면 함께 진행한다.

9주 쇼하자(이제껏 진행된 내용들을 다함께 공유할 수 있는 발표회)를 준비한다. 스토리퀼트와 스토리텔링/리스닝을 통해 드러난 개인/공동의 스토리들을 정리하고 발표 형식과 내용을 분담한다.

10주 쇼하자 시간(참여를 원하는 친구도 초대해 요리하면서 쇼하자를 준비한다).

3부

마을 재구성
프로젝트

물리적인 공간에 누가, 어떤 방식으로 장소성을 부여할 것인가는 중요한 문제다. 이 영역을 붙잡지 않으면 많은 공간들은 마을 사람들이 기억하고 재생하는 장소가 아니라 지배 권력이 원하는 마케팅의 장소가 되어 버리고 말 것이다. ― 정선애

관계의 끈이 이어지는 마을

김찬호 한양대 문화인류학과 교수

마을 만들기의 개념과 스펙트럼

마을 만들기는 한마디로 말해 커뮤니티를 새롭게 디자인하는 작업이라고 할 수 있다. 도시의 위기나 비전을 공유하는 지방 정부, 주민, 상인 등이 나서서 공동의 영역을 형성하면서 도시를 되살리려는 시도가 바로 마을 만들기다. 그것은 지역 공간을, 삶의 다양한 활동을 응축하는 공간으로 되살리면서 생산과 생활의 자립적인 장으로 조성해 가는 작업이다.

한국에서 '마을 만들기'라는 이름으로 지역에서 활동이 벌어진 지 10여 년이 되었고, 그동안 다양한 사례가 축적되었다. 그것을 분류하는 방식에는 여러 가지가 있겠지만, 여기에서는 다섯 가지 키워드로 범주를 나누어 보려고 한다. '안전', '생태', '미관', '교류', '자활'이 그것인데, 이는 마을 만들기로 실현하려는 핵심 가치라고 할 수 있다. 다른 한편 마을 만들기가 이뤄지는 지역을 크게 주거지와 상업지로 나눠 볼 수 있는데, 두 영역에서 위의 다섯 목표를 실현하는 구체적인 활동 프로그램들은 다음 쪽의 표처럼 나열할 수 있다.

지난 10여 년 동안 '문화의 시대'와 '지방화 시대'가 동시에 진행되면서 관

마을 만들기 프로그램

주거지	통학로 개선, 방범, 방재	안전	차 없는 거리	상업지
	자전거 도로, 녹색아파트, 샛강 살리기, 숲 지키기	생태	청계천 親水 공간 조성	
	꽃길 가꾸기, 벽화 그리기, 담장 허물기, 한옥마을 가꾸기	미관	전선 지중화, 가로수, 간판, 노점상 정비, 보도블럭, 조경, 상징 조형물	
	주민자치센터, 동아리, 미디어, 벼룩시장, 축제	교류	축제, 청소년 문화마당 백화점 문화센터	
	지역 화폐, 커뮤니티비지니스, 홀몸노인 봉사, 공동육아, 공부방	자활	공동 시스템 (판촉, 주차 등)	

이 주도하는 마을 만들기가 곳곳에서 전개되었는데, 대개 상업지를 중심으로 이뤄졌다. '걷고 싶은 거리'나 '청소년 문화 광장' 등 상징적인 가로를 조성하거나 현란한 이벤트를 벌여 지역의 이미지를 제고하면서 집객(集客) 효과를 도모하는 데 목적이 있다. 지자체와 상인들은 '장소 마케팅'을 통해 매력을 증진하고 어필하는 데 힘을 기울인다. 거기에서는 '미관'이 가장 주요한 가치로 부각되면서 부분적으로 '교류'와 '안전' 등이 결부된다. 그런 마을 만들기는 지역 경제를 활성화하고 주민들의 자부심을 높이는 효과가 있다. 그러나 일회성 이벤트나 과시적인 공간 디자인은 오히려 생활에 대한 관심을 희미하게 할 수 있다.

다른 한편으로 주민들이 자기 동네를 멋지고 재미있는 삶터로 만들기 위해 힘을 모으는 움직임이 곳곳에서 있었다. 아이들이 안전하게 통학할 수 있도록 도로를 개선하고 생태적으로 쾌적한 환경을 위해 공원을 스스로 가꾸는 시도, 주민들 사이에 소통과 만남의 장을 열어 마음을 나누고 필요한 도움을 주고받는 공동체 만들기 등이 그것이다. 마을 공간은 특히 주5일제 시대와 고령화 사회를 맞아 더욱 중요한 의미를 지닌다. 비노동 시간이 점점 늘어나면서 그것을 어떻게 하면 좀 더 보람 있는 경험으로 채울 수 있는가가 앞으로 점점 절박한 과제로 대두될 것이기 때문이다.

돌봄을 위한 공간 디자인의 방향

지역에서 일상적인 삶을 영위하는 주민들에게는 어떤 공간이 필요한가? 돌봄이라는 가치가 실현되는 사회적 환경은 무엇이고, 그를 담아내는 물리적 조건은 어떤 모습인가?

관심의 그물망

'돌봄'이라는 말에는 뭔가를 일방적으로 베풀거나 배려하는 뉘앙스를 풍긴다. 그러나 진정한 돌봄은 서로 주고받는 관심이다. 프라이버시를 보장하는 방향으로 변모한 도시의 주거 공간은 한편으로는 자유로움과 홀가분함을 가져다주었지만, 다른 한편으로는 단절과 소외를 낳았을 뿐 아니라 재해 등의 긴급한 상황에서 도움을 주고받지 못해 생명을 위태롭게 하기도 한다. 1995년 일본의 고베 지진 때 이웃 관계가 희박하던 지역일수록 노인 희생자가 많았다는 보고가 있다. 그에 비해 옆집에 홀로 사는 노인을 알고 지내는 이웃이 있을 경우 그런 위급한 상황에서 도움의 손길이 뻗친 것이다.

관심의 그물망은 범죄 예방과 관련해서도 그 중요성이 부각된다. 주민들끼리 서로를 잘 모르고 지내는 동네일수록 각종 범죄의 발생이 높다. 또한 그런 곳에서는 어린아이나 치매 노인이 집 바깥을 헤매 돌아다닐 경우 연락해 줄 사람들이 없기 때문에 함부로 나가지 않도록 가족이 늘 신경을 써야 할 것이다. 따라서 타자에 대한 시선이 복합적으로 교차하는 삶터는 안전한 환경이 된다.

그러나 관심은 그보다 더욱 근본적인 의미를 지닌다. 그것은 생명을 북돋는 기운이다. 사회적인 수용과 인정 속에서 존재감을 찾을 수 있도록 이끌어주는 마음의 회로다. 그 에너지를 촉발하고 상승시킬 수 있는 관계가 돌봄의 핵심이다. 물리적 행동반경이 좁아 집 안에 갇혀 지내기 쉬운 장애인들에게, 그리고 은폐와 기피의 대상이 되어 가는 노인들에게 그런 관심의 그물망은 대단히 중요하다. 신체적인 장애는 사회적인 관계를 통해 형성되는 드넓은 세계, 그리고 거기에서 펼쳐지는 교류와 활동을 통해서 극복 가능하다.

늙고 병들고 죽는 것은 인생의 자연스러운 행로고, 그 과정에서 인간으로서 위엄을 잃지 않아야 한다. 육신이 약해지고 외모가 볼품이 없어져도 한 인간으로서 떳떳한 자존을 유지할 수 있는 문화 심리적 기반을 확보해야 하는 것이다. 따라서 공간은 그러한 상호 작용이 활성화될 수 있는 그릇 또는 매체가 되어야 한다.

생활의 복원

근대 사회는 '공적 영역의 생산'과 '사적 영역의 생활'로 이분화되었고, 후자가 전자에 종속되어 왔다. '노동의 종말'이 무섭게 진행되는 지금 기존의 시장 안에서 일자리를 찾지 못하거나 잃어버린 이들이 계속 늘고 있다. 급격한 고령화 속에서 즐겁고 보람된 노후 라이프스타일의 모델이 다양하게 제시되어야 한다. 그들이 인간으로서 폐기 처분되지 않고 삶을 영위할 수 있는 또 다른 영역이 필요하다.

시장 바깥에서 가치를 생산하는 영역들에 눈을 돌리면 새로운 일거리들이 눈에 들어온다. 노인들이 현재 참여하고 있는 것은 교통정리 자원 봉사가 가장 일반적인데, 그 외에 동네를 안전하고 쾌적하게 꾸미는 데 일손이 많이 필요하다. 예를 들어 최근 늘어나는 '도심 농사'나 동네의 녹지를 가꾸는 일 등에는 노인들의 경험과 노하우는 요긴하다. 그들의 지식이나 기술을 활용하는 방안은 다양하다.

그것은 지역과 접점을 넓히는 방향에서 다양하게 모색될 수 있다. 노인들이 동네나 사회에 기여할 수 있는 일감들을 찾는 것이다. 옛날에는 그것이 넉넉했다. 호피 인디언 노인들은 육신이 노쇠함에 따라 그에 걸맞은 일거리들을 선택할 수 있었다. 가축 돌보기, 식물 뿌리와 열매 채집, 실 뽑고 천 짜기, 정원 가꾸기, 장식품 만들기, 곡식 빻기, 옷 꿰매기, 햇볕에 열매 말리기… 노

246

대전 석교동 빨래방은 자원 봉사자들이 홀몸노인이나 장애인의 빨래를 해 주는 공간이다. 이곳은
주민들의 상호 부조 네트워크와 커뮤니케이션이 행정 조직의 구조적인 한계를 보완하고 있다.

동 강도를 서서히 줄여 가면서 제 나름의 몫을 하는 것이다. 그렇듯 전통 사
회에서는 노인들에게 일정한 역할이 있었고, 그와 함께 사회 문화적 위상도
분명했다. '노인 문제'는 근본적으로 '생활'을 회복하는 데서 해결의 실마리
를 찾을 수 있다. 스스로 삶을 꾸려 가는 힘이 무엇보다도 중요하다.

마을 만들기 사례

상호 부조의 매개 공간 : 대전시 석교동의 빨래방

홀로 사는 노인이나 장애인의 빨래를 해 주는 공간이 주택가에 생겨나 관심
을 모으고 있다. 대전시 중구 석교동의 한 오래된 아파트에 소재하고 있는데,
어느 홀몸노인이 자신이 임종하면서 시에 기증한 집을 그렇게 만든 것이다.
그 주인공인 박소저 할머니는 혼자 사는 자신을 국가가 보살펴 주었으니 자
신의 유일한 재산인 아파트를 국가에 헌납하고 싶다는 의사를 4년 전에 밝
혀 법률적인 절차를 밟아 놓았다.

  2005년 초에 할머니가 돌아가시자 그 집을 어떻게 활용할 것인가를 놓고
중구에서 여러 의견을 모았는데, 결국 빨래방을 열기로 결정이 났다. 아파트

내부 개조 공사를 하고 세탁기 다섯 대를 들여놓았다. 동네에 사는 자원 봉사자 10명 정도가 월·수·금요일에 홀몸노인이나 장애인, 그리고 배우자 간병으로 빨래가 힘든 노부부들의 빨래를 한다. 이들 자원 봉사자들은 원래 이 지역에서 5년 전에 결성된 '돌다리사랑방'이라는 자발적 복지 공동체를 기반으로 모아낼 수 있었다. 현재 200여 세대가 혜택을 받고 있는데, 이불 빨래가 가장 많다고 한다.

빨래방의 설치와 운영은 동사무소 복지과에서 담당하는데, 비용은 한 달에 수도료와 전기료 5만 원밖에 들지 않는다. 빨래방의 인테리어는 동네의 한 업자가 무료로 나서서 해 주었고, 세탁기도 지역 단체 몇 곳에서 기증을 받았다. 그리고 빨래에 필요한 세제 역시 동네 슈퍼마켓에서 제공하고 있다.

또 한 가지 주목할 만한 점은 이 빨래방을 계기로 홀몸노인이나 장애인들의 사정을 수시로 파악할 수 있게 되었다는 것이다. 빨랫감을 수거하고 다시 배달해 주려면 각 집 안에 들어가게 되는데, 그 과정에서 자연스럽게 그들의 생활 실태와 어려운 점들을 알 수 있는 것이다. 그 정보는 동사무소 복지과나 돌다리사랑방에 전달되어 필요한 조치나 도움이 제공될 수 있다. 이처럼 주민들의 상호 부조 네트워크와 커뮤니케이션이 행정 조직의 구조적인 한계를 보완하는 것은 눈여겨볼 만한 대목이다.

고령자를 위한 거주 환경 만들기

현대 도시에서 노약자들이 그러한 생활을 영위할 수 있기 위해서는 물리적으로 각별한 배려와 기획이 요구된다. 거동에 장애가 되는 요소들을 최소화하면서 보통 사람들의 생활에도 편리함을 도모하는 '배리어 프리'(문턱 없애기)나 '유니버설 디자인'은 적어도 이론적으로는 이제 상식이 되고 있다. 세계 최고의 고령화 사회 일본에서는 그 방면으로 많은 연구와 실천들이 이뤄지고 있다. 혼자 사는 노인들이 모여 사는 집합 주택에는 각종 실내 공간 시설에서 주차장에 이르기까지 섬세한 배려가 이뤄지고 있다.

또한 정보 통신망을 십분 활용하는 면모도 돋보인다. 홀몸노인들이 사는 주택에는 몸에 갑자기 이상이 생겼거나 실내에서 다쳐서 위급한 상황에 놓였을 때 곧바로 구조 요청을 할 수 있도록 침실과 욕실에 호출 버튼을 설치해 둔다. 그리고 치매 노인들의 위치를 실시간으로 파악해 집 바깥에서 실종되었을 때 즉시 찾을 수 있는 위성 모니터링 시스템을 가동하는 복지 센터도 등장했다.

거기에 덧붙여 최근에는 '콤팩트 시티'(compact city) 개념이 대두되고 있다. 이는 도심 공동화로 쇠퇴 일로를 걷고 있는 지방 도시들이 중심 시가지에 노인들이 살기 편안한 환경을 조성하는 것으로, 도심지에 사는 노인들이 자신에게 필요한 활동이나 서비스를 걸어서 다닐 수 있는 지리 범위 내에서 충족할 수 있도록 제반 시설을 배치하는 것을 의미한다. 이는 개별적인 사물이나 시설의 디자인보다 훨씬 포괄적이고 종합적인 과제로서, 거시적인 도시 계획의 차원에서 앞으로 적극적으로 연구하고 실행해야 할 과제라고 본다.

스스로 만들어 가는 생활 세계

10년 전 시작돼 정착되고 있는 일본의 개호보험은 노인들이 돌봄과 치료를 집과 동네에서 편리하게 제공받을 수 있도록 국가가 지원하는 시스템이다. 병원이나 멀리 있는 노인홈에 별도로 수용되지 않고 자신의 생활 세계를 그대로 유지하면서 심신의 건강에 필요한 서비스를 받음으로써 비용도 절감하고 본인의 만족감도 높이는 것이다. 그런데 그것만으로는 부족하다. 집에 있는 동안에는 외롭고 단조로운 일상을 견뎌야 하고, 동네에 있는 노인센터에 가 있는 동안에는 오로지 돌봄의 대상으로 수동화된다. 그 모든 경우에 무기력한 존재로 전락하기 쉬운 것이다.

그 한계를 극복하기 위해 최근에는 노인들끼리 공동생활을 꾸리도록 돕는 시도들이 일어나고 있다. 여기에서 중요한 것은 노인센터 같은 수용 시설이 아니라 보통의 집을 활용한다는 점, 그리고 그 위치가 동네 한가운데 일반 주택 속에 있다는 점이다.

일본의 교토 부근에서는 비어 있는 민가를 활용하고 있는데, 인근의 노인센터나 홀로 집에 있는 노인들이 아침에 이곳에 모여서 하루를 보낸다. 거동이 불편하기 때문에 그들끼리만 생활하는 것은 아니고, 사회 복지사나 동네의 자원 봉사자들이 보조한다. 자신의 집과 달리 여러 사람들이 함께 있으니 활력이 생기고, 노인센터와 달리 지극히 일상적인 환경이라서 대상화되는 느낌이 없다. 거기에서 노인들은 직접 요리를 하기 위해 채소를 다듬고 고기를 썬다. 그리고 옷을 만들기 위해 바느질을 하기도 하고, 그 기술을 동네의 젊은이들에게 가르친다. 중풍이나 치매 등으로 고생하는 노인들이 손을 움직이면서 뇌를 자극하는 데 큰 도움이 된다고 한다.

일산 후곡마을의 녹색마을 만들기

일산은 5년 전 러브호텔 반대 운동을 통해 주민들이 삶터에 대한 의식이 예리해진 지역이다. 그 무렵 '고양녹색소비자연대'는 단순히 반대 운동에 머물지 않고 적극적으로 자신들이 살고 싶은 동네를 만드는 활동에 들어갔다. 디자인 게임을 통해 주민들이 꿈꾸는 마을의 이미지를 이끌어 냈는데, 자연이 생활 속에 밀접한 생태적 공간과 그 안에서 영위되는 이웃 간의 사귐에 대한 소망이 부각되고 수렴되었다. 그에 기초해 후곡마을에서는 아파트 단지 나무생태학교를 열어 아이와 어른들이 인근의 공원과 숲에 있는 식물들을 관찰하고 공부했다. 이 학습 과정에서 자기 동네가 지닌 소중한 자원에 대해 이해하고, 이웃들 사이의 교류가 이뤄졌다.

그 토대 위에 주부들은 자신이 살고 싶은 마을의 모습을 더욱 구체적으로 그려 내는 작업을 진행했는데, 거기에서 '인라인 스케이트를 타고 이동할 수 있는 마을에 살고 싶다'는 항목이 인기를 끌었다. 그래서 '어머니와 함께하는 안전한 인라인 교실'을 열어 인라인 문화를 확대했다. 그 향유 인구가 늘면서 죽어 있던 공원에 활기가 돋았고, 인라인 스케이트가 여러 세대가 두루 즐길 수 있는 공통의 여가 프로그램이자 녹색 교통수단으로서도 각광을 받고 있다. 아이들의 놀이 기구로만 여겨지던 인라인 스케이트가 동네 분위기 전체를 바꾸는 매체로 역할을 한 것이다.

다른 한편 녹색마을에 대한 소망은 일산3동 주민자치센터 옥상에 '후곡하늘동산'이라는 생태 공원을 탄생시켰다. 이는 고양시가 추진하고 있는 주민 참여형 녹지 가꾸기 사업의 일환으로 진행되었는데, 야생화와 허브 등을 옥상에 심어 주민자치센터 이용자들의 휴식 공간과 아이들의 자연 체험 학습장으로 활용되고 있다. 이 공원을 만드는 데 참여한 자원 봉사자들은 일주일 동안 전문가에게 강의를 듣고 습지 흙 다지기와 인디언 집 만들기 등에 참여하고, 공원의 상태를 모니터링하고 있다. 이곳에서 이뤄지는 자연 조건의 변화와 동식물의 천이 과정을 자세하게 관찰하고 기록하면서 도심의 생태계 복원을 실험하고 있는 것이다.

쟁점과 과제

마을 만들기는 국가와 가정이라는 양극으로 나뉘어 있는 삶의 체계에서 그 둘 사이를 이어 주고 완충하는 사회적 매개 영역을 만들어 가는 작업이라고 할 수 있다. 위에서 언급한 사례들과 그밖에 다른 여러 사례들을 살펴볼 때, 그것을 수행해 가는 데 다음과 같은 점들이 중요한 사안으로 정리될 수 있다고 본다.

실마리의 포착

자신이 사는 지역에 온전히 만족하는 주민은 많지 않다. 누구든지 좀 더 나은 삶터에 대한 소망을 막연하게나마 가지고 있다. 마을 만들기는 그것을 드러내 보이도록 만드는 것에서부터 출발한다. 그를 위해서는 사람들 사이에 말길이 열려 생각이 교환되고 수렴되는 계기가 필요하다.

어떤 우발적 사건이나 도시 계획의 결정(유해 시설의 배치 등)이 그것을 촉발할 수도 있고, 일산처럼 어떤 개인이나 시민 단체가 기획해 추진할 수도 있다. 그러나 후자의 경우에도 백지 위에 그림을 그리는 것이 아니라, 이미 형성되고 있는 기류를 적절하게 살려서 물꼬를 트는 방식을 취한다.

따라서 지역 내에 어떤 점들이 문제로 떠오르고 있으며, '마을'을 만들어 가는 데 필요한 자원들이 어디에 숨어 있는지를 두루 찾아내는 것이 중요하다. 여기에서 자원이란 사람, 공간, 재원, 자연, 역사 등을 말한다. 거기에 잠재해 있는 가능성들을 발굴하고 연결해 냄으로써 변화의 실마리를 포착할 수 있다.

행정과의 효과적인 연계

매력적인 삶터를 가꾸는 것은 지자체의 입장에서도 성취해야 하는 목표 가운데 하나다. 따라서 민과 관이 파트너십을 맺어 협동할 수 있는 폭은 대단히 넓다. 일산의 옥상 공원의 예에서처럼 주민 참여의 마을 만들기 사업에 예산이 배정되어 있는 예도 많다. 제도적 재정적 지원을 효과적으로 이끌어 내는 노하우가 요청된다. 그를 위해서는 담당 행정 공무원과 긴밀한 소통이 필요하다. 대전 빨래방도 사회복지과의 직원이 발 벗고 나서서 주민들과 힘을 모았기 때문에 성사된 것이었다.

한편으로 관료주의의 틀 안에 고착되지 않고 살아 움직이는 지역 에너지를 이끌어 내는 것, 다른 한편으로 다양한 이해관계를 조율하면서 공공성의 초점을 잃지 않도록 제도를 접목시키는 것이 그 핵심이다. 공동의 삶에 대한 비전과 그 의미를 충분히 공유하면서 윈윈 게임을 펼칠 수 있는 지혜와 안목을 키워야 한다.

지속 가능성을 위하여

그동안 마을 만들기 시도가 많이 있었지만, 오래가지 못하고 중도 하차한 예가 적지 않다. 어떤 계기로 마을에 대한 열의를 가지고 출발하지만, 시간이 흐르면서 활동이 매너리즘에 빠지고 내부의 갈등이나 외적인 장애에 부딪혔을 때 뒷심이 달려서 지속하지 못하는 것이다. 또는 처음에 일을 꾸렸던 리더가 다른 곳으로 이사하면서 시들해져 버리는 사례도 많다. 마을 만들기는 이벤트성으로 하는 것이 아니라 꾸준하게 관계를 가꾸면서 경험을 쌓아 가는 것이다.

자칫 정체되고 무의미해지기 쉬운 분위기에 신선한 기운을 넣을 수 있는 활력소가 필요하다. 마을에 대한 소속감과 자부심을 확인하고 재생하는 행사나 미디어를 활성화하는 것도 한 가지 방안이다. 함께 일을 하는 과정에서 생겨나는 크고 작은 갈등에 대해서도 그것을 걸림돌로 보는 것이 아니라, 더 높은 단계로 향한 디딤돌로 보면서 스스로를 다지고 훈련하는 자세가 필요하다. 그리고 근본적으로는 끊임없이 비전을 생성하고 확산하면서 새로운 과제에 도전하는 에토스의 창출이 요구된다.

세대 간 교류의 촉진
마을은 여러 세대가 공존하는 공간이다. 따라서 세대를 가로질러 관계를 맺고 공동의 경험을 일궈 내는 것이 필요하다. 노쇠해져 거동이 불편한 노인들도 사회에서 소외되지 않으려면 젊은 세대와 접속할 수 있는 회로를 다양하게 개발해야 한다.

지난해 독일의 어느 양로원을 방문했을 때 인상 깊었던 것 한 가지가 있다. 양로원에서 컴퓨터 교육을 실시하는데, 그 대상은 일반인이었다. 그런데 왜 하필 양로원에서? 주민들이나 노인의 가족들이 컴퓨터를 배우느라 빈번하게 드나들게 되면 노인과 접촉도 늘어나고 그런 왕래가 그 공간에 생기를 불어넣어 주기 때문이었다.

'경로'는 구호나 도덕이 아니라 삶의 즐거운 나눔이어야 한다. 경로당은 노인들의 수용소가 아니라 여러 세대 간 교류가 이뤄지는 징검다리가 될 수

1960~70년대에 지어진 초창기 아파트에는 전통 사회의 마을에서 중요하게 여긴 공유 공간의 자취가 남아 있다. 사진은 서울 회현시범아파트.

있다. 젊은이들이 자신의 노후를 즐겁게 상상할 수 있는 공간, 압축 성장 속에서 잃어버린 '돌봄'의 따스한 능력을 재생하는 장소가 될 수 있다.

공유 공간의 디자인 유전자 복원

공유 공간은 주민들의 접속과 교류를 촉진하는 미디어가 된다. 지금 우리의 주거 공간에서 그것을 확보하는 것이 매우 긴요하다. 구체적으로 어떤 모습일 수 있을까? 전통 사회의 마을에서 공유 공간이 중요한 위치를 차지했다. 그런데 도시에서도 그런 디자인의 관성이 지속되고 있음이 발견된다. 1960~70년대에 지어진 초창기 아파트에는 아직 그 자취가 남아 있다.

예를 들어 위에서 사례로 든 대전시 빨래방이 있는 아파트, 서울의 '회현시범아파트' 등이 그러하다. 단지 내 옥외 공간은 장독대 등이 공동의 목적으로 사용되고 있으며, 얼마 전까지만 해도 품앗이로 김장을 서로 담는 것이 오래도록 지속된 행사였다고 한다.

이농민들이 도시에 정착하면서 서로 돕고 함께 모여 사는 것이 매우 자연스러웠던 시절, 이런 공유 공간은 공동의 삶을 담는 매체였다. 그러한 공간 디자인의 유전자를 현대 건축과 도시 계획에 어떻게 접목할 것인가는 중대한 과제라고 할 수 있다.

마무리

현대 사회에서 마을 만들기가 추구하는 모델은 전통 사회의 촌락 공동체와는 다를 수밖에 없다. 그것은 각 핵가족의 세계는 개별적으로 존재하면서도 그것을 넘어선 공동의 영역과 활동의 장을 만드는 일이다. 의미 있고 밀도 있는 상호 작용이 일상적으로 이뤄지면서 사람들은 심리적인 고립감이 해소되고 유대감을 얻을 수 있다. 사사로운 일들로 머물러 있던 가사 노동과 육아, 노인 수발 등이 사회적인 작업으로 승화된다.

다른 한편 치열한 경쟁에서 밀려나거나 그 장으로 진입하지 못한 이들이 여기에서 일거리와 일자리를 창조할 수 있다. 거기에서 이뤄지는 일들은 단순한 노동이 아니라 자아의 표현과 교류를 내포하는 사회적 행위다. 복지라는 것도 그러한 문화의 생성을 수반할 때 내실을 기할 수 있다.

인간의 생물학적 생존에서 불가피하게 드러나는 '약함'을 보듬어 주고, 자칫 단절 속에 고독과 불안에 매몰될 수 있는 생활 세계를 '돌봄'의 힘으로 경쾌하게 일으켜 세워 주는 마음의 생태계가 형성되어야 한다. 마을 만들기는 지역 사회 안에 그러한 장(場)을 만들어 가는 시도다.

공공미술, 소통의 공간을 상상하다

나는 문제를 발굴하고 이슈를 만들어 국가 제도를 바꾸는 운동에 비교적 오랫동안 몸담아 왔다. 내가 경험한 사회 운동은 권력에 대한 감시를 너무 중요하게 생각한 나머지 정작 내 이웃들과 어떻게 살아갈 것인가에 대해서는 매우 둔감했다. 특히 한 이슈로 사람들을 '조직'하는 것은 잘하지만 사람들의 다양한 마음과 욕구를 읽어 내는 데 민감하지 못해, 사람들이 스스로를 발견하게 하거나, 정말 하고 싶은 일을 만들어 내는 데 서툰 나 자신을 답답해하고 있었다.

이러던 중 우연히 접하게 된 공공미술프리즘의 '동네와 일터에 우리가 만든 족구장' 프로젝트1)나 엑토건축연구소의 주대관 소장이 진행한 '농촌 독거노인을 위한 2005 인제 집짓기,'2) 김인규 선생이 안면중학교 재직 시절에 학생들과 함께한 산길축제, 화장실 프로젝트3)와 접는미술관의 명륜동 프로젝트4) 등은 내 호기심을 자극했다. 나는 왜 이 작업에 관심을 갖게 되었을까? 어쩌면 나와 다른 세계의 사람들이라고 여겼던 건축가, 미술가, 미술 교사, 다른 미술관을 상상하는 사람들의 작업이 왜 새롭다고 느껴졌을까?

위 사례들은 건축이나 미술, 예술 등을 통해 이웃과 관계하는 새로운 방식을 보여 주었다. 특히 이들 작업에서는 '다르게 보기'나 '생각과 느낌을 표현

공공미술프리즘에서 기획한 '동네와 일터에 우리가 만든 족구장 프로젝트' 1단위 실행된 일산가구공장
족구장. 공공미술프리즘 사진 제공.

하기' 등이 관계 맺기의 중요한 요소라는 생각이 들었다. 공공미술(public art)
은 스스로 개념을 진화해 가고 있다. 공공 설치 장소에 초점을 두는 장소 속
의 미술(art in public space)에서 머물고, 쉬고 싶고, 이야기하고 싶은 공간을 만
드는 장소로서의 미술(art as public space)로, 최근에는 비평하고 저항하는 공익
속의 미술(art in public space)로 자신들의 고민을 발전시켜 왔다.5) 이 맥락에서
마을에서 작업하는 것을 중요하게 생각하는 커뮤니티 기반 미술(community
based art), 특히 예술가들이 자신의 정체성을 마을 사람들과 관계 속에서 어떻
게 만들어 가는지 궁금했다. 나는 이들을 만나고 싶었고 그 와중에 공공미술
프리즘의 원흥동 마을 가꾸기 프로젝트를 참여 관찰하는 기회6)를 얻었다.

공공미술프리즘이 2006년에 마을 가꾸기 사업을 진행한 원흥동 마을 지도.

우리가 나무드머리에, 소통의 공간 만들기

공공미술프리즘(이하 '프리즘')이 '우리가 나무드머리에'라는 주제로 진행한 프로젝트의 공식 명칭은 '원흥동 마을 가꾸기 사업'이다. 경기도 고양시 사회단체 보조금 지급 사업인데, 보조금 500만 원을 받아 2006년 4월 19일 주민 설명회를 연 것을 시작으로 6월 24일 마을 잔치를 끝으로 마무리되었다.

원흥동은 행정 구역상 경기도 고양시 덕양구 흥도동 원흥4통 일대를 포괄한다. 그러나 고양시에 편입되기 전에 불린 원흥2리나 원흥4통이라는 말보다는 구석말, 웃말, 궁말, 육골로 자신들이 사는 마을을 부르고 있었다. 원흥동은 원주민이 110세대 정도에 전세를 든 외지인을 포함하면 총 350세대 정도 되는 마을이다. 프리즘이 원흥동 마을을 택하게 된 동기는 프리즘 사무실이 고양시에 있다는 점과 고양시가 포괄하고 있는 동사무소에 일일이 전화를 걸어 프로젝트 취지를 설명한 후 긍정적인 반응을 보인 곳 중, 원흥동에 살고 있는 고양시 문화재 전문위원의 조언을 받을 수 있는 곳이었기 때문이다.

프리즘이 원흥동에서 작업을 한 곳은 마을버스 정류장 주변 정돈과 마을 지도 그리기, 마을 안내 표지판, 보호수 주변 채색, 혼자 사는 노인의 집과 신발 공장 벽화 작업과 도깨비어린이집과 함께한 단오 행사, 할아버지 할머니 초상화 그리기 등이다. 이 작업을 프리즘의 상근자인 미술 전공자 4명과 프리주밍이라고 부르는 자원 활동 미술 전공자들과 함께 진행했다. 프리즘은 원흥동 프로젝트가 소통의 공간을 만드는 것이라고 말하고 있다. 공공미술은 공적인 장소의 선택을 중요하게 생각하는데 공적인 장소란 많은 사람들이 관계하는 장소다. 따라서 작업하는 공간은 주로 마을, 담장, 광장, 거리의 벤치와 가로등, 바닥 등이 되고 프리즘도 이런 맥락에서 장소를 선택했다. 그 공간을 가꿈으로써 좀 더 많은 사람들이 지나가거나 머무르게 하고 이야기를 나누는 것을 기대했다.

원흥동에서 있었던 일

나무드머리가 어디예요?
나무드머리는 "고려 시대 고려청자 도요지로서 나무를 많이 소비하게 되면서 나무가 '드문드문' 있다 하여 나무드머리라 불리게 되었다"는 것에서 유래하는 이 마을의 옛 이름이다. 이를 알게 된 프리즘은 의도적으로 나무드머리라는 이름을 붙여 보려고 했다. 하지만 나무드머리를 둘러싸고 마을 사람들의 반응은 제각각이었는데 구석말을 나무드머리라고 하는 사람, 구석말·웃말·궁말·육골 등을 다 합해서 나무드머리라고 하는 사람, 요즘 나무드머리를 아는 사람이 누가 있냐며 그렇게 부르면 자장면 배달도 못 온다는 사람 등 작업 내내 논란이 되었다.

박미자 할머니
박미자(가명) 할머니는 혼자 살며, 숨이 차서 걷는 것도 불편한 분이다. 프리

물리적인 공간에 누가, 어떤 방식으로
장소성을 부여할 것인가는 중요한 문제다.
이 영역을 붙잡지 않으면 많은 공간들은
마을 사람들이 기억하고 재생하는
장소가 아니라 지배 권력이 원하는
마케팅의 장소가 되어 버리고 말 것이다.
사진은 공공미술프리즘이 작업한 원흥동
마을버스 정류장과 박미자 할머니 집.

즘은 마을에서 가장 어렵게 살고 있는 이분의 집에 흙이 떨어지는 내부를 수
리하는 것과 담장에 벽화를 그리는 일을 하기로 했다. 하지만 박미자 할머니
집의 벽화는 그림이 고상하지 못하고 남들에게 못산다는 것을 드러낸다는
이유로 원래 벽으로 되돌려 놓아야 했다. 할머니가 정작 관심이 있던 것은 흙
이 떨어지는 내부를 수리하는 것이었는데, 프리즘은 담벼락에 그림을 그려
서 할머니 마음이 잠시라도 따뜻해지기를 바랐다.

평상을 기억하는 몸

버스 정류장 주변에는 시원한 그늘을 만들어 주는 나무가 있고 그 아래에 평상이 있었다. 여기에 프리즘은 벤치 두 개를 가져다놓았고 유치원 아이들의 그림을 전시하여 버스를 기다리며 이야기가 만들어지는 공간을 만들려고 했다. 하지만 작업하는 한 달 내내 마을 사람들은 벤치에 거의 앉지 않았다. 평상이 나무 그늘 아래 놓여 있어서이기도 하지만, 무엇보다도 벤치에 앉는 것을 몸이 낯설어한 때문이었다.

약장수

마을 할머니들이 약장수가 왔다는 마을로 종종 집단 출타를 했는데 작업하는 기간에 원흥동에도 약장수가 왔다. 남녀 둘로 이루어진 약장수는 1시간도 채 안 되어서 천마로 만들었다는 38만 원짜리 약을 노인 세 분한테 팔았다. 마을 사람들은 갈치를 준다는 말에 비닐봉지를 들고 하나둘씩 모여들었고 젊은 약장수들이 다정스럽게 구는 것이 고맙기도 하고 갈치며 미역 등을 그냥 받아 가는 것이 미안하기도 하여 약을 샀다. 또한 노인정에서 화투를 치며 소일을 하는 노인들에게 약장수의 공연은 나름대로 즐거움을 가져다주는 듯했다.

내게 돌아온 질문

공공성과 공동체?

공공성과 공동체에 관한 담론들은 자본과 시장의 지배력이 개인의 일상생활과 사회의 구석구석을 넘어 국가 영역에 이르기까지 광범위하게 확산되는 과정에서 부쩍 중요한 위치를 차지해 가고 있는 것처럼 보인다. 특히 개인을 보호하는 문제를 국가적 차원의 제도적 기능과 역할로 사고했던 근대적인 시도가 일정 정도 한계에 부딪치면서 공동체를 복원하거나 만들어 그 틈을 메우는 시도가 활발해지고 있다. '돌봄'에 관한 관심도 이런 맥락에 있다. 하지만 이제는 공공성과 공동체의 논의가 더 본격화되어야 한다.

그를 위해서는 먼저 공공성과 공동체 개념을 우리 사회의 문맥에 더 맞게 문화적으로 번역하는 것이 필요하다. 사실 원흥동 사람들은 공공미술을 어려운 사람을 도와주는 것으로 이해하고 있었고 프리즘도 많은 사람들이 관계하는 공간에 개입하는 것, 또는 소통의 매개체로 생각하고 있었다. 또한 마을 만들기나 마을 가꾸기는 정작 마을 사람들에게는 환경 개선 사업 정도로 인식되었다.

공공적인 것이나 공동체는 공공선이나 공익, 공공의 관심 등이 다 함께 들어 있는 다분히 교과서적인 개념으로 공적인 것과 사적인 것의 분리를 전제하고 있지만 '다른 사람'을 염두에 두고 있다는 점에서는 공통적이다. 이 다른 사람은 그냥 남이 아니라 나와 함께하고 싶은, 나의 '무엇을' 나누고 싶은 타인이다. 이것은 우리에게 '이웃'이다. 이웃은 나누고, 돌보는 관계를 경험적으로 체화한다. 따라서 이웃하기 또는 이웃되기로서의 개념적 풍부화, 또는 새로운 이름 짓기 등의 다양한 시도가 필요하다는 생각이 들었다.

두 번째는 공동체가 균질하고 단일하기보다는 굉장히 혼종적이고 상황적이라는 것이다. 실제로 원흥동이라는 같은 공간에 거주하면서도 외지인과 토박이, 자기 집을 가진 사람과 세든 사람이라는 경계가 비교적 분명했고 이슈에 따라서 공동의 이해가 발휘되기도 하고 서로 다른 이해가 충돌하기도 한다. 어디에 작업할 것인가? 어떤 그림을 그릴 것인가를 선택하는 데 항상 엇갈린 요구들이 쏟아져 나왔다.

이 상황에서는 원흥동이라는 단일한 공동체를 가정하기보다는 오히려 공동체의 경계가 흔들리는 지점을 드러내고 거기에서 다른 시선들을 발견하는 것이 더욱 필요한 것이 아닌가? 사실 공동체는 경계가 확정되는 순간 확장의 움직임들은 내부화되어 버릴 뿐만 아니라 공동체의 경계가 확정되는 것은 그들의 정치, 경제적 문제가 해결되고 안정되는 것과는 다른 차원의 문제라는 점7)에서 경계 밖의 존재들과의 구분 짓기에 불과한 것은 아닌가? 어쩌면 공동체는 개개인의 욕구를 개별화하고 다시 사회, 역사, 경제적 맥락에 따라 재구성해 보는 과정, 여러 장면과 경험들이 스치고 지나가고 이것이 켜켜이 쌓이면서 만들어지거나 흩어지는 것을 반복하는 과정 그 자체에 대한 집단적 기억들이 아닐까?

이야기를 만들어 내는 예술

내가 원흥동 작업에서 기대한 것은 많은 이야깃거리가 만들어지는 것이었다. 이야깃거리가 만들어진다는 것은 눈에 보이는 일상에 균열을 내는 것이고, 과거에 대한 기억이나 현재의 욕망을 드러내는 것이고, 소란거리를 만듦으로서 서로의 차이나 다양함을 발견하는 과정이다.

나는 '무엇이 문제인가', '무엇이 불편한가'에 대한 이야기보다는 '무엇이 내가 원하는 것인가'에 대한 이야기가 좀 더 많아지길 바랐다. 무엇이 문제인가를 물으면 대개는 본질적이고 중요한 문제를 발견하려고 애쓰기 마련이다. 하지만 무엇을 원하는가를 물으면 그것은 각각의 형상을 만들어 낸다. 나는 사회적으로 이런 질문이 훨씬 많아져야 한다고 생각했고 예술이 그 역할을 어떻게 할 수 있을지가 궁금했다.

나는 약장수 사건에 프리즘이 개입할 여지가 있다고 생각했다. 약장수는 프리즘에게는 아주 우연하게 마주하게 된 사건이지만 그것은 마을의 일상이었다. 또한 무슨 성분인지도 모를 약을 고가에 습관적으로 구매하는 것은 막아야 하는 문제이기도 했다. 왜 약장수 구경을 가게 되는지, 왜 약을 사는지를 들어보는 것은 문화랄 것이 없는 무료한 노인들의 일상에 문제를 제기하는 것이 될 수도 있고, 노인들의 성적 욕구를 들여다보는 실마리가 될 수도 있다. 마을 사람들은 이것을 약을 사는 개인의 문제로 돌려 버리려고 했지만 사실은 누구나 돈만 있으면 사고 싶은 것, 차마 드러내 놓고 자식이나 배우자에게 이야기해 보지 못한 것이라는 고백을 들을 수도 있었을 것이다. 현장에서 우연히 마주하게 되는 이런 단서들을 어떻게 포착하는가가 '있지만 마치 없는 척하는 이야기'를 꺼내게 하는 중요한 역할을 한다.

또한 그림에 어떻게 개입할 것인가에 대해서도 이야깃거리를 만들 수 있었다고 본다. 할머니와 할아버지들은 사실적인 그림들을 좋아했는데 예를 들면 담쟁이와 똑같이 보이는 그림이나 갓을 쓴 할아버지와 지팡이를 든 할머니 그림을 그려 달라는 식이었다. 또한 그들이 그림에 대해 가진 언어도 "좋다", "나쁘다", "예쁘다", "고상하지 못하다" 정도고 붓을 잡는 것은 "나 같이 아무것도 모르는 사람은 해서는 안 될 일"이었다. 즉 그림을 그리거나 보는 것에 심각한 경험의 단절이 있었던 것이다. 이 경험의 단절에 더 주목했더라면 그림을 느끼는 언어를 어떻게 더 풍부하게 만들 수 있을까를 생각하지 않았을까? '행복의 학습'은 '강함'이나 '거칠음'의 학습 만큼이나 중요한 것은 아닐까? 낯섦을 일상으로 연계하기 위해서는 좀 더 많은 이야기가 필요한 것은 아닌가?

물리적인 공간과 심리적인 장소

공공미술을 하는 사람들은 장소 특정성(site-specific art)이라는 개념을 매우 중요하게 다루는 듯하다. 그것은 물리적인 장소적 환경에 적합한 것이라는 의미를 넘어서서 사회적 쟁점을 형성하고, 잘 드러나지 않는 제도적 관습, 정치 경제적 권력관계를 해석하거나 드러내는 작업을 포함한다. 이런 점에서 삶터로서 장소가 갖는 고유한 의미와 그 속에 담긴 사람과 사건의 이야기를 드러내는 것이 매우 중요하다. 프리즘의 장소성 찾기는 몇 가지 실마리를 던져 주었고 이는 커뮤니티에 기반을 둔 작업을 할 때 똑같이 고려해야 할 문제다.

프리즘이 작업한 공간은 행정 구역상으로는 원흥4통 일대이고 '젊은 사람'이 걸어서 마을을 한 바퀴 도는 데 30분이 채 안 걸리는 거리다. 하지만 마을 사람들은 궁말 사람, 구석말 사람, 육골 사람에 대해서 나름대로 경계가 있었는데 예를 들면 구석말에는 외지 사람이 많다거나 토박이인 정씨들은 육골에 모여 있다거나 하는 것이다. 또한 구석말에 비해서 궁말이나 육골은 신,개축된 집이 많기도 했다. 숨이 가빠 걸음걸이가 힘든 할머니들은 구석말에 있는 노인정에 한번 나오는 데도 다른 사람의 도움이 필요했고 프리즘이 육골의 보호수 주변을 채색한 것을 다른 마을 사람들은 거의 알지 못했다. 물리적인 공간은 단 30분 안에 있는 거리였음에도 불구하고 심리적으로는 다 다른 마을이었던 것이다. 따라서 나무드머리라는 이름 붙이기는 그 이름을 기억하고 있지도 않고, 현재에 되살려 내고 싶지도 않은 마을 사람들의 마음과 더불어서 그것이 어느 마을을 지칭하는지에 대한 모호함 때문에 결국은 의미있는 논쟁을 만들어 내지 못했다.

마을버스 정류장의 모던한 디자인의 벤치는 평상을 기억하는 몸의 경험을 제대로 포착하지 못해 장소의 의미를 제대로 부여하지 못한 사례다. 특히 몸의 경험을 창출한다는 것은 경험과 함께, 경험 속에서 소통을 만든다는 것이다. 하지만 실제로 할머니들은 우리가 지켜본 내내 나무 그늘 밑 평상에 앉아 있었다. 벤치는 나란히 앉아서 지나가는 사람을 바라보는 일방적인 시선의 자리다. 게다가 벤치 등받이의 나무드머리라는 표식은 더더욱 벤치를 타자의 자리로 만들어 버렸다. 반면 평상은 사방에 빙 둘러앉아 서로 바라보며 이야기하는 시선을 만든다. 이렇게 함으로써 정류장은 버스를 기다리는 곳이 아니라 언제라도 이야기할 사람들이 나와 앉아 있는 소통의 장소가 되었던 것이다.

따라서 물리적인 공간에 누가, 어떤 방식으로 장소성을 부여할 것인가가 중요한 문제로 여겨졌다. 이 영역을 붙잡지 않으면 많은 공간들은 마을 사람들이 기억하고 재생하는 장소가 아니라 지배 권력이 원하는 마케팅의 장소가 되어 버리고 말 것이다.

누구를 돌볼 것인가?

돌봄의 대상은 경제적으로 어려운 사람이든, 신체적으로 불편한 사람이든, 사회적으로 소수인 사람이든 대체로 '약자'의 의미로 개념화된다. 프리즘도 마을에서 가장 어렵게 혼자 사는 노인의 집을 작업의 대상으로 선택했다. 바닥에 장판을 깔아 드리거나 벽에 흙이 떨어지는 것을 보수해 주는 일에 할머니들은 매우 고마워했고 만족해했다. 하지만 다른 한편으로는 박미자 할머니의 표현처럼 자신이 못사는 사람임을 '드러내는' 과정이기도 했고 자존심을 건드리는 일이기도 했다. 이것은 그들을 적극적인 주체로 만들기보다는 도움을 받는 대상으로 만들어, 개인을 더욱 고립시키는 것으로도 보였다.

나는 누구를 돌볼 것인가를 선택하는 데 상상력을 좀 더 많이 발휘해야 한다는 생각이 들었다. 주체가 좀 더 개입할 수 있도록 하려면, 돌본다는 것을 소외된 사회 집단을 위한 활동이라기보다는 나와 다른 남과의 차이의 실타래를 풀어 나가는 활동으로 이해할 필요가 있다. 즉 내가 약자가 아니라고 해도 나에게는 항상 부족한 무엇인가가 있고, 그것을 가진 다른 사람이 항상 존재하며, 그것은 연계되는 것이 가능하다는 것을 보여 주는 것이다.

주

1) 공공미술프리즘 http://www.free-zoom.com

2) 엑토건축연구소 http://www.ectosis.com

3) 김인규 외, 2005, 『안면도가 우리 학교야 ― 학교에 대한 즐거운 상상』, 디딤돌.

4) 접는미술관 http://www.collapsiblem.org

5) 박삼철, 2006, 『왜 공공미술인가?』, 학고재, 146쪽.

6) 이 참여 관찰은 2006년 1학기 연세대학교 사회학과 대학원 수업인 질적 방법론 연구 시간에 5명의 팀 작업으로 이루어졌다.

7) 전용석, 2004, "공동체 개념은 유효한가?", 미술인회의 공공미술분과 1차워크숍.

성미산마을 자투리 공간 프로젝트

박소현 서울대학교 건축학과 교수

도시설계나 건축을 공부하는 사람들에게 요 몇 년간 서울의 대형 프로젝트는 문젯거리도 많이 던져 주었지만 즐거움도 많이 주었음을 인정한다. 예로, 청계천 복원 프로젝트는 지나친 미화와 폄하를 동시에 유발하고 있지만, 고가도로보다 대형 물길을 보는 것이 더 즐겁다는 점은 부인하기 어렵다. 청계천, 서울숲, 선유도공원 등의 유사 프로젝트가 구청별, 도시별로도 계획되고, 한강변 자전거길 조성과 세종로, 남대문 주변의 보행자를 위한 건널목 설치 등은 전과는 다른 성격의 도시 작업이 이루어지고 있음을 보여 주는 좋은 변화다.

그런데, 우리가 사는 동네에서까지 이런 좋은 변화가 일어나려면 시간이 좀 더 걸릴 것 같다. 신도시의 새 아파트 단지가 건설될 때는 비교적 쾌적한 주거 환경 시설이 초기부터 계획되기도 하지만, 기성 시가지의 단독, 다세대 주거 지역 대부분은 근린 생활환경의 조건이 정말 열악한 실정이다. 동네의 기본 인프라는 변하지 않은 채, 주거 밀도만 7, 8배 늘었고, 차량 수도 기존 가로망이 소화해 낼 수 있는 한계를 넘어섰다. 동네 안에서 서로 돌봄을 배려하는 주거 환경을 제공한다는 것은 꿈같은 이야기로 들린다.

우리 동네에 필요한 기본적인 돌봄의 행위를 담아내는 마을 공동체 환경은 그리 거창한 것이 아닐 수 있다. 아기들이 부모 손잡고 걸어서 안전하게 나들이할 수 있고, 어린아이들이 집 앞에서 안전하게 놀 수 있고, 노인들이 느린 걸음으로 산책할 수 있고, 구석구석에 동네 텃밭이나 공원이 있으면 하는 것에서 시작한다. 결국, 법적으로 설치가 의무화된 노인정, 유아원 같은 근린 공동체 시설의 확보도 중요하지만, 주거 지역 내의 기존 가로 패턴이나 자투리 녹지 공간을 '돌봄 공간'으로 바꾸어 가는 작업도 매우 중요하다.

나는 오랜 기간 한국을 떠나 있다가 돌아와, 잘 찾아보지도 않고 우리 도시에는 마을 공동체가 없어서 마을 설계를 할 수 없다고 한동안 불평을 했다. 그런데, 눈여겨 살펴보면 그렇지 않다고 알려 주시는 분들이 계셨다. 대도시 단독/다세대 지역에서도 기본 녹지 공간, 자전거길, 쾌적한 보행로 등의 확보를 요구하는 움직임이 있고, 이를 실제로 이루어 가는 노력과 결실도 있다고 들려주신다. 조한혜정 교수님한테 성미산 마을 공동체를 그렇게 소개 받고 많이 놀랐다. 이후 성미산 동네의 마을 설계 작업에 참여해, 여러 가지를 배우게 되었다. 전문가의 마을 계획 내용이 주민 참여로 한층 더 내실을 갖게 되고, '살기 좋은' 동네를 꾸릴 수 있는 계기도 마련되는 과정을 볼 수 있었다. 물론 성미산 동네가 너무 특별한 마을 공동체를 이루고 있어서 이를 바탕으로 해서 나온 결과들이 지극히 평범한 우리 동네의 마을 설계에도 적용될 수 있을까 하는 걱정도 있다. 그래도 이런 작업을 통해 앞으로 참고가 될 만한 작은 매뉴얼이라도 나올 수 있길 바란다.

2005년 가을학기 서울대학교 대학원 건축학과와 도시설계 협동과정 학생들은 나의 수업, '단지계획특론'을 들으며 마을 설계 전반에 대해 함께 공부했고, 사례로 성미산 마을의 환경 개선안을 제안해 보았다. 이 수업의 과제는 일차적으로 동네의 중심 가로, 골목길, 자투리 공간 등 세 주제별 팀으로 나뉘어 진행되었다. 이 작업은 2005년 10월 16일에 있던 '성미산골목축제' 참관을 시작점으로 하여 여러 차례의 현장 조사, 계획안 제시, 주민 및 전문가 초청 발표회를 거쳐, 최종적으로 '마포두레 생활협동조합'에서 주최한 전체 마을회의에서 최종 계획안을 발표했다.

마을의 이정표가 되는 장소로서 쉼터 만들기 계획안

마을 한가운데에 공터를 마련하고 이곳에 주민 게시판과 자전거 보관소 등을 설치해서, 주민들이 소통하고 마주칠 수 있는 쉼터로 활용하면 어떨까?

출처: 2005 가을학기 서울대학교 단지계획특론 세미나 김현수·박종서·윤영진·조영주·이승희

성서초등학교 정문길 개선안

통학로가 안전하고 편안한 놀이 공간이 될 수 있도록 학생들의 설문 조사, 현장 조사를 통해 등하굣길을 새롭게 설계해 보았다.

출처: 2005 가을학기 서울대학교 단지계획특론 세미나 고은정·안현찬·태윤재

건물과 건물 사이 자투리 공간 변형 제안

건물과 건물 사이에 아무도 돌보지 않고 버려둔 자투리 공간에 텃밭을 만들어 주민들이 이곳에 채소를 가꾸면 어떨까? 주택과 주택 사이에 있는 낮은 담을 헐면 주차 공간도 확보하고 집의 진입로를 개선하는 일석이조의 효과를 거둘 수 있지 않을까?

출처: 2005 가을학기 서울대학교 단지계획특론 세미나 강범준·박지현·백소라·서한림·유진아·윤정우

  수업 시간의 결과물을 바탕으로 하여 실행하게 된 첫 번째 사업은 성서초등학교 뒷문에 버려진 자투리땅을 한평공원으로 조성하는 것이었다. 성산동 주민, 마포두레생협, 도시연대와 함께 추진하여 2006년 9월 5일에 완공을 하였다. 추후로 '주민 참여형 마을 단위 마스터플랜'의 모델을 제시해 볼 계획도 있다.

돌봄 감수성이 반영된 건축

성미산 프로젝트와 성서초등학교 한평공원을 진행하면서 여러 가지 생각을 하게 되었다. 근본적인 어려움은 '돌봄'의 개념과 '돌봄 공간'이라는 물리적 환경 조성의 문제가 강한 연결 고리를 갖고 추구되어야 하는데, 사실은 그렇지 못하다는 데 있었다. 아울러 제시한 디자인 개선안과 실제 동네 공간 개선 사업 사이에 놓인 간극 또한 현실적인 측면의 딜레마다. 돌봄이 배려된 동네 디자인 안을 제안하는 것과 실제 이것이 현실화되고 주민들에게 편한 공간으로 계속 사용, 유지되는 것은 전적으로 다른 문제다. 우리는 매번 의욕이

마포구 성산동 성서초등학교 한평공원 주민 참여 설계 과정

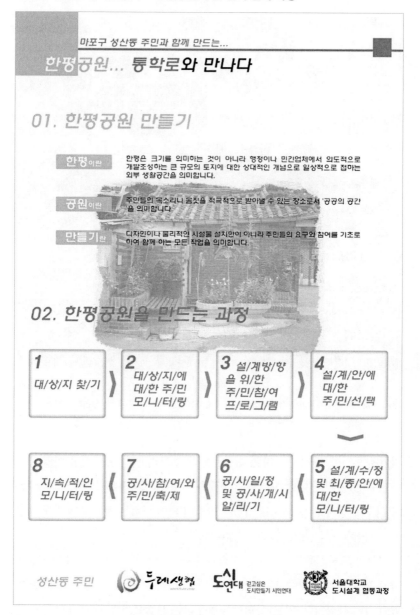

마포구 성산동 주민과 함께 만드는...

한평공원... 통학로와 만나다

01. 한평공원 만들기

한평이란
한평은 크기를 의미하는 것이 아니라 행정이나 민간업체에서 의도적으로 개발조성하는 큰 규모의 토지에 대한 상대적인 개념으로 일상적으로 접하는 외부 생활공간을 의미합니다.

공원이란
주민들의 목소리나 몸짓을 적극적으로 받아낼 수 있는 장소로서 '공공의 공간'을 의미합니다.

만들기란
디자인이나 물리적인 시설물 설치만이 아니라 주민들의 요구와 참여를 기초로 하여 함께 하는 모든 작업을 의미합니다.

02. 한평공원을 만드는 과정

1 대/상/지 찾/기 〉 **2** 대/상/지/에 대/한 주/민 모/니/터/링 〉 **3** 설/계방/향을 위/한 주/민참/여 프/로/그/램 〉 **4** 설/계/안/에 대/한 주/민/선/택

8 지/속/적/인 모/니/터/링 〈 **7** 공/사/참/여/와 주/민/축/제 〈 **6** 공/사/일/정 및 공/사/개/시 알/리/기 〈 **5** 설/계/수/정 및 최/종/안/에 대/한 모/니/터/링

성산동 주민   두레생협   도시연대 걷고싶은 도시만들기 시민연대   서울대학교 도시설계 협동과정

출처: 서울대학교 건축학과/도시설계협동과정 박소현 교수 연구실 포스터 제작: 안현찬·김현수

마포구 성산동 성서초등학교 한평공원 주민참여 설계 과정

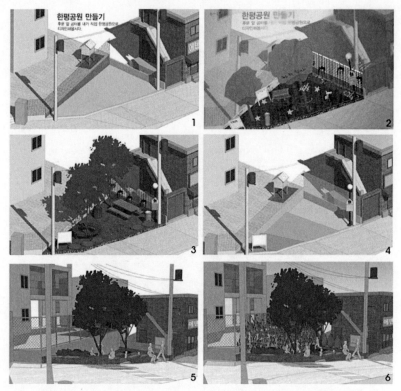

출처: 서울대학교 건축학과/도시설계협동과정 박소현 교수 연구실 그래픽 작업: 안현찬·김현수

넘쳐서 보기에 근사한 디자인 개선안을 계속 그려 냈지만, 이것을 어떻게 실현할 수 있을지에 대한 고민들을 구체화하지 못하는 경우가 종종 있다. '돌봄'의 감수성이 건축, 도시에 어떻게 반영이 되어야 하는 것인지에 대해 고민하는 사람들 간의 네트워크가 절실하다.

그동안 도시건축을 공부하는 사람들은 거대 프로젝트에 많은 시간을 할애하고 정작 우리가 살아가는 일상 공간에 대한 작은 프로젝트는 대부분 소홀했던 것이 사실이다. 인문·사회학을 공부하는 사람들이 한때 거대 담론에 몰

272

마포구 성산동 성서초등학교 한평공원, 주민참여 설계로 완성된 모습

출처: 서울대학교 건축학과/도시설계협동과정 박소현 교수 연구실 사진: 안현찬·김현수

두하며 일상사에 대한 관심을 소홀히 여겨 온 것과 유사하다고 볼 수 있을지
도 모르겠다. 하지만 최근에 여성학자들이 제기하고 있는 '돌봄'과 '보살핌'
이라는 화두는 그 누구보다도 우리같이 도시건축을 공부하는 사람들이 귀
기울여야 할 사항이다.

과거에 '주택 2백만 호 건설'이라는 물량적인 목표를 설정했던 건설교통
부 같은 정부 부처에서조차도 최근에는 '살기 좋은 도시 만들기'라는 변화된
목표를 내걸고 있는 만큼 도시 건축의 비전이 바뀌고 있는 때다. 우리 도시에
서 '잘 삶'에 대한 계획이 그 어느 때보다도 활발하게 요구되고 있는데, 우리
는 그동안 많이 짓고 크게 짓고, 빠르게 짓는 연습만 하느라 '잘 삶'을 담아낼
우리 동네의 일상생활 공간, 즉 '돌봄 공간'의 내용을 만들어 갈 학습이 충분
히 되어 있지 않아서, 어떻게 이 새로운 비전을 실현해 갈지 우왕좌왕하고 있
는 상황이다.

이론적으로는 모두 '살기 좋은 도시', '돌봄 공간 프로젝트'와 같은 마을 공동체 설계가 주민 참여형으로 이루어지는 것이 바람직하다고 말하지만, 건축하는 사람들에게 주민 참여 설계는 정말 낯선 대상이다. 기존의 설계는 항상 해당 분야 전문가 위주로 이루어져 왔기 때문이다. 성미산 프로젝트가 우리나라 주민 참여 공동체 설계에 좋은 학습의 자료를 제공하고 있지만, 이 역시 일반화되기에는 너무 특수한 사례일 수도 있다. 지극히 평범한 보통의 우리 동네에서는 어디서부터 시작해야 할지 막막한 실정이다. '돌봄 공간'에 관한 내용의 정립과 이것의 물리적 실현을 위해서는 어떤 접근이 필요할지 지속적으로 함께 고민을 나누고 노력을 기울여야 하겠다.

문화가 있는 놀이터 만들기

민선주·변형석 연세대학교 건축학과 교수·하자작업장학교 담임

연세대학교와 하자작업장학교 친구들, 그리고 서울문화재단이 함께한 이 프로젝트는 사회와 관계없이 이루어지는 학문을 가르치는 틀에서 벗어나, 실제 상황을 직접 접하고 그 상황에 적절하게 대처하는 수업이다. 다른 나이와 다른 시각을 가진 사람들끼리 만나 서로 대화하며 차이점을 서로 이해하고 공동 과제를 설정해 그 과제를 실제로 같이 완성하는 것이다. 지역 사회에 필요한 건축 구조물인 놀이터를 직접 제작하는 공간 만들기는 나의 눈이 아닌 다른 사람의 마음으로 세상을 보는 기회를 제공하고, 청소년들에게 주변 환경을 돌아볼 수 있는 여유를 키우며, 내 작은 관심이 누군가에게 큰 도움의 손길이 될 수 있음을 확인할 수 있게 해 줄 것이다.

놀이터

한국소비자보호원이 2006년 서울과 부산 등 전국 5대 도시의 아파트 단지 내 어린이 놀이터 40곳에 대한 안전 실태를 조사한 결과, 85%에 해당하는 34곳에 사고 위험 요인이 한 가지 이상 있는 것으로 나타났다. 놀이 기구가 다른 놀이 기구나 시설물에 너무 가깝게 설치되어 있어 충돌 사고의 우려가 높

고, 대부분 정기 점검을 제대로 실시하지 않기 때문인 것으로 나타났다.

어린이 놀이터 사고는 낙상이 44.5%, 충돌이 24.6%, 끼임이 12.8%로 낙상 사고가 가장 많았다. 어린이 놀이터 관련 사고는 126건 중 미끄럼틀이 45건(35.7%), 그네가 29건(23.0%), 시소 11건(8.75%) 등이었다. 놀이터에서 발생하는 가장 빈번한 사고는 미끄럼틀, 철봉, 정글짐, 구름다리 등의 오르기 기구에서 추락하는 사고다.

우리들의 놀이터

'놀이터' 하면 아직까지 우리는 쇠로 된 차갑고 딱딱한 철봉과 그네, 미끄럼틀을 생각한다. 또 놀이터의 놀이 기구들은 아이들이 주체적으로 놀 수 있도록 해 주는 것이 아니라, 아이들에게 이러저러하게 행동해야 한다고 놀이 행동을 지정해 버린다.

차가운 쇠가 아닌 부드러운 벽, 폭신폭신한 바닥은 놀이터에는 불가능할까? 놀이 기구는 직선과 사각형으로 이루어지지 않고 곡선으로 이루어질 수는 없는 것일까? 놀이 기구를 사용하지 않고 아이들이 놀이터에서 재미있게 놀 수 있는 방법은 없을까? 놀이터에서 좀 더 다양한 놀이를 할 수는 없을까? 단순히 한 놀이 기구가 한 가지 놀이 행동만을 충족시켜 주는 것이 아니라 놀이기구에서 아이들이 자기만의 방법으로 다양하게 놀 수는 없을까?

우리 놀이터의 목적은 아이들이 발달 과정에 필요한 행동들을 최대한 충족하면서도 직접 체험하며 재미를 느끼는 데 있다. 그렇다면 아이들의 행동 발달에 필요한 운동은 어떤 것들이 있으며 어떤 놀이가 그런 요구를 만족해 줄 수 있을까?

놀이터에 대한 고찰

놀이터는 아이들이 사회생활을 처음 배우는 곳이다. 아이들은 질서와 양보를 배우고 자신보다 어린 동생들을 어떻게 보호해야 하는지, 또래 친구들과는 어떻게 어울려야 하는지를 배운다.

놀이터는 '어린이 마을'이다. 놀이터가 단순한 놀이 공간이 아니라 아이들이 사회생활을 직접 배우기 시작하는 어린이 마을인 만큼 우리네 마을을 보여 주는 장소인 골목길과의 연관성을 발견할 수 있다.

골목길을 들여다보자. 골목길은 긴밀함과 친밀감을 느끼게 하면서도 활동적인 성격을 모두 지니는 재미난 공간이다. 이것은 좀 더 나아가 아이들의 놀이 공간 안에 나타나는 정적인 놀이 공간과 동적인 놀이 공간으로 연결될 수 있다. 또한 골목길은 담으로 형성되어 있는데 담이 이루는 골목길은 우리 어머니, 아버지의 어린 시절부터 아이들에게는 둘도 없이 좋은 놀이 공간이었다. 이처럼 담과 골목길이 가지고 있는 개념적·형태적 특성은 아이들에게 지금까지와는 다른, 아이들의 마을이자 신나는 놀이의 공간인 즐거운 놀이터를 만드는 데 좋은 주제가 될 것이다.

주민들의 참여는 더욱 아름다운 아이들의 마을을 만든다. 앞서 놀이터가 아이들의 첫 사회생활의 공간으로서 얼마나 중요한 공간인가에 대해 충분히 알 수 있었다. 놀이터가 아이들에게 지속적으로 쾌적하고 즐겁고 교육적인 놀이 공간이 되기 위해서는 끊임없는 주민들의 참여와 관심이 반드시 필요하다. 이런 의미에서 주민 참여 프로그램은 좋은 제안이 될 수 있다. 예를 들어 마을 보안관 제도는 부녀회나 아이들의 어머니들이 번갈아 가며 놀이터를 관리하고 놀이터 안의 질서 등을 교육하는 훌륭한 선생님이자 지킴이가 될 수 있다. 또한 주민 참여 프로그램을 통해 꾸준히 놀이터 시설과 모래터의 청결을 유지하여 아이들에게 쾌적한 놀이 공간을 제공할 수 있을 것이다.

안전한 놀이터에는 무엇이 필요할까?

먼저 놀이터를 이용할 어린이들의 연령과 그에 따른 신체 치수를 살펴보자. 대체로 2세에서 7세까지의 어린이가 놀이터를 많이 이용하며, 그 또래 남녀

아이들의 평균 신체 치수는 키 87~123cm, 몸무게 13~25kg, 가슴둘레 50~
60cm, 머리둘레 48~52cm다.

아이들에게 필요한 활동

4~6세의 아이는 신체의 위치를 바꾸는 이동 운동, 신체의 균형을 잡는 안정
운동, 물체를 다루는 기능이 요구되는 조작 운동이 필요하며, 7~12세의 아
이는 신체의 형태, 위치 등을 지각하는 신체 지각 운동, 공간과 신체의 위치
에 대한 인식을 하는 공간 지각 운동, 감각과 신체, 신체와 신체가 같이 반응
하는 협응 운동이 필요하다.

나이	행동 발달	놀이 설비
4~6세	공상과 세계 신체 조절과 언어활동이 자유 자기만의 고유한 신체 활동과 놀이 시작 창조 욕구 발달 자발성과 대담성 개발 위험 요소가 있는 일들을 하기 시작 이색적인 방법으로 놀이 시설 사용 환상을 자극 신체적, 사회적 모험 행위	→ 공상을 마음껏 펼치도록 모든 장비 제공 → 레고, 핑거토이 등의 조립식 장난감 → 레고, 공장, 찰흙, 목공 → 벽 기어오르기, 나무 기어오르기 등 → 다용도로 사용할 수 있는 놀이 시설 → 인공 놀이 조각과 놀이 자연 환경 인공 터널, 굴, 나무타기, 시냇물, 굴곡벽 → 대담하고 무협적이며 고전적인 형태
7~12세	거리 구간 인지 집에서 먼 곳까지 탐험하길 원함 단체 조직력 창조적인 활동을 통한 자연 관찰 프라이버시, 자신만의 비밀 장소를 원함	→ 걷기, 자전거 → 야구, 축구에 집중 놀이 기구들보다 넓은 공간이 더 중요해짐 → 곤충 채집, 나무집 짓기 소년, 소녀에게 동등한 놀이 기회 다른 놀이를 쉽게 접할 수 있는 기회 제공 화장실 제공 비나 눈을 피할 수 있는 내부 공간 제공

안전한 놀이터에 필요한 것들

① 충격을 흡수하는 바닥재를 설치한다. 떨어지거나 넘어져 바닥에 부딪혀 다치는 경우가 많기 때문에 머리를 다치는 상해를 줄이기 위해 미끄럼틀이나 롤러슬라이드의 도착 지점에 인접한 바닥에 매트 같은 충격을 줄여 주는 바닥재를 설치한다.

② 미끄럼틀 밑에 볼풀을 설치하지 않는다. 놀이나 변화를 위해서 무른 공으로 채운 곳인 볼풀은 출구 부위를 제외하고 볼풀 바닥 외에는 지정된 놀이 평면이 없어야 한다. 미끄럼틀 밑에 볼풀이 설치되어 있으면 타고 내려오는 아이와 부딪혀 부상을 당한 위험이 있으므로 설치하지 않도록 한다.

③ 얽매임 위험을 방지한다. 현행 놀이 기구 안전 검사 기준상의 일반 안전 요건에 따라 놀이 시설의 재질에 상관없이 어린 아이의 상해 위험을 줄이기 위해 머리와 목, 발, 손가락 등 신체 일부나 옷이 틈새 공간에 끼어 질식 등의 사고 위험을 방지하기 위한 시설 기준을 마련한다.

④ 계단 단상 높이 차이 때문에 생길 수 있는 부상을 방지한다. 상하 높이는 90mm 미만, 폭은 140mm 이상으로 규정한다.

⑤ 부딪힐 위험을 방지한다. 날카로운 물체나 돌출 부분, 이동 경로에 부딪힐 위험이 있는 물건 등은 없앤다.

⑥ 지정된 출입구 외에 놀이 기구 안으로 이동할 수 있는 공간을 그물망으로 막아, 충돌과 추락 위험을 막는다.

골목길

아이들이 놀 수 있는 공간에는, 사방으로 마구 뛰어다닐 수 있는 공간①, 좁아서 아이들이 옹기종기 모여 친밀하게 상호 교류를 할 수 있는 공간②가 필요하다. 공간 ①을 확보할 수 있으면 좋지만, 비교적 좁은 공간 안에서 공간 ①과 공간②를 확보하기 위해서는 폭은 좁으면서, 길이가 긴 공간, 즉 동양의

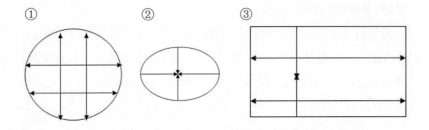

골목길인 공간③을 생각할 수 있다. 동양의 골목길과 서양의 광장은 형성 과정에서 주위 건물들에 의해 자연스럽게 그 공간이 만들어지는 점과 사람들이 모여서 교류한다는 공통점이 있다. 하지만 동양의 골목길은 서양의 광장보다 사람들 사이의 교류가 훨씬 더 친밀하게 일어나고 주위 건물과 담에 의해 다양한 재미있는 공간들이 만들어지는 특징이 있다. 동양의 골목길에 개념을 도입한 '동양 어린이들의 마을'이라는 놀이터를 만들어 본다.

골목길은 어떻게 생겼나

성북동 골목길을 답사했다. 그곳에는 Y자 골목(골목끼리 만나는 공간), 꼬불꼬불한 골목길, 경사가 급한 골목, 폭 자체가 아주 좁은 골목, 아이 혼자가 들어가 웅크릴 수 있는 좁은 공간, 아이들이 소꿉놀이 할 수 있는 공간, 계단, 대문을 열고 나오면 앞집의 지붕이 보이는 골목, 대문을 열면 절벽 아래 집이 있는 경우, 벽과 마당으로 이루어진 골목길 등이 있다.

그러나 골목길에 있는 건물들은 여러 개의 다양한 벽과 다양한 건물들로 이루어진다. 하지만 이 많은 벽들과 건물들을 그대로 놀이터 부지 위에 넣으면 공간이 부족하고, 아이들이 충분히 뛰어놀기에 복잡하다.

골목길 내부의 다양한 공간들

우선 길 주변에 다른 것들이 덧붙더라도 중심이 되는 큰길(메인 스트리트)을 만든다. 담 자체에 굴곡이 크게 있어 굴곡이 만들어 내는 한쪽에 보이지 않는 공간들이 있으면 더욱 재미있다. 큰 골목길에는 하나가 혼자 앉아 있을 수 있고, 아이 두셋이 모여서 이야기를 할 수 있는 공간이 있으면 좋다. 그리고 아이들 여럿이 뛰어다닐 수 있는 공간도 필요하다.

메인 스트리트를 이루는 두 개의 평평한 벽을 설치한다. 여러 개의 담들이 이뤄 내는 공간을 만들어 내는 대신 메인 스트리트에 있는 두 담에 큰 굴곡을 넣고 골목을 다양한 크기로 파내어 그 안에 아이들이 혼자 앉거나 아이 네다섯 명이 소꿉장난을 할 수 있는 공간을 만든다.

위의 공간들을 마주 보게 배치하여 골목길 이웃집 개념을 도입한다. 담 위로 아이들이 걸어 올라갈 수 있도록 옥상을 만들고, 담에서 담으로 건너갈 수 있도록 공중에 그물다리를 설치한다. 담에 통로를 이어서 메인 스트리트 안에서 안팎으로 이동이 가능하도록 한다. 메인 스트리트의 두 담 사이 공간은 되도록 비워 아이들이 걸리는 것 없이 뛰어놀 수 있도록 만든다. 마지막으로 담에 구멍을 뚫어 골목길에서 길을 향해 난 창문을 만든다.

오아시스 모델 1

위 조건을 만족시키는 모델을 꽂꽂이 재료인 오아시스로 만들어 보았다. 그런데 오아시스 모델 1은 그 형태가 발전하지 않고 계속 제자리에 머물렀다. 체계적인 규칙이 없이 형태가 만들어졌기 때문이다. 그것을 보완하기 위해 골목길에서 일어나는 놀이를 바탕으로 일정한 규칙을 세워 다이어그램을 그려 보는 게 필요했다.

브레인스토밍. 우선 골목길에 대한 자유 연상을 하고, 범위를 좁혀 골목길에서 하는 놀이에 대한 자유 연상을 해 보았다. 대화, 고무줄놀이, 공기놀이, 앉아 있기, 쎄쎄쎄, 장난감 놀이, 동대문 남대문, 탈출 놀이, 우리 집에 왜 왔니, 흙장난, 총싸움, 한발 뛰기, 누워 있기, 숨바꼭질, 하늘 땅 별 땅, 땅따먹기, 서 있기, 얼음땡, 딱지치기, 말뚝 박기, 소꿉놀이, 무궁화 꽃이 피었습니다…

시스템 구축

골목길에서 일어나는 놀이에 필요한 최소 인원에 따라 놀이를 배열한 다음, 각 놀이마다 필요한 공간의 성격들을 정리해 다이어그램을 만들었다. 그 결과 일반적으로 놀이의 최소 인원이 적을수록 놀이가 정적인 성격을 띠는 반면 놀이에 필요한 최소 인원이 많을수록 동적인 성격을 띰을 알 수 있다.

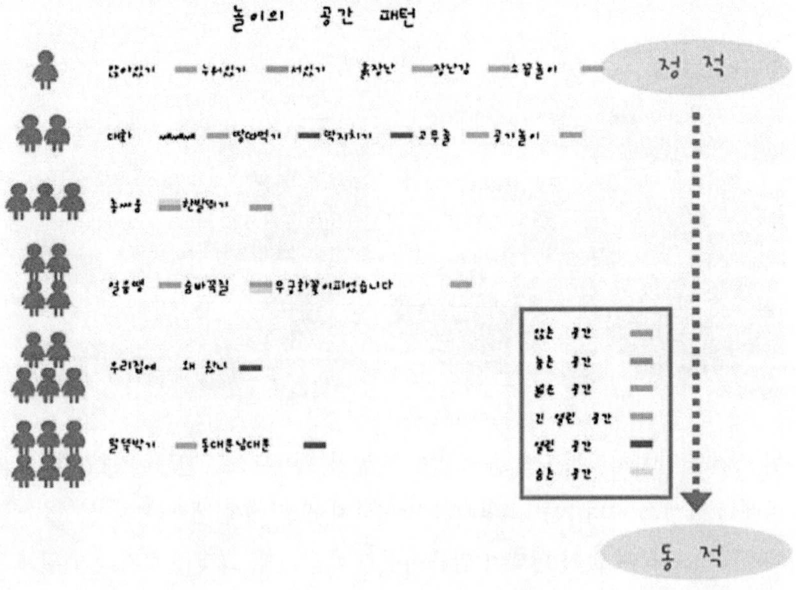

영역 구분

메인 스트리트 앞에서 정리한 놀이를 그 성격에 맞게 분류하여 배열한다. 자연스럽게 메인 스트리트 내부에 정적인 공간 영역과 동적인 공간 영역이 나뉘졌다. 이를 바탕으로 앞의 '오아시스 모델 1'의 소꿉놀이 공간을 정적 영역쪽 담에 만든다. 그리고 동적 영역에서 노는 아이들이 정적 영역을 덜 침범하게 하도록 두 영역 사이에 동선이 빠질 수 있도록 처리했다.

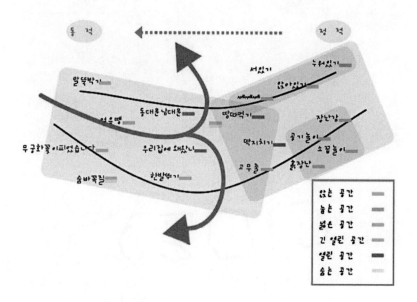

오아시스 모델 2

영역 구분한 것을 적용해서 실제 크기의 1:5의 축척으로 만든 오아시스 모델 2. 아이들의 연령별 평균 신체 지수 자료를 토대로 통로, 담 높이, 담 폭의 정확한 치수를 정했다.

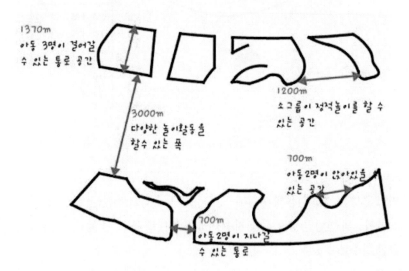

1370m
아동 3명이 걸어갈
수 있는 통로 공간

3000m
다양한 놀이활동을
할수 있는 폭

1200m
소그룹이 정적놀이를 할 수
있는 공간

700m
아동 2명이 앉아있을
있는 공간

700m
아동 2명이 지나갈
수 있는 통로

덩어리

덩어리 형태 작업 과정은 먼저 덩어리 콘셉트를 설정하고, 둘째 단계에서 어린이들에게 필요한 행동을 반영해서 덩어리를 디자인한다. 셋째 단계에서는 안전 법규를 반영해서 덩어리를 벽과 합친다.

콘셉트 설정

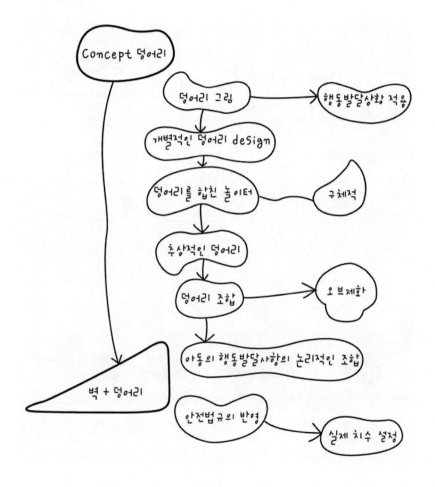

덩어리 디자인

아이들의 행동이 어떤 방식으로 이루어지는지 생각했다. 행동 덩어리들을 생각하고 그와 연관되는 아이들의 행동 발달 상황을 기록했다. 그 다음 아이들이 좋아하는 형태를 생각한다. 개개의 덩어리를 단순한 형태로 디자인했다. 덩어리들을 분류하고, 마지막으로 각 덩어리들의 형태를 분석해서 그 용도가 가장 많이 겹치는 덩어리를 선별한 후 덩어리들을 조합했다.

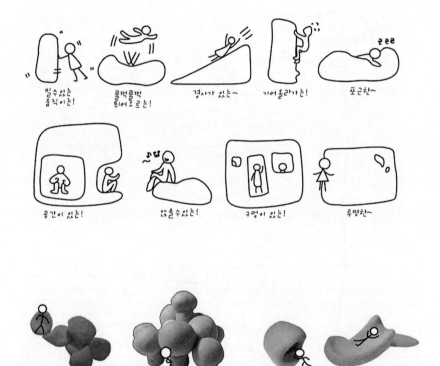

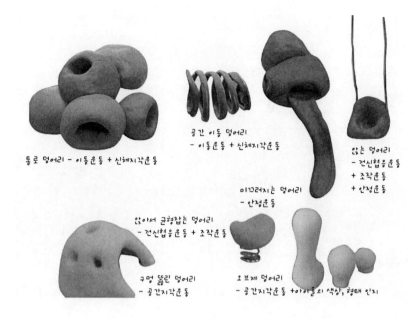

공간 이동 덩어리
- 이동운동 + 신체지각운동

앉는 덩어리
- 전신협응운동
+ 조작운동
+ 안정운동

통로 덩어리 - 이동운동 + 신체지각운동

미끄러지는 덩어리
- 안정운동

앉아서 균형잡는 덩어리
- 전신협응운동 + 조작운동

구멍 뚫린 덩어리
- 공간지각운동

오브제 덩어리
- 공간지각운동 + 아이들의 색상, 형태 인지

최종 확정 덩어리에 아이들에게 꼭 필요한 행동을 반영한다. 그렇게 해서 만들어진 동아리가 통로 덩어리, 공간 이동 덩어리, 미끄러지는 덩어리, 앉는 덩어리, 앉아서 균형 잡는 덩어리, 구멍 뚫린 덩어리, 오브제 덩어리다.

감각

어릴 적 기억을 더듬어 본다. 놀이터란 어떤 곳이었지? 자주 가기는 했나? 그곳에 가면 재미있었나? 놀이터에서 뭐하고 놀았지? 요즘 아이들은 뭐하고 놀지? 뭐가 필요할까?

놀이터는 시각·촉각·청각이 살아 있어 온몸으로 느끼고 경험할 수 있고, 놀면서 느끼고 배우는 공간이며, 역동적이고 환상적인 분위기에다 안전하고 장애물이 없어야 한다.

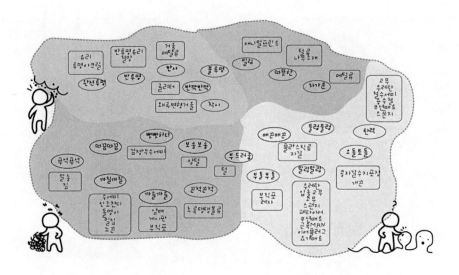

감각에는 중력에 대해 신체 자세를 유지하는 능력인 균형 감각이 있다. 구르기, 기기, 서기, 걷기, 달리기 등이 이에 해당된다. 또한 시각 체계를 통한 감각 자극인 시각 자극이 있다. 시각 자극은 아이들에게 주변 환경에 대한 정보를 제공하고, 아이들은 시각 자극을 통해 형태와 색상을 구분한다. 읽기 학습에 필수적인 발달 과제라 할 수 있다.

촉각을 자극하기 위해서는 많은 것을 만져 보고 경험해야 한다. 아이가 자신의 손으로 여러 가지를 만지도록 한다. 촉감이나 모양이 다양한 재료를 이용하여, 쥐기 쉬운 것을 쥐게 하거나 맨발바닥으로 직접 느낄 수 있도록 한다. 부드럽다, 까끌까끌하다, 포근하다, 딱딱하다, 미끈하다, 물렁하다, 속이 꽉 찼다 등의 자극은 정서와 두뇌를 발달시킨다.

어린이 마을로 합체

11월 3일 오후 4시 30분 PM 영등포 하자센터에서 벽과 덩어리를 합치는 작업이 진행되었다.

첫째, 활동으로 나누기. 담의 공간, 집단 놀이, 정적 공간과 동적 공간으로 나누었다. 담에 맞추어 동적인 덩어리를 동적인 공간에, 정적인 덩어리를 정적인 공간에, 개인 활동이 이루어지는 덩어리는 담 바깥쪽에, 담과 함께 갈 수 있는 덩어리는 벽 위에 배치했다.

둘째, 동선으로 나누기. 동적인 덩어리가 벽과 벽 사이를 이어 주는데 하나만이 있어 동선이 'ㄷ' 형태로 끊겼다. 아이들이 자유롭게 이동할 수 있는 'ㅁ' 형태가 되도록 다리를 연결했다.

셋째, 안전 점검. 가드레일과 경사의 안전을 점검했다.

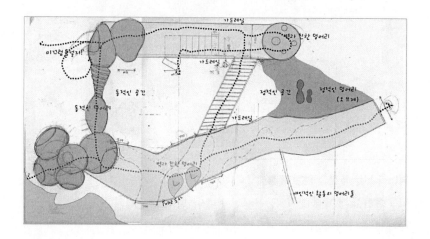

덩어리와 골목길에 색 입히기

아이들이 좋아하는 색상과 즐거운 느낌을 전달할 수 있는 색상을 찾아서 놀이터 공간의 성격에 맞추어 배치했다.

덩어리와 골목길에 감각 입히기

놀이터 공간의 성격에 맞추어 감각을 부여했다. 넘어져도 다치지 않게 안전한 소재를 선택한다. 담 골격은 ALC블록으로 틀을 깎고 모르타르로 표면을 만들었다. 친환경 소재를 사용해서 색을 입히고 항균 코팅을 해서 어린이들을 보호했다.

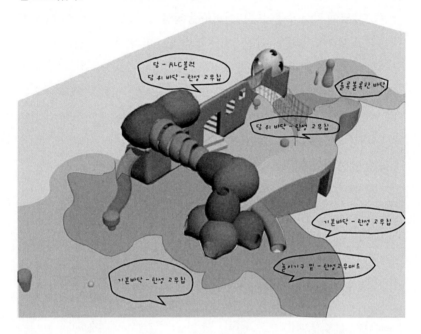

덩어리 부분 부분의 안전 규격

<u>얽매임</u> 머리와 목의 얽매임, 몸 전체의 얽매임, 발이나 다리의 얽매임, 손가락의 얽매임 등 시설의 어떤 구멍으로 인해서도 유발되어서는 안 된다.

<u>움켜잡음</u> 움켜 쥘 수 있게 설계된 모든 버팀의 횡단면은 횡단면의 중심을 가로질러 측정했을 때 모든 방향으로 16mm 이상, 45mm 이하여야 한다.

<u>쥠</u> 손으로 쥐게 설계된 모든 버팀의 횡단면의 폭은 60mm를 초과하지 않아야 한다.

건축은 단순히 사람이
사용하기 위한 껍데기로서의
공간을 구축하는 작업이
아니라 그 안에서 일어나는
사람들의 행태와 다양하게
얽혀진 삶의 꾸러미를 같이
거들어 주는 작업이다.
사진은 최종 모형과
그것을 만드는 모습.

계단 디딤판은 같은 공간을 가져야 하고 균일하게 제작되어야하며 ±3도 범위 내에서 수평을 유지해야 한다. 디딤판의 최소 길이는 140mm여야 하고, 보폭이 작은 어린이를 위해 단 높이는 100mm로 맞춘다. 36개월 미만의 어린이용 시설은 난간을 첫 번째 계단 발판부터 설치해야 한다.

경사로 경사로의 각은 수평에서 최대 38도까지의 각을 이룬다. 경사로는 일정한 기울기를 유지한다. 미끄러짐을 방지하는 발판을 사용한다. 36개월 미만의 어린이가 사용하는 시설에는 600mm이상의 울타리를 설치한다.

난간 난간 높이는 서 있는 표면(디딤판)에서 600mm 이상, 850mm 이하여야 한다.

배수 계획

골목길 형태에 의해 생기는 공간에 따라 자연스레 약간의 경사를 주어 그 경사면에 따라 물의 흐름이 생기도록 표면 배수를 유도한다. 또한 양쪽에 고인 물은 하수관로와 연결한다. 여기서, 표면 배수 유도 홈은 아이들 손가락이 껴서 다치지 않도록 8mm 이하로 아주 좁게 한다. 모래 바닥 부분 아래에도 배수 시설을 설치하도록 한다. 덩어리 놀이 기구 부분 내부에도 배수가 되도록 구멍을 뚫어 준다. 덩어리도 역시 아이들 손가락이 끼어 다치지 않도록 8mm 이하 구멍으로 한다.

맺음말

건축은 단순히 사람이 사용하기 위한 껍데기로서의 공간을 구축하는 작업이 아니라 그 안에서 일어나는 사람들의 행태와 다양하게 얽혀진 삶의 꾸러미를 같이 거들어 주는 작업이다. 그 공간을 채우는 사람들을 들여다보고 그 사람에게 필요한 무언가를 찾아 주고 입혀 주는 엄마 같은 역할인 것이다. 그 안의 삶에 대한 책임감을 인지하고 대상을 자세히 들여다봄으로써 결국은 자기 자신을 되돌아보는 작업이다.

※ 어린이마을 만들기 프로젝트는 연세대학교 건축학과 민선주 교수와 하자작업장학교 변형석 담임이 지도했고, 덩어리 작업은 하자작업장학교 로기·와이바라와 연세대 419스튜디오 고원희·문민승·장현경·박주원, 감각−재료 작업은 하자작업장학교 거품·레인과 연세대 419스튜디오 김수지·박수진·조치연·최시경·김지은, 벽 작업은 하자작업장학교 약속·이매진과 연세대 419스튜디오 김태환·양유현·이영재·설유진이 했다.

도시형 대안학교

광진 도시속작은학교 | 서울시 광진구 중곡2동 125번지 11호 3층 | 02-2201-8190~1 |
　　　http://www.do-dream.or.kr
꿈꾸는아이들의학교 | 서울시 관악구 신림 13동 638-2 3층 | 02-855-2529 |
　　　http://www.dreamwe.org
꿈터학교 | 서울 송파구 오금동 129번지 401호 꿈터학교 | 02-404-3077 |
　　　http://cafe.daum.net/ggumterschool
꿈틀학교 | 서울 종로구 명륜1가 33-23 2층 | 02-743-1319, 02-743-3259 |
　　　http://www.imyschool.com
난나학교 | 서울 강북구 수유동 산 20-9 | 02-900-6650 | http://www.nannaschool.org
도시속참사람학교 | 광주 남구 월산5동 1026-3 2층 | 062-368-8041 |
　　　http://www.macji.or.kr/zb41/daean01.html
들꽃피는학교 | 경기도 안산시 와동 812-13 2,3층 | 031-486-8836 | http://www.wahaha.or.kr
디딤돌 | 성남시 수정구 태평1동 6797 3층 | 031-755-4080 |
　　　http://cafe.daum.net/didimdolschool
민들레사랑방 | 서울시 동교동 201-3 2층 | 02-322-1318 | http://www.flyingmindle.or.kr
부산 도시속작은학교 | 부산시 동구 초량1동 1211-10 서울빌딩 10층 | 051-466-1318 |
　　　http://www.uriidl.or.kr/udada
사람사랑 나눔학교 | 서울시 강북구 미아3동 226-71 | 02-322-0190 | http://nanumhaekgyo.org
성미산학교 | 서울시 마포구 성산동 440-14번지 | 02-3141-0507 | http://www.sungmisan.net
성장학교 별 | 관악구 봉천8동 922-20 대원빌딩3층 | 02-888-8069 | http://schoolstar.net
셋넷학교 | 서울시 종로구 동숭동 129-144 | 02-745-2890 | http://www.34school.net
스스로넷 미디어스쿨 | 서울 용산구 갈월동 101-5 | 02-795-8000 |
　　　http://www.mediaschool.co.kr
여명학교 | 서울 관악구 봉천동 1680-29호 3,4층 여명학교 내 | 02-888-1673~4 |
　　　http://ymschool.org
용산 도시속작은학교 | 서울시 용산구 한강로3가 63-46 임오빌딩 2층 | 02-796-7855,
　　　02-796-8967~8 | http://www.bigschool.or.kr
은평씨앗학교 | 서울 은평구 응암1동 110-25 3층 | 02-384-3637 | http://www.seedschool.net
진솔대안학교 | 전북 진안군 주천면 대불리 개화마을 1065번지 | 063-432-7890 |
　　　http://user.chollian.net/~jeansol
하자 작업장학교 | 서울 영등포구 영등포동 7가 57 | 02-2677-9200 | http://school.haja.net
한들 | 서울시 송파구 문정2동 150-8 | 02-449-0500 | http://www.youth1318.or.kr

초등 과정

고양자유학교 | 경기도 고양시 덕양구 대장동 113번지 2 | 031-965-0402 |
　　http://www.jayuschool.org
과천무지개학교 | 경기도 과천시 문원동 15-111번지 | 02-507-7778 |
　　http://home.freechal.com/freeschoolingwacheon
꽃피는학교 | 경기도 하남시 미사동 438-2 | 031-791-5683 | http://www.peaceflower.org
꿈틀자유학교 | 경기도 의정부시 의정부2동 481-14 홍익빌딩 5층 꿈틀 자유 학교 | 031-837-3366 |
　　http://www.ggumtle.or.kr
맑은샘솟는학교 | 경기도 이천시 갈산리 우성APT 101-207 | 031-634-4507
물이랑작은학교 | 과천시 중앙동 28-5번지 | 02-507-6465 | http://home.freechal.com/mmooll
벼리어린이학교 | 경기도 의왕시 월암동 618번지 안양 YMCA 벼리어린이 학교 | 031-461-4575 |
　　http://www.byuri.org
볍씨학교 | 경기도 광명시 옥길동 73-02번지 | 02-809-2081 | http://byeopssi.org
산어린이학교 | 경기도 시흥시 대야동 211-1 | 031-314-1186 | http://san.gongdong.or.kr
삼각산재미난학교 | 서울시 강북구 수유4동 584-35 | 02-995-2277 |
　　http://cafe.daum.net/yahoschool
어린이학교 | 경기도 포천군 소흘읍 무림리 348 | 031-544-1615 |
　　http://sarangbang.org/imgsrc/B_2.htm
여럿이함께만드는학교 | 경기도 안성시 삼죽면 덕산리 325 | 031-674-9130 |
　　http://home.freechal.com/aceunion
열음학교 | 부천 | 032/654/5754 | http://cafe.daum.net/yeuleum
자유학교 물꼬 | 충북 영동군 상촌면 대해리 698 자유학교 | 043-743-4833 |
　　http://www.freeschool.or.kr
자자학교 | 경기도 파주시 문산읍 내포리 321번지 | 031-953-7295, 031-954-7295 |
　　http://www.jajaschool.net
참좋은기초학교 | 서울시 구로구 고척2동 194-15 | 02-2684-0561 |
　　http://www.chamjoeun.net
초록어린이학교 | 평택시 오성면 양교4리 605-2 | http://cafe.daum.net/ptfreeschool
평화학교 | 전남 순천시 상사면 오곡리 303-1 | 061-745-4008 | http://www.scpeace.or.kr
푸른숲학교 | 경기도 하남시 하산곡동 456-4 | 031-793-6591 | http://www.gforest.or.kr

중학교 과정

간디청소년학교 | 충북 제천시 덕산면 선고 1리 92-3 | 043-653-5792 |
　　http://gandhischool.org
굼나제청소년학교 | 전라북도 전주시 덕진구 여의동 1232-3 | 063-211-1318 |
　　http://www.goomnaje.com

꽃우물대안학교 | 경기도 안산시 단원구 화정동 519번지 구 화정초등학교 | 031-480-3450
더불어가는배움터길 | 경기도 의왕시 내손동 637 보우상가 3층 306호 전 율목중등학교 |
　　　031-421-3779 | http://cafe.naver.com/yulmok.cafe
두레자연중학교 | 경기도 화성시 우정면 화산리 692-15 | 031-358-8773 |
　　　http://www.doorae.ms.kr
마리학교 | 인천시 강화군 길상면 초지리 1140-4 | 032-937-2313 | http://www.mari.or.kr
산돌학교 | 경기도 남양주시 수동면 운수리 357 | 031-511-3295 | http://www.sundol.or.kr
성지송학중학교 | 전남 영광군 군서면 송학리 219-1 | 061-353-6351 | http://sjsh.ms.kr
실상사작은학교 | 전북 남원시 산내면 선돌마을 50 | 063-636-3369 | http://jakeun.org
아힘나평화학교 | 경기도 안성시 삼죽면 진촌리 399-2 | 031-672-9120 |
　　　http://www.ahimna.net
용정중학교 | 전남 보성군 미력면 용정리 186 | 061-852-9602 | http://yongjeong.ms.kr
이우(중)학교 | 경기도 성남시 분당구 동원동 산13-1 | 031-711-9295 | http://www.2woo.net
지평선중학교 | 전북 김제시 성덕면 묘라리 99-1 | 063-544-3131 | http://jipyeongseon.ms.kr
참꽃작은학교 | 강원도 원주시 귀래면 주포1리 317-1 | 033-764-8098
태백교육공동체 | 강원도 정선/태백 | http://cafe.daum.net/woori23
헌산중학교 | 경기도 용인시 원삼면 사암리883 | 031-334-4004 | http://www.hensan.ms.kr

고등학교 과정

간디자유학교 | 경북 군위군 소보면 서경리 652-1 | 054-382-6690 | http://gandhifree.net
경기대명고등학교 | 경기도 수원시 권선구 당수동 122 | 031-416-3754 |
　　　http://www.daemyoung.hs.kr
경주화랑고등학교 | 경상북도 경주시 양북면 장항리 333번지 | 054-771-2355 |
　　　http://www.hwarang.hs.kr
공동체비전고등학교 | 충남 서천군 서천읍 태월리 75-1 | 041-953-6292 | http://vision.hs.kr
달구벌고등학교 | 대구 동구 덕곡동 75-5 | 053-981-1318 | http://www.dalgus.net
동명고등학교 | 광주시 광산구 서봉동 518 | 062-943-2855 | http://www.kdm.hs.kr
두레자연고등학교 | 경기도 화성시 우정면 화산7리 692-11 | 031-358-8183 |
　　　http://www.doorae.hs.kr
산마을고등학교 | 인천광역시 강화군 양사면 교산1리 366번지 | 032-932-0191 |
　　　http://www.sanmaeul.org
산청간디학교 | 경상남도 산청군 신안면 외송리 122번 | 055-973-1049 |
　　　http://gandhischool.net
세인고등학교 | 전라북도 완주군 화산면 운산리 110-1 | 063-261-0077 |
　　　http://www.seine.hs.kr
양업고등학교 | 충북 청원군 옥산면 환희리 181 | 043-260-5077 | http://yangeob.hs.kr
영산성지고등학교 | 전라남도 영광군 백수읍 길룡리 77번지 | 061-352-6351 |

http://www.yssj.hs.kr

원경고등학교 | 경남 합천군 적중면 황정리 292 | 055-932-2019 | http://www.wonkyung.hs.kr

이우(고등)학교 | 경기도 성남시 분당구 동원동 산13-1 | 031-711-9295 | http://www.2woo.net

지구촌고등학교 | 부산시 연제구 거제1동 50 | 051-505-8656 | http://www.glovillhigh.org

지리산고등학교 | 경상남도 산청군 단성면 호리 523번지 | 055-973-9423 |
        http://www.jirisan.hs.kr

푸른꿈고등학교 | 전북 무주군 안성면 진도리 865 | 063-323-2058 |
        http://www.purunkum.hs.kr

풀무농업고등기술학교 | 충남 홍성군 홍동면 팔괘리 664번지 | 041-633-3021 |
        http://www.poolmoo.or.kr

한마음고등학교 | 충청남도 천안시 동면 장송리 418-1 한마음고등학교 | 041-567-5525 |
        http://hanmaeum.joa.to

한빛고등학교 | 전남 담양군 대전면 행성리 11 | 061-383-8340 | http://www.hanbitschool.net

평생 교육

느티나무마을 | 경기도 광주시 퇴촌면 도수2리 382-9 (2층) | 031-766-9121

대안학교 위탁기관

꿈타래 | 관악구 신림 9동 228번지 | 02-874-0536 | http://www.dreamkey.sc.kr

서울시립 동부아동상담소 | 서울시 동대문구 장안2동 329-1 | 02-2248-4567~9 |
        http://bhang.seoul.kr

신림종합사회복지관 | 서울시 관악구 신림7동 665-1 | 02-851-1767~9 |
        http://www.sillym.or.kr

청량정보고등학교 | 서울시 동대문구 전농동 678-3번지 | 02-2212-9104, 02-2212-3166 |
        http://www.dreamschool.hs.kr

청소년과 사람사랑 | 서울시 강북구 미아3동 226-71 | 02-986-7472 |
        http://www.nanumhaekgyo.org

한림대안학교 | 서울시 송파구 장지동 86번지 | 02-409-6552, 02-430-7821 |
        http://hanlimdaean.hs.kr